一读就懂的

微观

经济学

吴洋 —— 著

中国政法大学出版社

2025·北京

图书在版编目（CIP）数据

一读就懂的微观经济学 / 吴洋著. -- 北京：中国
政法大学出版社，2025. 1. -- ISBN 978-7-5764-1981-8

Ⅰ. F016

中国国家版本馆 CIP 数据核字第 2025UD1926 号

出 版 者　中国政法大学出版社

地　　址　北京市海淀区西土城路 25 号

邮寄地址　北京 100088 信箱 8034 分箱　邮编 100088

网　　址　http://www.cuplpress.com (网络实名：中国政法大学出版社)

电　　话　010-58908441(编辑部) 58908334(邮购部)

承　　印　固安华明印业有限公司

开　　本　880mm×1230mm　1/32

印　　张　11

字　　数　275 千字

版　　次　2025 年 1 月第 1 版

印　　次　2025 年 1 月第 1 次印刷

定　　价　49.00 元

前　言

　　作为一个从事经济学原理本科课程教学工作十余年的高校教师，我翻阅过十余本微观经济学、宏观经济学、经济思想史相关的著作，将这些著作的点睛之处融入课堂中，尽量使学生们在课堂上获得丰富且多角度的知识。

　　但久而久之，我发现学生们在课下复习时，往往不能有效地从教材中汲取知识点。学生提高自学能力固然是必要的，可是教材本身的内容也过于形式化与书面化，特别是国内经济学教材，犹如一个老学究在之乎者也，当代大学生们并不十分受用。虽然西方的教材趣味性与可读性更强（譬如曼昆的教材），但西文写作思路与语言表达习惯又与中文存在差异，再加上一道翻译的障碍，阅读起来总还是有些别扭。除此之外，主流微观经济学教材很少提及经济思想史的内容，学生们对于所学知识源自哪位经济学家、知识与知识之间的关系都不甚了解，就很难构建起自己的经济学知识框架。在教学内容结构上，我发现传统微观经济学教材基本都是先介绍市场及市场均衡相关内容，而后介绍效用、生产、成本。这样的教学逻辑固然有其道理，但会使学生处于一种"知其然，不知其所以然"的境地，毕竟效用理论是需求理论的基础，这样传统的教学模式多少有"本末倒置"之嫌。

于是，我萌生了自己写一部经济学原理教材的想法。但是，国内外本科经济学教材早已汗牛充栋，且前辈们又多为大师，我属实是自惭形秽，不敢造次。退而求其次，我便打算将自己的教学经验与十余本著作经典之处融合在一起，写一本让人一看就懂的经济学科普书。虽意图为"科普"，但实则比科普的内容要深得多。近些年最火爆的经济学科普书籍莫过于《薛兆丰经济学讲义》了，类似的还有《王二的经济学故事》《牛奶可乐经济学》等。这些书籍都很优秀，将经济学的逻辑介绍得深入浅出，但是这类书籍又过于趣味性与大众化，讲的都是经济学的入门，也可以说它们甚至称不上"经济学"。对于想认真了解经济学这门学科的读者来说，这类书籍虽优秀，却不合适。这样看来，本书更像一本偏向"科普"的微观经济学讲义。本书的特点主要体现在以下几个方面：

第一，本书主要讲授的内容思路源于曼昆的微观经济学教材和《西方经济学》编写组的微观经济学教材，但知识结构不是传统地从市场的内容出发，而是从效用出发到需求，再从生产与成本出发到供给，然后才介绍市场均衡。因为如果开篇就介绍市场及市场均衡的理论，读者并没有效用理论及生产与成本理论的知识基础，即使学习了市场均衡的内容，也是知其然而不知其所以然，对整个经济学知识框架的构建是没有帮助的。因此，本书这种效用—需求、生产与成本—供给，需求—供给—市场均衡的写作思路，是与传统经济学教材的教学思路最大的不同。

第二，本书采用中文的思维习惯写作，更具可读性，比如时而以第一人称阐述、多使用口语化表述等，这样可以增加趣味性，使内容更容易阅读和理解，对读者更友好。

第三，本书融入很多经济思想史的内容，使读者了解相关知识点的来龙去脉，有助于读者对主流经济学的整体把握。

第四，本书更多融入对主流经济学的质疑与批判，从入门时起，就使读者免受主流经济学思想的"控制"，从一开始就以一种"批判性思维"来学习西方经济学。

第五，本书不求内容多么全面，只讲经济学原理中的重点"干货"，在重要的知识点上加大分析的力度，虽然偶尔会"婆婆妈妈"，但力求讲清楚、讲明白，非重要知识点则一笔带过。

本书不同于传统的微观经济学教材，其面对的可以是非经济管理类专业科班出身，打算系统地学习真正的经济学理论，且不满足于当下科普类经济学丛书，却又对现有专业经济学教材望而生畏的读者；也可以是正在学习微观经济学，对某些知识理解不深，打算寻求一些辅助的在校本科生。一言以蔽之，对于那些想认真学习正统经济学的读者来说，本书并不会像中文传统专业经济学教材那样"晦涩难懂"，而是尽量通过趣味性语言和口语化表述介绍经济学知识，借用当今软件业用语就是"界面比较友好"，读起来不那么累，这也是本书叫《一读就懂的微观经济学》的原因。

在撰写这本书的过程中，我参考的文献主要有：曼昆的《经济学原理：微观经济学分册》、高鸿业的《西方经济学》、"马工程"系列教材中的《西方经济学》、哈尔·R.范里安的《微观经济学：现代观点》、保罗·萨缪尔森的《微观经济学》、张五常的《经济解释》、张维迎的《经济学原理》、蒂莫西·泰勒的《斯坦福极简经济学》、斯坦利·L.布鲁和兰迪·R.格兰特的《经济思想史》、哈里·兰德雷斯和大卫·C.柯南德尔的《经济思想史》、刘明明和马云泽的《西方经济学名著导读》、约瑟夫·E.斯蒂格利茨的《公共部门经济学》、哈维·S.罗森和特德·盖亚的《财政学》以及"马工程"系列教材中的《公共财政概论》。对于这些文献的借鉴，我都在具体的章节中做了参考文献的标注。由于本人的能力有限，书中难免出现理解性错误，且因口语化表述可能会造成知识内容不精准，还请读者朋友们批评指正！

吴洋

2023 年 2 月于沈阳

目 录

一、什么是经济学

经济学一直以来被认为是社会科学皇冠上璀璨的明珠。当然，这种话很多经济学家自己都不信，且不说和其他社会学科对比，经济学本身也在以物理学为方向的路上越走越偏，"明珠"的称谓也慢慢变得戏谑。不过，经济学这种听起来"高大上"的学科也确有它实用的一面，说它与人们的幸福生活息息相关，甚至影响一个国家的福祉，乃至影响整个世界的秩序，也是不为过的。不讲废话，我们直奔主题吧。本章的主要内容就是讨论什么是经济学，经济学每天到底在研究些什么？

（一）经济学研究什么

1. 经济学指导人们如何做决策

简单讲，经济学就是一门让人们生活得更快乐的学问。有一句话叫"花最少的钱，办最大的事"。不过，在经济学中不是"花最少的钱"，而是"花光所有的钱"去办"最多的事"。这个"最多的事"，用在个人身上就是"最幸福、最快乐"，用在一家企业身上就是"最大的利润"，用在一个社会或国家身上就是"最大的整体福利"。因此，如果达成了上述几个"最"，每个"当事人"自然也就生活得快乐了。但是，这些目标并不会自然而然地实现，而是需要行为主体通过做决策去实现。于是，经济学的目的就从"如何让人们生活得更快乐"转变成"为了达成这个目标要怎么做决策"。如此一来，经济学就成了一门指导人们如何做决策的学问，而这个"决策"的目的就是"生活得更快乐"。

提到"做决策"，话题就瞬间变得严肃起来了。每一个决策都会对应一个最终结果，无论是否如我们所愿，这个最终结果我们都要接受，并接受由此结果带来的其他连带后果。不过，现实中这个话题也没那么严肃，因为我们时时刻刻都在做决策，只不过有些我们认为很重要（管它叫"决策"），而有些我们想都没想就做了（管它叫"决定"或"选择"）。其实那些我们想都没想就做出的"决策"也是我们思考过的，只是那个思考过程太简短，以至于以"习惯"的形式展现罢了。比如，早餐是喝牛奶还是咖啡？抑或牛奶兑咖啡？或者喝豆浆？再不成喝果汁？如果你在思考你要选哪个，你就在做决策；如果你想都没想就选了豆浆，其实你也做出了决策，只不过思考过程是在曾经，曾经的思考让你最终认为豆浆是近段时间内最理想的早餐饮品，每次吃早餐不必再浪费时间思考了。这些促成了决策的思考都可以追溯到你自己的感受——你喝哪个更舒服、更开心或者痛苦最小？你看，你所有的决策都是为了让自己快乐（或逃离痛苦）。

然而，让你快乐的事有很多，你却未必都能实现。人的欲望是无止境的，资源却是有限的。"资源"这个词很大，包罗万象，只要是有助于你实现欲望的事物，都可以称之为资源。资源是有限的，无论何种形态的资源都是如此，富有如埃隆·马斯克，他也不能随心所欲，无论是马斯克还是街边乞丐，一天都有且只有24个小时；他就是再喜欢吃烧烤，一顿饭也吃不下一头牛。资源有限这个事实，在经济学中称为稀缺性（Scarcity）。稀缺性是指社会拥有的资源是有限的，因此不能生产人们希望拥有的所有物品与劳务[1]。

在经济学中，从归纳抽象的角度看，最根本的稀缺资源就两个：时间和金钱。当然，时间和金钱可以在一定程度上相互转化：工薪阶层的人们花时间工作去赚钱；富人们购买相对昂贵的机票而不是开车自驾，是在用金钱买时间。常见的稀缺资源都可归为时间和金钱（或者说两者最具代表性），它们限制了我们能实现的欲望。这就像科幻小说《三体》中三体人给地球上的物理定律下的绊子一样，牢牢地限制住了我们每一个人选择的自由度——你只能在一天 24 小时和银行卡余额的限制下做决策。如此，做决策的意义一瞬间变得非凡起来：我在这有限的资源前提下怎样做决策最快乐？

"怎样做决策最快乐"前面加上了一个定语——"在有限的资源前提下"，回到前面关于"最多的事"的论述，现在可以把这些论述修正为：一个人在当前时间和银行卡余额都既定的条件下，怎样做决策才能"最快乐"（比如今天中午吃什么）？一个企业在一年时间和投资额都既定的条件下，怎样做决策才能获得"最大的利润"（比如建不建新的生产线）？一个国家在一年的时间和财政收入都既定的条件下，怎样做决策才能使整个社会得到"最大的福利"（比如增不增加教育支出）？

现在你多少了解一点经济学是干什么的了吧？

2. 效率与平等

我们可以把前面讨论的问题用经济学术语凝练成一个词，即效率（efficiency）。对效率的一般定义是单位时间内的产出，将其挪用到经济学中，则有两层含义，一层是投入既定条件下产出

---

[1] [美]曼昆著，梁小民、梁砾译：《经济学原理：微观经济学分册》（第6版），北京大学出版社 2012 年版，第 3 页。

是否最大，另一层是产出既定条件下投入是否最小。这两层含义都有"最"这个字，也就是极值，达到极值才能称之为"有效率"[1]。简而言之，效率就是投入产出比的问题（虽然这么说并不精确）。经济学中分析一个经济现象是否有效率时，就是看其产出是否最大（此时一般默认投入已最大或投入既定），达到了就是有效率，否则就是无效率。主流经济学认为完全竞争市场是有效率的，而垄断是无效率的，其判断标准之一就是完全竞争市场的产出达到了最大，而垄断限制自己的产量，产出最小。福利经济学代表人物维尔弗雷多·帕累托（Vilfredo Pareto，1848—1923 年）描述的"帕累托最优"状态也被认为是有效率的，因为在"帕累托最优"状态中，一个人收益的增加必定以另一个人收益的减少为代价，即总量无法再增加了。

结合前文做决策的内容，效率所涉及的问题是在投入已达最大时（即用尽手中有限的资源），产出是否最多、效果是否最好、影响是否最大等。我们可以依据此标准来评判一家企业、一个国家或者一个政策是否有效率，虽然这种判断比较泛泛。如果非要直观地去评判，那么生产可能性边界的图例能给出比较近似的答案，在边界"上"就是有效的生产（productive efficiency），在边界"内"则不是[2]。以吃自助餐为例，你吃得越多，效率就越高。

在姜文导演的电影《让子弹飞》中，"张麻子"说他到鹅城只办三件事，公平，公平，还是公平！这里的"公平"其实是指

---

〔1〕 数据包络分析（Data Envelopment Analysis，DEA）方法就是以此为原则测算各个决策单元的相对效率，其中符合"最"的决策单元为 DEA 有效率，其他都是 DEA 无效率。

〔2〕 ［美］保罗·萨缪尔森、威廉·诺德豪斯著，萧琛主译：《微观经济学》（第19版），人民邮电出版社 2012 年版，第 13 页。

财富分配的"平等"。钱不能都让黄老爷赚去了；虽然把钱强行分给百姓，但黄老爷的大马车当街一跑，老百姓全把财物顺窗户扔出去，一件不敢留，鹅城的财富分配问题可见一斑。孔子有云："不患寡而患不均"。孔圣人和电影人物张麻子说的都是财富分配的问题，也就是认为财富分配要平等、公平、公正，但并不是"平均"，明白这一点很重要。

平等（equality）和公平在经济学中经常出现，往往被当作同一件事来讨论，但实际上平等更具有客观性，而公平的主观色彩更浓。或者说，公平是平等的一种体现。本书选择使用平等这个词，强调其客观公正。经济学中的平等就是指国民财富的分配问题，包括收入平等、机会平等和其他类型的平等。党的十九大报告中提出，当前中国社会的主要矛盾是人民日益增长的美好生活需要和不平衡不充分的发展之间的矛盾，其中就包括平等问题。从百姓收入角度看，贫富差距逐渐拉大，占人口比例很少的富人拥有豪车豪宅，而低收入、极低收入人群超过全国总人口的一半；从区域经济角度看，东南沿海省份及主要直辖市的经济表现出色，而中西部地区的发展仍旧相对落后，东北三省经济长期低迷，人口外流严重。所以，平等不仅仅指收入分配的平等，也包括发展机会的平等。

然而，如果国家过于强调平等，就会损失效率。比如，让积极努力创造价值的人多缴税用以帮助穷人，则缴税越多，就越打击创造价值的积极性。因此，效率和平等就像鱼和熊掌，得此必然失彼。我们经常把这个矛盾比作蛋糕：效率就是把蛋糕做大，平等就是把蛋糕分得大家都开心，但往往是蛋糕做大了就分得不开心，而把蛋糕分得大家都满意则蛋糕就做不大，正所谓"不患寡而患不均"。但是，想要达成平等比达成效率要难得多，把蛋糕分得大家都开心谈何容易！

效率和平等是几乎所有国家面临的难题，总要在不同的历史发展阶段有所权衡取舍。我国在改革开放之前采取经济分配方式比较重视平等，而效率容易遭受损失；改革开放之后比较注重效率，让人民生活水平迅速提高，但同时带来的问题就是贫富差距逐渐拉大，平等遭受损失。2021 年，我国脱贫攻坚战取得全面胜利，政府进而强调了"第三次分配"，说明对于平等问题会更加重视。权衡取舍是无论个人还是国家都时时面对的事情，正如曼昆在其教材中说的那样，"我们对经济学的学习要从认识生活中的权衡取舍开始"〔1〕。

3. 经济学的定义

虽然现在学界对经济学的定义还莫衷一是，但都承认一个基本的共识，那就是经济学研究的一个基本问题是在资源有限的情况下，经济主体如何决策以实现收益的最大化。现在可以简单回答一下经济学究竟在研究什么了：

经济学就是研究一个经济主体（可以是一个人、一个组织、一个经济体）在充分利用其所拥有的所有资源的条件下，以实现该经济主体的收益最大化为目标，如何做出决策以及如何分配收益。

不过，组织也好，经济体也罢，都是由一个个活生生的自然人组成的，所以新古典经济学之父阿尔弗雷德·马歇尔（Alfred Marshall，1842—1924 年）也提到，经济学是一门研究财富的科学，同时又是一门研究人的科学〔2〕。也有这样一种说法：经济学的发展取决于心理学的发展，心理学的发展取决于医学的发

---

〔1〕［美］曼昆著，梁小民、梁砾译：《经济学原理：微观经济学分册》（第6版），北京大学出版社 2012 年版，第5页。

〔2〕［英］阿尔弗雷德·马歇尔著，宇琦译：《经济学原理》，湖南文艺出版社 2012 年版，第2页。

展，而医学的发展又取决于解剖学的发展，所以经济学的进一步发展目前来看是遥遥无期了。当然，我们权当这是戏谑之言。由于人是组成组织或社会的基本元素，同时社会科学也大体都是研究人的，本书接下来的经济学课程内容也将先从人的感受入手，而不像传统经济学教材那样从市场和供求入手。

（二）经济学的来龙去脉

1. "经济学"还是"西方经济学"

首先要说的一个问题是，我们学习的是"经济学"还是"西方经济学"。打开购物网站会发现，叫这两个名字的正经教科书琳琅满目（叫"经济学原理"的也不少），但书中内容没有多大差异。其实经济学和西方经济学研究的内容是一样的，只是我们认识它们的角度不同：经济学是从学科属性的角度出发的，而西方经济学是从来源的角度出发的。经济学主要研究经济规律以及人的行为，西方经济学也是研究经济规律以及人的行为，只不过中国现在讲授及使用的经济学研究框架和经济思想都是从西方传过来的"舶来品"，是"西学"之一罢了。所以，西方国家语境中只有"经济学"，即"economics"，没有"西方经济学"。"西方经济学"是我们中国人站在地球东方这个地理位置，对从西方世界传来的一种社会科学分支的独特称谓。新中国成立之后，我国的经济学研究主要集中在马克思主义政治经济学领域，而马克思主义也是源自西方世界的"舶来品"。因此，"西方经济学"是我们中国人从传播来源的角度对经济学的称呼，并非因在中国有一个与之对立的"东方经济学"[1]而对西方来的经济学的一种

---

〔1〕 郑雪昭先生所著《财富的本源及流转通论》（经济日报出版社2019年版）在出版之前本打算命名为"东方经济学"，但经多方面思考后作罢。该书结合西方经济学思想、中国传统哲学和中医学以研究经济学，思路独到，可以参考阅读。

区分式标注。

那么究竟用哪个？在我国学界还没能构建出与"西方经济学"不同的研究范式的前提下，讨论"经济学"还是"西方经济学"是没有多大意义的，因为二者本就是一体。只不过从发展的角度看，还是"经济学"的称谓更贴切，因为无论"西东"，研究的都是经济规律和人的行为，没必要制造"西""东"对立。

经济学这一学科源自西方，是以西方文明发展为基础衍生的社会科学，主要贡献者也无一例外是西方人。在西方发挥作用的经济规律到了东方就会不适用吗？物以稀为贵这个规律，哪里都适用；只要是货币印多了，哪里都有通货膨胀压力。经济学同时又研究人的行为，人的行为是经济学规律的观察基础，而人类又有文化习俗之不同、社会制度之差异，在诞生于农耕文明与海洋文明的不同国家和地区，人的行为是会存在地域性差异的。例如，"勤俭持家"和"不喜背债"都是中国百姓的传统思想，这些可能就造成了中国储蓄率高于西方的现象。但无论怎样，经济学的一般规律是普遍适用的，即使有地区差异，其影响也是相对次要的。所以，仅称经济学就好。

2. 一点点西方经济思想史

经济思想史主要展现了不同时代的经济学说，形成了人类解释经济现象的一个时间脉络，因此了解一些经济思想史的内容，对于经济学的学习是很有帮助的。现今学界有西方经济思想史和中国经济思想史[1]。当今主流教材都是西方经济学的研究框架和研究范式，本书内容也是基于西方经济学教材，因此本节讲述

---

〔1〕 著名经济学家唐庆增先生曾著《中国经济思想史》（商务印书馆 2010 年版）；著名经济学家胡寄窗先生也曾著《中国经济思想史》（上海财经大学出版社 1998 年版），但在购物网站上搜出最多的为《中国经济思想史简编》（立信会计出版社 1997 年版）。

的是西方经济思想史。

现在我们提及的经济学（此时是否称之为西方经济学更合适呢？）的开端可以追溯到1776年英国经济学家亚当·斯密（Adam Smith，1723—1790年）的巨著《国民财富的性质和原因的研究》（简称《国富论》）的诞生，因此斯密被称为"现代经济学之父"。自1500年前后至《国富论》诞生的时期可以称为前古典时期，这个时期的经济思想开始活跃起来，从简单的关于个人、家庭、生产者的观点，向更复杂的将经济体视为有其自身规律与相互关系的一个系统的观点演进[1]，其中影响比较深远的是重商主义和重农学派。

重商主义认为金银是财富的唯一形式，所以这个学派重视出口，通过降低国内工资以降低成本，并要求政府征收关税和加大补贴以提高本国商品的国际竞争力，目的就是"赚国外的钱"，所以主要支持者多为商人。有学者认为，重商主义看似年代遥远却从未消失，2018年美国总统唐纳德·特朗普（Donald Trump，1946—）发动贸易战，其背后的经济思想依旧是重商主义。一句话概括，重商主义者就是一群贪财迷，满脑子都是赚金币的事，只要有利于塞满他们的钱包，他们必定奋力争取。

重农学派发源于法国，其代表人物是弗朗斯瓦·魁奈（François Quesnay，1694—1774年）。魁奈本是名医生，借由蓬帕杜侯爵夫人（Madame la Marquise de Pompadour，1721—1764年）的关系住进凡尔赛宫，有幸与很多思想家、哲学家和经济学家相识，并接触到中国古典哲学，其中道家和儒家学说中重农的思想深深影响了魁奈，因此他也被誉为"欧洲的孔子"。由于当时的法国依

---

〔1〕 [美]哈里·兰德雷斯、大卫·C. 柯南德尔著，周文译：《经济思想史》（第四版），人民邮电出版社2014年版，第46页。

旧是农业国家，农业更依赖自然发展，再加上道家和儒家中重农思想的影响，重农学派认为财富的源泉是土地，其经济思想更强调自然法则，主张自由放任，并提出了那句经典的"Laissez-faire"（译为：让他去做）。这种自由放任的经济思想又深深地影响了斯密[1]。所以，重农学派都是一帮根植沃土、看天吃饭的法国"守田人"。

之后便来到了古典经济学（Classical Economics）的时代。斯密被称为古典经济学之父，是因为古典先驱们都是从不同方面提出问题和解释，没人能将决定国民财富的力量、培育经济增长与发展的适宜政策以及通过市场力量有效协调大量经济决策的方式整合成一个全面的观点[2]，而斯密是第一人。斯密对经济学的贡献很大，其中劳动价值论最为突出，与重商主义和重农学派不同，他认为国家财富的源泉是劳动。除此之外，劳动分工理论、自由放任的经济思想、绝对优势理论等都是他做出的人们耳熟能详的贡献。斯密之后，大卫·李嘉图（David Ricardo，1772—1823年）登上了历史舞台，他利用抽象推理方法构建经济理论，这种抽象推理方法一直影响至今；其代表作《政治经济学及赋税原理》的问世被称为"李嘉图革命"，其在斯密的基础上正式建立起古典经济学大厦[3]，这部作品也是卡尔·马克思（Karl H. Marx，1818—1883年）重要的思想源泉。除此之外，李嘉图的好友托马斯·R. 马尔萨斯（Thomas R. Malthus，1766—1834年）还发表了《人口论》，今天耳熟能详的"马尔萨斯陷阱"就

---

〔1〕［美］斯坦利·L. 布鲁、兰迪·R. 格兰特著，邸晓燕等译：《经济思想史》（第8版），北京大学出版社2014年版，第56页。

〔2〕［美］哈里·兰德雷斯、大卫·C. 柯南德尔著，周文译：《经济思想史》（第四版），人民邮电出版社2014年版，第84页。

〔3〕刘明明、马云泽主编：《西方经济学名著导读》，清华大学出版社2013年版，第20页。

源于他对人口和生产的论述。接下来进入了约翰·斯图亚特·穆勒（John Stuart Mill，1806—1873 年）的时代，他同时赞同自由放任和政府干预的经济思想被称为折中主义。在马歇尔的《经济学原理》问世之前，穆勒的《政治经济学原理》一直是广为流行的经济学教科书。与此同时，马克思的巨著《资本论》横空出世，讨论了劳动价值论、剥削理论以及资本积累与阶级斗争等问题，对古典经济学进行了深入批判。

古典经济学的成就是显著的，其中在价格确定方面，古典经济学偏向于供给导向的生产成本价值理论，而这引起了一些学者的非议，他们认为决定价格的不是供给，而是需求。以英国人威廉姆·斯坦利·杰文斯（William Stanley Jevons，1835—1882 年）、奥地利人卡尔·门格尔（Carl Menger，1840—1921 年）及法国人里昂·瓦尔拉斯（Léon Walras，1834—1910 年）为代表的经济学家掀起了一场"边际革命"，他们三人几乎于同一时期且分别独立地提出边际效用理论，从而确立了需求导向的边际效用价值理论，新古典经济学诞生了。

由边际革命可以发现，新古典经济学[1]的诞生本不是为了延续古典经济学，而是为了反对它。因此边际革命就是新古典经济学的开端，二者本为一体。瓦尔拉斯运用数学工具进行推演，提出了一般均衡分析，将众多经济变量囊括其中去求得一般均衡解，以一种正规的方式使一般均衡系统模型化[2]，数学分析被正式引入经济学分析框架内。因此，瓦尔拉斯被认为是新古典经

---

〔1〕 新古典经济学的英文原文为"Neoclassical Economics"，注意开头是"Neo"，不是"New"。"Newclassical Economics"指的是第二代古典经济学派或后来的新兴古典经济学。

〔2〕 [美]哈里·兰德雷斯、大卫·C.柯南德尔著，周文译：《经济思想史》（第四版），人民邮电出版社 2014 年版，第 321 页。

济学之父。另一位被誉为新古典经济学之父的就是马歇尔。马歇尔的贡献很大，他以斯密、李嘉图以及穆勒的工作为基础，发展了一种分析框架，这一框架在今天依旧是通用的大学本科经济理论以及大多数经济政策的结构性基础[1]。与瓦尔拉斯不同，马歇尔提出的是局部均衡理论，认为价格是由需求和供给两种力量共同决定的。他的贡献颇多，比如用支付货币的数量来衡量偏好或动机的强度、生产四要素等，这里就不过多表述了。马歇尔的学生阿瑟·C. 庇古（Arthur C. Pigou，1877—1959 年）是福利经济学的创始人。马歇尔的另一位学生琼·罗宾逊（Joan Robinson，1903—1983 年）提出了不完全竞争模型。这些都是新古典经济学中的重要内容。

马歇尔的又一位学生就是大名鼎鼎的约翰·梅纳德·凯恩斯（John Maynard Keynes，1883—1946 年）。凯恩斯察觉出老师马歇尔的理论不能有效地解决通货膨胀、大面积失业等众多问题，于是他开始从宏观整体的角度审视经济学，成为第一个全面将货币数量、经济周期、利息率变动等问题总结在一起，并使之成为一个体系的经济学家[2]，他也自然被誉为"宏观经济学之父"，这个过程被称为"凯恩斯革命"。凯恩斯毕竟是马歇尔的学生，所以他认同在经济平稳的时候采取自由放任的政策，但是当经济出现衰退时，他主张政府要干预经济。之后，约翰·R. 希克斯（John R. Hicks，1904—1989 年）将凯恩斯的巨著《就业、利息和货币通论》中的主要部分以新古典经济学的均衡分析方法加以表述，提出了 IS-LM 模型，于是凯恩斯的经济思想迅速与新古典

---

〔1〕 ［美］哈里·兰德雷斯、大卫·C. 柯南德尔著，周文译：《经济思想史》（第四版），人民邮电出版社 2014 年版，第 286 页。

〔2〕 刘明明、马云泽主编：《西方经济学名著导读》，清华大学出版社 2013 年版，第 44 页。

经济学融合，成为现代教科书中宏观经济学的主要内容。

凯恩斯去世后，以他的经济思想为基础并试图修正其缺陷的学派相继诞生，比如后凯恩斯主义、新凯恩斯主义等。经济学的思想也层出不穷，以米尔顿·弗里德曼（Milton Friedman，1912—2006 年）为代表的货币学派、以罗伯特·E. 卢卡斯（Robert E. Lucas，Jr.，1937—2023 年）为代表的理性预期学派、以罗纳德·H. 科斯（Ronald H. Coase，1910—2013 年）为代表的新制度经济学、经济增长理论、经济周期理论等都曾风靡一时。不过，现代经济学一直在努力证明自己的"科学性"，数学的融入越来越多，在数理的道路上也越走越远，经济学竟慢慢变成了数学的奴隶。所有的经济问题都以数学上可处理来设定，如果数学上不能处理，就避而不谈[1]，因此有些人认为现在的经济学是时候向斯密回归了。到目前为止，再无如斯密、李嘉图、马克思、马歇尔、凯恩斯这类革命性的经济学大师出现。用中国古典哲学的话讲，现代经济学越来越像"术"，与"道"渐行渐远。中国的经济学者是否可以结合中国古典哲学的框架探讨经济学的"大道"呢？如此，未来可期。

3. 微观经济学和宏观经济学

在当今主流经济学教材中，要么是一本教材中间分为"微观部分"和"宏观部分"，要么是分为"微观经济学分册"和"宏观经济学分册"，要么直接就是独立的"微观经济学"和"宏观经济学"。经济学、微观经济学、宏观经济学之间到底是什么关系？

其实，这只是经济学的一种分类方法，是由 1970 年诺贝尔经济学奖得主保罗·萨缪尔森（Paul Samuelson，1915—2009 年）提出的。在那个年代，新古典经济学是一个阵营，凯恩斯经济学

---

〔1〕 张维迎：《经济学原理》，西北大学出版社 2015 年版，第 19 页。

也是一个阵营（当然并不是只有这两个阵营），一些经济学家将新古典经济学的研究方法融入凯恩斯宏观经济学之中，使二者融合。于是，萨缪尔森打算将两个庞大的体系整合在一起，将以新古典经济学为主要内容的经济学命名为微观经济学（Microeconomics），而将以融合了新古典方法的凯恩斯经济学为主的经济学命名为宏观经济学（Macroeconomics），这个过程被称为"新古典综合"，颇有一点"宁汉合流"的意味（虽然这并不被凯恩斯的支持者赞同）。这样，萨缪尔森出版了自己的经济学教材《经济学》，其中分成微观和宏观两个部分，由此风靡各个高校。

微观经济学主要研究单个消费者或单个生产者如何制定自己的消费决策或生产决策，进而研究由此形成的单个市场中价格的决定机制，也包括一部分福利经济学和博弈论的内容。

宏观经济学主要从总体上研究经济的运行，包括经济增长问题、经济周期问题、失业问题、通货膨胀问题、货币与利率问题、经济调节政策问题、国际收支问题。

所以，微观经济学更像是你拿着显微镜在观察一个经济体细胞的活动，而宏观经济学更像是你拿着望远镜在遥看整个庞大经济体的动向。

4. 实证经济学和规范经济学

约翰·内维尔·凯恩斯（John Nevill Keynes，1852—1949年），即约翰·梅纳德·凯恩斯的父亲，在其1891年撰写的著作《政治经济学的范围与方法》中将经济学划分为三个分支：实证经济学、规范经济学以及经济学艺术[1]。与其说是某某经济学，倒不如称其为一种研究或分析方法更为恰当，因此一些教科书称

---

〔1〕〔美〕哈里·兰德雷斯、大卫·C. 柯南德尔斯著，周文译：《经济思想史》（第四版），人民邮电出版社2014年版，第289页。

之为实证分析与规范分析。实证分析研究的是经济变量之间本来存在的内在联系，研究过程中并不预设价值判断，纯粹进行客观分析，并可以运用此结论进行预测；规范分析研究时有预设的价值判断立场，不存在对其分析结论的客观标准，因此也难以就其结论进行检验[1]。

简单讲，实证分析就是在研究"是什么"的问题，而规范分析就是在研究"应该是什么"的问题。比如，打算研究财政性的环保支出是否对环境保护有积极作用，我们可以通过构建一个计量经济学模型来判断，若发现环保支出越多，环境状况就越好，就可得出结论——环保支出有作用，并预测未来依旧可以有作用，这就是实证分析。若要研究政府应不应该使用财政手段干预环境保护过程，可以从政府的立场或居民的立场预设价值判断进行分析，最后得出结论——财政支出应该参与环境保护过程，这就是规范分析。需要注意的是，由于规范分析涉及伦理、价值而非事实本身，其答案就无所谓正确或错误[2]。

5. 经济学和政治经济学

法国早期的重商主义代表人物安托万·德·蒙克莱田（Antoine de Montchrétien，约 1575—1621 年）在 1615 年出版的《献给国王和王后的政治经济学》一书中首次提到"政治经济学"这个名词。自此以后，从斯密的《国富论》，到李嘉图的《政治经济学及赋税原理》，再到穆勒的《政治经济学原理》，这些经济学巨匠们提到的都是"政治经济学"，也可以说古典经济学时期提到的都是政治经济学。可想而知，此时的经济学是为国家如何增加财

---

〔1〕《西方经济学》编写组编：《西方经济学》（第二版，上册），高等教育出版社、人民出版社 2012 年版，第 27 页。

〔2〕［美］保罗·萨缪尔森、威廉·诺德豪斯著，萧琛主译：《微观经济学》（第 19 版），人民邮电出版社 2012 年版，第 6 页。

富、百姓生活质量如何提高服务的，它暗示了经济学与政治学是相关的，这也是斯密的巨著叫《国富论》（当然，这是中文的意译）的原因。

随后，"边际三杰"之一的杰文斯，这个倡导用数学模型解决经济问题的学者，建议将"政治"两个字去掉，认为把这门科学称为"经济学"是更合适的选择。接下来，马歇尔在鸿篇巨著《经济学原理》中并列使用"政治经济学"和"经济学"来对经济学下定义，虽然他自己也承认，大自然也划不出这清晰的分界线[1]，但从他将自己的著作命名为"经济学原理"而不是"政治经济学原理"，我们似乎能看出一些端倪。

如此看来，经济学与政治经济学本为一家，是经济学想要甩掉政治学或社会学的基因，抛开社会制度、政治体制对经济活动的制约，变为更加纯粹的研究经济规律的科学。从新古典经济学与古典经济学的些许区别也可以看出，经济学已经从研究国家财富的积累问题转移到研究个体经济行为及经济规律的领域了。在今天的中国，政治经济学变成了理论经济学这个经济学一级学科下的二级学科，学科代码为020101，排在理论经济学所有子学科的第一位。

6. 各种各样的经济学

经济学这个名词就像是一棵大树的根，这棵大树枝叶繁茂，派生出很多分支。按照我国比较正式的学科分类，经济学首先分为两个一级学科，即理论经济学和应用经济学。在理论经济学中再分出二级学科，比如政治经济学、经济思想史、经济史、西方经济学、世界经济、人口资源与环境经济等。在应用经济学中也

---

〔1〕［美］哈里·兰德雷斯、大卫·C. 柯南德尔著，周文译：《经济思想史》（第四版），人民邮电出版社2014年版，第289页。

分出二级学科，比如国民经济学、区域经济学、财政学（包括税收学）、金融学（包括保险学）、产业经济学、国际贸易学、劳动经济学、数量经济学等。这些既是经济学中的研究方向或领域，又是高等教育体系中的专业，授予的都是经济学学位。从字面上我们也能大概明白每个经济学分支主要研究的是什么内容。

与上面这些分支略有不同，一些"经济学"就是研究领域，而不一定是高校学生修学的专业，比如发展经济学、比较经济学、经济地理学、生产力经济学、技术经济学、城市经济学、工业经济学、农村经济学、旅游经济学等。这些"经济学"理论上都可以属于二级学科，如果需要的话，也能成为专业，只不过目前在我国的学科分类中并未出现。可以看到，这类"经济学"（当然和专业的二级学科没有本质区别）往往在前面加上一个定语，表明该经济学分支是通过使用经济学研究范式来研究定语的领域的。

还有一些"经济学"可能就属于交叉学科了，比如法律经济学是法学和经济学的交叉学科，社会经济学是社会学和经济学的交叉学科，管理经济学是管理学和经济学的交叉学科，等等。这类"经济学"是交叉学科，只要是能用经济学研究范式去研究的另一个学科门类，我们似乎都可以用这样的方式将其命名为"××经济学"。

按照这个思路，对经济学分支的命名就变得很随意了，比如还有爱情经济学、婚姻经济学、幸福经济学、游戏经济学、食物经济学、健康经济学等，可谓五花八门，只要是用经济学去解释的，也都可以叫"××经济学"了。不过这类"经济学"不能算作严格意义上的经济学分支，更多的是用经济学思维去解释现象而已，是无法上升到"学"这个高度的。因此，这类"经济学"都是某些学者甚至是作家的研究偏好，想正儿八经到高校和研究所去系统地学习恐怕是很难了。

（三）经济学十大原理

曼昆在其经济学教科书《经济学原理》的第一章阐述了十个经济学原理，让经济学的初学者们在学习经济学之前对这个学科有一个最基本的认识，这些也是无论哪个经济学派别都认可的基础性原理。本书将对这十大原理做一个简要的介绍[1]。

1. 人们总是在面临权衡取舍

前文已经阐述，由于资源存在稀缺性，人们总是面临选择，也可以说无时无刻不面临着权衡取舍，因为至少时间是一个人最稀缺的资源。早上的闹钟已经响起，你在上班或上学迟到的后果与赖在床上的舒适感之间权衡着；出门上班，你在自驾车、公交车、地铁和共享单车之间权衡着哪个既快又省钱又舒服，甚至早餐吃什么你都在权衡。从决定早上几点醒来，到决定晚上几点睡下，这一整天你不知道做出了多少个决定，每一个决定都是在做权衡取舍，唯一的区别是，哪个你权衡了不到一秒钟，哪个你权衡到头疼。

个人如此，企业亦如此：企业有限的资金应该投入哪里？今天是否决定去联系一下新买家？员工谈成了一个大项目，奖励他多少钱呢？政府也是如此：市民消费券发不发？一笔款项是先投给本市的教育部门还是先投给环保部门？诸如此类的例子不胜枚举，无一不在证明人们每时每刻都面临着选择。

2. 一种东西的成本是为了得到它而放弃的东西

这个原理用货币来举例再恰当不过。你心仪的一部手机的价格是 3999 元，你为了得到它所放弃的东西就是 3999 元钱，这就是得到这部手机的成本。不过，如果经济学对成本的解释仅仅是这样的

---

[1] ［美］曼昆著，梁小民、梁砾译：《经济学原理：微观经济学分册》（第 6 版），北京大学出版社 2012 年版，第 4—15 页。

话，那经济学就没有存在的必要了。你得到这部手机所放弃的不仅仅是 3999 元钱，还有你可能愿意用这 3999 元钱去购买的另一种商品。换个思路会更容易理解这个描述：买手机这件事需要花费你从上午 9 点到 11 点这两个小时的时间，而你还可以用这两个小时去把一本书的最后一章读完。你选择在上午 9 点到 11 点去买手机，也就等于放弃了在这段时间读书。从时间角度，你买手机的成本不仅仅是两个小时，还要加上本来可以读完的那本书的那一章。

你本可以买而没买的另一个商品和你本可以看完而没看完的那本书的最后一章，在经济学中叫作机会成本（Opportunity Cost），按字面意思可以简单理解成"本来有机会做但没做"的事最终成了你的成本之一。在周星驰主演的电影《大话西游》中，至尊宝就因为当初没有选择紫霞仙子，才说出那句"如果上天能够给我一个再来一次的机会"。

机会成本这一概念出自机会成本原理（Opportunity-Cost Principle）或选择成本概念（Alternative-Cost Concept）的思想[1]，这个思想来源于弗里德里希·冯·维塞尔（Friedrich von Wieser，1851—1926 年）——门格尔的学生及女婿，奥地利学派的重要人物之一。机会成本就是做出选择时你放弃的东西当中最好的那一个，所以并不是你放弃的每一件东西都是机会成本。比如上面的例子，这两个小时你还可以去健身、看电影、吃一顿美餐，如果在这些选择中你认为读书是最有价值的（一定是你认为，因为这是你自己的决定），那么没读书这件事就是你的机会成本，其他的选择都不是。如果你认为看电影是最有价值的，那么没去看电影就是机会成本，而没读书这件事就不是机会成本了。但是，无

---

〔1〕［美］斯坦利·L. 布鲁、兰迪·R. 格兰特著，邸晓燕等译：《经济思想史》（第 8 版），北京大学出版社 2014 年版，第 220 页。

论你认为读书最有价值还是看电影最有价值，它们的价值都比不过买手机这件事，不然你的选择就不是在上午9点到11点买手机了，对吗？

回到这一节的主题，某种东西的成本是为了得到此物而放弃的其他东西，这里不仅仅指直接放弃的东西（即直接成本），比如为购买此物而放弃的金钱，还包括这笔钱能购买到的你认为最有价值的其他某个东西，也就是机会成本。这两种成本加在一起构成了你得到此物的总成本。顺便提一句，在学习经济学之后，请不要再习惯性地认为成本就只是金钱，还要再考虑"时间"这个最稀缺的资源。现在你是否可以回答以下问题：坐公交车真的比坐出租车便宜吗？美国职业篮球球星勒布朗·詹姆斯（LeBron James）高中毕业后为什么不去读大学？

3. 理性人往往使用边际思维

经济学中一个普遍认同的假设是理性人假设（也叫经济人假设）。理性人（rational people）就是系统而有目的地尽最大努力去实现其目标的人。这种人为了实现自己的最大利益可以"不择手段"（这里可打了引号啦），且极端利己、行动不受情绪影响、明确知道自己的偏好、认知水平较高、掌握足够的信息、身处于有效的市场机制当中。很显然，理性人是一种高度抽象化的"人"，现实中不可能存在。（也可能极少存在，倘若存在，这种人岂不很可怕？）这个抽象化的假设是经济学的基础假设之一，正因为分析的对象是理性人，我们才能通过数学手段和逻辑演绎的方法去归纳、判断和预测这种人的行为。如果分析的对象是个多愁善感、没有原则的人，经济学就没法继续了。当然，这种假设也遭到一些经济学家的质疑，他们认为理性人并不存在。那基于这个假设而发展出来的经济学又有多可靠呢？行为经济学这个经济学分支就悄然兴起了[1]。

边际思维是指思考问题经常从边际量出发。什么是边际量呢？边际这个词的英文为"margin"，本意是图书文字部分之外书页的空白边，经济学中的边际则取它"边缘部分"之意，即边缘的变化。举个好理解的例子，如果 Y 是 X 的函数，那么当 X 变动1个单位之后，Y 所相应变动的单位数量就是边际量。数学不错的朋友马上就能明白，这个边际量就是对函数求导数或一个图线的斜率。后面若干章节会详细讲到一些常见的边际量，比如边际效用、边际产量、边际成本和边际收益等。需要注意的是，边际量是"总量"的变化量，比如边际成本就是每增加1单位产量所导致的总成本的增加量。理性人面对选择时就会采用边际思维思考问题，比如通过比较边际收益（总收益的增加量）和边际成本（总成本的增加量）哪个更高来决定如何做决策（有时甚至是无意识地在比较）。

4. 人们对激励会做出反应

如果你是一名大学生，在知道今天的微观经济学课程上老师会点名且会当堂测验的情况下，你会逃课吗？如果你提前得到了某只股票的一些利好的内部消息，你会提前进场吗？这些能够引起你做出某种行为的因素，叫作激励（incentive）。理性人在面对激励时都会做出对自己最有利的反应，简而言之就是趋利避害。你心仪已久的一件衣服打折了，你就更倾向于把它买回家；大蒜因某些原因涨价了，农民就更倾向于多种大蒜。

在2014年，滴滴打车（现为滴滴出行）这个手机软件刚刚运营，其推广的策略就是出租车司机们每天接的前五个订单，滴

---

[1] 可参看汪丁丁先生的著作《行为经济学讲义：演化论的视角》，上海人民出版社2011年版。

滴公司都给予奖励，于是出租车司机们异常踊跃，用多部手机去接网络订单，甚至有司机停下车来只为抢单，一度造成了人们在街上打车难的现象。这就是出租车司机们面对激励的反应。政府是比较喜欢利用这个原理的：为了达成"碳达峰"和"碳中和"的战略目标，在 2022 年和 2023 年，我国对新能源汽车的消费者免征车辆购置税，于是新能源汽车的销量扶摇直上。总结起来，成本的增加会激励人们减少某种行为；利益的增加会激励人们增多某种行为。一位经济学家曾将经济学简单地概括为："人们对激励做出反应，其余内容都是对此的解释。"[1]

5. 贸易可以使每个人的状况都变得更好

假设一个经济体由蕴蕴和苧苧两个人构成，生产的产品只有粮食和鸡肉两种。若蕴蕴和苧苧分别独自生产，蕴蕴得到 5 单位粮食和 3 单位鸡肉，而苧苧得到 3 单位粮食和 5 单位鸡肉，两个人都过得可以，整个经济体共 8 单位粮食和 8 单位鸡肉。如果蕴蕴更擅长种粮食，而苧苧更擅长养鸡，那么蕴蕴全力种粮食（她种粮食效率高）可得 10 单位粮食，苧苧全力养鸡（她养鸡效率高）可得 10 单位鸡肉。于是，蕴蕴可以用多出的 5 单位粮食去换苧苧多出的 5 单位鸡肉，这样她们俩都得到了 5 单位粮食和 5 单位鸡肉，整个经济体共 10 单位粮食和 10 单位鸡肉。这样看来，蕴蕴和苧苧都全职从事自己工作效率更高的生产活动，然后相互交换回自己不生产的产品，贸易使得每个人的情况都变好了。当然，这个例子是很不严谨的（比如粮食和鸡肉的交换价格是怎么定的），但这不妨碍说明贸易可以使每个人的情况都变好的事实。贸易的好处就是让我们都去从事自己最擅长的工作，因为擅长所

---

[1]［美］曼昆著，梁小民、梁砾译：《经济学原理：微观经济学分册》（第 6 版），北京大学出版社 2012 年版，第 7 页。

以效率高，整个经济体的"蛋糕"会变大，然后我们再相互交换自己所需之物，从而达到每个人情况都变好的状态。

6. 市场通常是组织经济活动的一种好方法

20世纪的苏联所采取的组织经济活动的方式叫作计划经济（或指令经济），政府掌握生产资料，并且由政府决定生产和分配的政策。这种制度的一个问题是价格失真，因为政府不是万能的，不可能获得所有偏好信息与成本信息，所以无法有效利用稀缺资源，资源容易被错配。以现有的经验看，这种经济制度失败了，虽然在理论上奥斯卡·理沙德·兰格（Oscar Ryszard Lange，1904—1965年）可以在数学上证明这种制度可以达到静态的帕累托最优[1]。

与之相对的就是市场经济，它是一种主要由个人和私人企业决定生产和消费的经济制度。当许多企业和家庭在商品与劳务市场上相互交易时，资源可以通过它们的分散决策来配置。斯密在《国富论》中提到的"看不见的手"指的就是这种市场机制，而价格就是工具。所以，与计划经济相比，市场经济中的价格更为真实，能够更为准确地反映人们的偏好和生产成本，价格自发地调节使得单个买者和卖者都能得到合意的结果，整个社会的福利也可以最大化。如今，绝大部分国家都采用市场经济的制度，我国采用的也是在社会主义制度框架下的市场经济，即社会主义市场经济体制。

当然，世界上没有任何一个经济体完全属于计划经济或市场经济，而是所有的经济体都既有市场经济成分，也有计划经济成分，都是一种混合经济[2]。

---

〔1〕 ［美］斯坦利·L. 布鲁、兰迪·R. 格兰特著，邸晓燕等译：《经济思想史》（第8版），北京大学出版社2014年版，第368页。

〔2〕 ［美］保罗·萨缪尔森、威廉·诺德豪斯著，萧琛主译：《微观经济学》（第19版），人民邮电出版社2012年版，第7页。

7. 政府有时可以改善市场结果

市场机制是有效配置资源的一种制度，但它并非总会这样，斯密的"看不见的手"有时候也"动不了"。这些情况被称为市场失灵（Market Failure），即市场机制此时完全或部分失去作用。本书将在第十一章具体探讨市场失灵的问题。如果市场的"看不见的手"无法发挥作用，政府的"看得见的手"就该登场了。比如外部性问题（如环境污染）和公共物品问题（如国防），由政府出面解决要好于由市场解决，也更容易被普通大众接受。政府可以通过公权力稳定能够保障市场机制有效运转的社会环境，比如产权、司法体系、政治体制、国家安全等。

另外，政府的作用就是保证平等。前文已经阐述过效率与平等，市场经济更侧重于效率，通过激烈的竞争机制把蛋糕做大，但在这种近乎丛林法则的竞争机制下不可能保证分配的平等，此时就需要政府进行干预，比如进行第二次分配（市场分配为第一次分配）、鼓励第三次分配（比如慈善公益）等。总之，一般情况下，我们需要用市场来保证效率，而用政府来保证平等。

当然，政府也只是在必要的时候才有可能改善市场，所以政府也不是万能的，如果政府干预过度，也会出现"政府失灵"。并且，由于政策制定当局未必掌握足够的信息，政策的制定也会出现无效果甚至效果相反的现象。

8. 一国国民的生活水平取决于该国生产产品和劳务的能力

当前被普遍认可的事实是，一个生活水平较高的国家，其人均收入一般也都比较高。假设人口相同，那么一个生活水平较高的国家就是一个产出较多的国家。这个产出包括两种，一种是产品（goods）这类有形的产出，另一种是劳务（services）这类无形的产出。我们继续假设人口相同且分配平均，那么一个国家产出的产品和劳务越多，每个人分到手的产品和劳务就越多，生活水平自然就越高。

是什么因素影响一个国家的生产能力呢？答案是生产率（productivity），即每一单位生产要素的投入所生产的产品与劳务的数量。科技的进步一般被认为是提高一国生产率的最直接、最关键的因素，除此之外还包括经济政策和管理水平，因此我们可以将这些提高生产率的因素综合在一起称为全要素生产率（Total Factor Productivity）。全要素生产率提高，一国的产出能力也会提高，国民生活水平也会随之提高。

9. 政府发行过多货币会使物价上升

通货膨胀（inflation）会抬高一个经济体的整体物价水平，同时稀释掉百姓积累的财富。当发生恶性通货膨胀时，那简直是一个国家的噩梦，该国货币会形同废纸，所有人都不再保有货币，而是第一时间将货币脱手，换回价值稳定的物品。通货膨胀的根源就是该国政府发行了过多的货币。假设一切经济变量都稳定，一定量的货币将对应一定量的产出，如果此时政府发行过多的货币，但产出并没有跟着同步增加，那么必然会出现过多的货币对应着不变的产出，即单位产出对应的货币数量增加，于是价格水平就上升了。比如经济体里一共只有 10 个苹果和 10 元钱，那么一个苹果就对应 1 元钱。如果苹果的数量不变，政府增发货币而印出了 100 元钱，那么一个苹果就对应 10 元钱，即物价水平上涨了（在长期中如此）。

不过通货膨胀也并非一无是处。稳定可控的小幅通胀对经济有一定的刺激作用，短期内能够调节宏观经济走势。但是，无论是温和的通胀还是恶性的通胀，物价水平被抬高、百姓财富被稀释依旧是不争的事实，而这一切都源于政府超发的货币。

10. 社会面临通货膨胀和失业之间的短期权衡取舍

货币的注入会抬高物价水平，引起通货膨胀。但为什么要注入货币呢？一方面是为了让货币的数量与本国的产出相匹配以稳定物价水平，比如产出逐年增加，如果货币总量一直保持不变，则会出现通货紧缩风险，那是比通货膨胀的危害要大的，所以政府有理由依据产出的增长率适度增加货币的供给量。另一方面是为了解决短期的失业问题，这也是宏观经济学主要研究的重要问题之一。目前大多数经济学家认为，短期内出现的经济萎靡导致失业率上升，向经济中注入货币可以刺激整个社会的支出，进而增加对产品和劳务的需求。需求增加会逐渐推高物价（即供不应求状态），同时高物价也刺激企业扩大生产以获得更高的收益，如此企业就需要雇用更多的工人，于是失业率可能会下降。

短期内的通货膨胀可以降低失业率，呈现出一种通胀率与失业率的反向变动关系，这被称为菲利普斯曲线（Phillips Curve），但是在长期中，这种关系会消失。对于政府而言，在低失业率和低通胀率之间必须选择一个，这就是短期之内的权衡取舍。当然，决策者应该如何运用这种关系来控制经济一直是一个备受争议的话题。

二、效用理论
——一个研究"快乐"的理论

上一章我们讨论了经济学的含义，把经济学称为能够让人们生活得更幸福的学问。换而言之，经济学可以教会人们如何做选择以让自己觉得更幸福，但不能教会你发财，不然经济学专业毕业的人岂不都是财主了？言归正传，本章将沿着这一思路继续讨论幸福的经济学解释——效用。

（一）欲望与效用

1. 欲望是经济学的基础

这是一个很好理解的概念，欲望（desire）就是对某种事物的渴求，一种想得到某物而愿意放弃一些其他事物的心理活动。今天你想吃一顿大餐，明天你想买部新手机，后天你又在考虑要不要入手一个有冲洗功能的马桶坐便圈，这些都是欲望，我们将它简单地称为"想要"（I will）。但不要忘记，你我的时间和金钱都是稀缺的，我们不可能得到所有我们想要的东西，因此还要考虑"能够"（I can）的问题。"想要并能够"构成了我们做决策的重要一环，或者说那些你想要并且还有能力实现的欲望才是真正可以去研究的欲望，若你非说要用一艘航空母舰当别墅住，那就太不切实际了。

欲望具有无限性和有限性[1]。欲望的无限性指一种欲望得到满足后，另一种更高层次的欲望会随之产生，亚伯拉罕·H.马斯洛（Abraham H. Maslow，1908—1970 年）的需求层次理论也很好地解释了这个无限性。比如，当从温饱的困境中走出之后，你就会考虑和其他人建立感情联系的问题了，但在那之前，你不会去考虑为人类做贡献这种伟大的事。欲望的有限性指对特定的某一事物，人的欲望是有限的。比如，你酷爱吃冰激凌，但是连吃 5 个冰激凌球之后，你还会那么酷爱吗？总之，欲望是经济学的基础。打个极端的比方：如果人们什么都不想要的话，哪里还会有生产？哪里还会有交换？哪里还会有经济学？

2. 欲望的满足是效用

想得到某种东西的愿望叫欲望，满足了这个欲望的东西带来的就是效用（utility）。注意，效用不是你想要的那个东西，而是这个东西给你带来的一种满足的快感（satisfaction）。通俗点讲，效用就是你感觉"爽"的程度。你觉得越爽、越快乐、越高兴、越舒服，这种东西的效用就越大。当你在炎炎酷暑中打开一瓶冰镇冰红茶，喝第一口的那种感觉就是冰镇冰红茶具有的（或给你带来的）巨大的效用。所以，判断一种商品是否有效用，取决于消费者是否有消费此商品的欲望，以及这种商品是否具有满足消费者欲望的能力。

在炎炎烈日下，你的欲望就是喝一口冰凉的饮料，结果别人递给你一个烤地瓜，这个烤地瓜对于你来说基本没有效用，但对于旁边那个饿得眼冒金星的乞丐而言，这个烤地瓜的效用丝毫不亚于你刚刚喝下去的一口冰镇冰红茶。另外，你只是觉得很口

---

[1] 《西方经济学》编写组编：《西方经济学》（第二版，上册），高等教育出版社、人民出版社 2012 年版，第 92 页。

渴，并没有到要渴死的地步，那么一口冰红茶对于一个即将渴死的人而言，其效用是否远大于你获得的效用呢？由此可见，有无效用和效用的大小，完全取决于消费者的主观心理评价，是由消费者欲望的程度决定的。

效用不仅有大小，还分正负。既然效用是快乐的程度，那么不快乐的程度就是负效用了。当你饥饿的时候，第一个包子给你带来的快乐最大，而当你已经吃得很饱的时候，每多吃一个包子都是在遭罪，变成了越吃包子越痛苦，这个时候的效用就是负的。饥饿、口渴、挨打等让人痛苦的事情给人带来的都是负效用。

3. 如何分析效用

目前主流经济学教科书中对效用的分析分为两种：

第一种为基数效用论（Cardinal Utility）。这个理论认为，效用和长度、重量等一样，可以用基数赋予数值，可以衡量，也可以计算。通过考察消费者对不同商品组合所赋予的效用数值，还可以构建效用函数，效用的计量单位被称为"尤特尔"（Util）。比如，蕴蕴吃了 3 个包子和 2 个馅饼，那么蕴蕴可以给这个组合的效用赋值为 100 尤特尔，如此循环往复观测，可以构建出蕴蕴的效用函数。教科书中一般采用边际效用分析方法来阐述。

第二种为序数效用论（Ordinal Utility）。这个理论认为，效用是不能被赋予基数数值的，因为这些数值在不同的人之间含义不同，在同一人身上也会改变，所以赋予的数值并不可靠。比如，吃一个包子，蕴蕴认为效用是 50 尤特尔，苹苹认为效用是 100 尤特尔，那 50 尤特尔的快乐程度真的小于 100 尤特尔吗？效用是主观判断，所以这两个人获得的效用无法判断哪个大。同时，蕴蕴今天认为的效用是 50 尤特尔，明天可能又觉得是 70 尤特尔了，个人构建自己的赋值体系是十分困难且不可靠的。于是，序数效用论提出，效用不能被赋予数值，更谈不上衡量和计算，只能通过效用等级来排序，即包子的效用至少和馅饼一样大，但大多少是无法确定的，只能排先后。因此，不同商品带来的效用只能通过序数排序来确定大小。教科书中一般采用无差异曲线的分析方法来阐述。

无论是基数效用论还是序数效用论，消费者都需要通过消费商品来获得效用。如果只消费一种商品，那总效用就来自这一种商品的消费数量，我们称它为 Q_1；如果消费两种商品，那总效用就来自两种商品的消费数量，我们称它们为 Q_1 和 Q_2（依据具体情况也可以写作 X_1 和 X_2）。但是如果消费多种商品呢？理论上可以继续将 Q 排序到 Q_n，用效用函数继续算下去，不过为了简化分析过程和构建一个简单明了的理论模型，教科书上一般都只列 Q_1 和 Q_2，即做出一个消费者只消费两种商品或劳务的假设，这样只有 Q_1 和 Q_2 就显得既简单又合理了。倘若你还是不能接纳这种并不符合实际的假设，不妨把 Q_1 当作你现在要研究的商品数量，而把 Q_2 当作除 Q_1 之外的所有该消费者消费的商品和劳务的集合。这就好比这个世界上只有两种人，一个是你，一个是除你之外的其他所有人。后面会讲到，Q_1 和 Q_2 构成的商品组合叫作消费束（Consumption Bundles），消费者通过消费这种消费束获得效用（当然，Q_1 和 Q_2 可以为零）。

然而，张五常（1935—）先生却倾向于反对效用理论，他认为"效用只不过是经济学者想象出来的概念，是空中楼阁，不是事实，看不到，摸不着，在真实世界不存在，所以要推出可以被事实验证的含义不仅困难，而且陷阱太多"，所以不能完全信赖效用理论这种分析方法[1]。

---

　　〔1〕　张五常：《经济解释》（二〇一四增订版），中信出版社 2015 年版，第 121 页。

（二） 基数效用论

基数效用理论认为效用是可以被衡量和计算的，通过观察消费者的行为可以构建出该消费者的效用函数，进而可以预测消费者的行为。

1. 效用函数

效用函数（Utility Function）表述的是消费者在消费中获得的总效用与消费的商品组合之间的数量关系。总效用（Total Utility）是指在一定时期内消费者从消费商品或劳务中得到的效用加总，一般用 TU 表示[1]。因为总效用的大小取决于消费商品和劳务的数量，所以总效用是消费的商品和劳务数量的函数。消费的商品与劳务的数量用 Q（即"Quantity"）表示，依据具体消费的商品和劳务的种类可以用 Q_1 到 Q_n 表示。总效用可以表述为：

$$TU = U（Q） \qquad Q \geqslant 0$$

依据效用函数，只要知道了在一定时期内消费者消费了几样商品，每样商品消费了多少数量，就可以计算出消费者在消费了这些商品后获得的总效用。

既然确定了当前的总效用是多少，那么如果消费者增加了消费商品的数量，总效用会增加多少呢？我们使用最简单的形式再陈述一遍：假设你正在吃鸭脖，吃完了 3 个之后，你又吃下了第四个，那你多吃的第四个鸭脖使你吃鸭脖的"总快乐"增加了多少呢？熟悉高等数学的朋友马上会联想到导数，这的确没错，对效用函数求导数得出的就是边际效用（Marginal Utility，MU），用来表述在一定时期内消费者对一种商品的消费增加了一个单位

---

〔1〕《西方经济学》编写组编：《西方经济学》（第二版，上册），高等教育出版社、人民出版社 2012 年版，第 95 页。

（高数中的含义则是增加得无限小），消费者获得的总效用的增加量。一定注意，MU 是总效用的增加量，不是此时的总效用。边际效用可以表述为：

$$MU = \frac{\Delta TU}{\Delta Q} = MU（Q）$$

$$MU = \lim_{\Delta Q \to 0} \frac{\Delta TU（Q）}{\Delta Q} = \frac{dTU}{dQ}$$

此处举一个简单的例子：

$$TU = 18Q - Q^2 \tag{1}$$

$$MU = 18 - 2Q \tag{2}$$

上面的（1）式是总效用函数，其中的减号表明总效用并非始终随着消费商品或劳务的数量增长而增长，即总效用在消费达到一定量时会开始减少。为什么会这样呢？我们再看（2）式。（2）式是边际效用，从式中的减号可以看出边际效用和消费数量是反方向变动关系，即在一定时期内随着消费者消费商品或劳务的数量增加，边际效用是下降的。边际效用会随着消费商品或劳务数量的增加而逐渐减小，然后减少到 0，最后变成负值。由于边际效用是总效用的增加量，既然增量变成了负值，总效用也必然开始减少了。边际效用逐渐变小这个现象是一种规律，叫边际效用递减规律。

2. 边际效用递减规律

回忆一下你曾经有过的一次饥饿的感觉，我们用包子来代替你当时选择吃的食物（没准那次你吃的真是包子呢）。第一个包子给你带来的效用是很大的，然后第二个包子的效用也会很大，但似乎比不上第一个包子给你带来的满足感吧？你继续吃，第四个包子给你带来的满足感一定不如第一个包子。如此下去，第六个包子对于你来说应该没有什么快乐可言了（即使是上海小笼包那种小号包子，第六个也不会比第一个的效用高）。再继续吃呢？你会觉得撑得难受，此时你多吃的每一个包子给你带来的都不再是快乐，而是不断加剧的痛苦。包子依旧是那个包子，包子皮和包子馅都没有丝毫的不同，但第一个包子和把你撑到的那个包子给你带来的满足感可谓一个天上一个地下。在吃饭的这段时间里，随着你吃下去的包子的数量不断增加，每一个包子给你带来的满足感都是递减的，后一个总是比不上前一个，但你在这顿饭获得的总快感（即总效用）依旧在增加，只是增加得越来越慢（边际效用在递减）。当你恰好吃到饱，感觉最满足的时候，就是你获得的总效用最大的时候，此时最后一个包子的边际效用为0（边际量就是函数的斜率，函数在极值处的斜率就是0），你再多吃一个包子，你的总效用就会下降，甚至是急剧下降，因为这多吃的一个包子的边际效用是负值，拉低了你获得的总效用。

这个规律在生活中普遍适用于很多场景，无论你在做一件你多么喜欢做的事情，只要是连续地做，你终将感到疲惫，总效用终将在达到峰值后迅速下降。这个规律被称为边际效用递减规律（The Law of Diminishing Marginal Utility），指在一定时间内，在其他商品或劳务的消费数量保持不变的条件下，随着消费者不断增加某种商品或劳务的消费量，消费者从该商品或劳务连续增加的每一消费单位中所得到的效用增量（即边际效用）是递减的[1]。

表2-1给出了一个总效用和边际效用的数值案例[2]，依据表中数据可以描绘出图2-1和图2-2。

---

〔1〕《西方经济学》编写组编：《西方经济学》（第二版，上册），高等教育出版社、人民出版社2012年版，第96页。

〔2〕《西方经济学》编写组编：《西方经济学》（第二版，上册），高等教育出版社、人民出版社2012年版，第94—95页。

表 2-1　某商品的消费数量、总效用、边际效用

消费数量	总效用（TU）	边际效用（MU）
0	0	--
1	10	10
2	18	8
3	24	6
4	28	4
5	30	2
6	30	0
7	29	−1

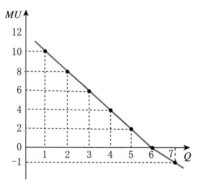

图 2-1　某商品的边际效用

　　图 2-1 即是边际效用曲线，可以看到随着消费商品数量的增加，边际效用在逐渐下降，两者呈现出一种反向变动的关系。当消费商品的数量达到 6 个单位时，边际效用为 0。自此之后，每多出的一单位商品的消费，其边际效用都为负值。

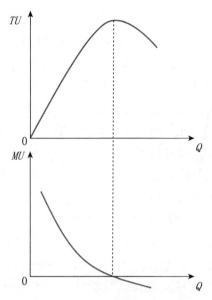

图 2-2　总效用和边际效用曲线

　　图 2-2 为边际效用曲线与总效用曲线之间的对应关系图，从图中可以清楚地看到，总效用曲线的最高点对应的就是边际效用曲线为 0 的点，边际效用函数是总效用函数的"斜率"。

　　杰文斯，边际学派的"三杰"之一，在他 1871 年出版的《政治经济学理论》中提出了边际效用递减规律，之后却在无意间发现了一本叫作《人类交换规律与人类行为准则的发展》的书，书中早已对边际效用递减规律做出了阐述。这本书出版于 1854 年，作者是一位叫作赫尔曼·海因里希·戈森（Hermann Heinrich Gossen，1810—1858 年）的德国人。在杰文斯著作以后的版本中，杰文斯将边际效用递减规律的发现归功于戈森[1]。

────────────

〔1〕　［美］斯坦利·L. 布鲁、兰迪·R. 格兰特著，邱晓燕等译：《经济思想史》（第 8 版），北京大学出版社 2014 年版，第 200 页。

因此，边际效用递减规律也叫作戈森第一定律。

戈森将自己的这些发现比作哥白尼的日心说，可谓信心满满，认为自己的学说必将轰动学界。其著作使用高深的数理方法构建效用的思想体系，但当时在德国处于主导地位的又恰好是历史学派，对这些用数学进行经济学研究的思想不够重视，于是购买该著作者寥寥无几。因此戈森非常失望地召回并销毁了剩余的书籍，在几年后患肺结核郁郁而终，不得不说这是一则让人十分遗憾的故事。关于边际效用递减，还有一位巴黎的总工程师发现了它的端倪，他叫朱尔斯·杜普伊特（Jules Dupuit，1804—1866年），算得上是边际学派的法国先驱者。他的工作会接触到很多工程，经常测算各种工程材料的成本，因此在工作中发现了关于边际的问题，提出了边际效用递减的早期思想[1]。

对于边际效用递减规律，马歇尔引入了两个重要的限制条件[2]：第一，从时间角度看，这是一个很短的瞬间，因此不需要考虑特定个人的特征和口味的变化。在长期中，一个人的品味会发生改变，这种动态变化在短时间内不会被察觉，所以被排除在分析之外。这样一来，一个人越多听优美的音乐，他对音乐的爱好就会越强烈；整洁的美德和酗酒的恶心同样是愈演愈烈[3]，这样的现象并不是边际效用递减规律的例外，因为口味的长期变化不在分析之列。第二，消费品应该是不可分的。比如孩子们喜欢收集的卡通系列人物卡，当得到最后一张卡而把所有人物都集齐时，这最后一张卡带来的快乐远大于前一张卡带来的快乐，甚

〔1〕 [美]斯坦利·L. 布鲁、兰迪·R. 格兰特著，邸晓燕等译：《经济思想史》（第8版），北京大学出版社2014年版，第197页。

〔2〕 [美]斯坦利·L. 布鲁、兰迪·R. 格兰特著，邸晓燕等译：《经济思想史》（第8版），北京大学出版社2014年版，第249页。

〔3〕 [英]阿尔弗雷德·马歇尔著，宇琦译：《经济学原理》，湖南文艺出版社2012年版，第76页。

至大于前面所有卡带来的快乐。边际效用递减规律失效了吗？事实上，最后一张卡带来的快乐不仅仅是这一张卡的快乐，还包含了完成整个任务的快乐，因此这最后一张卡带来的快乐成比例地增大了。所以，消费品必须是不可分割的，才会满足边际效用递减规律。如果把一个整体拆分成零件分着购买，并不会符合边际效用递减规律。但是，如果你接连买到同一个零件，这个零件的边际效用还是会递减的。不管怎样，总体而言，马歇尔引入的两个限制条件是十分必要的。

3. 消费者均衡

既然效用可以被衡量也可以被计算，对同一种商品或劳务的消费，其边际效用还会递减，那如何消费才会获得最大的效用呢？戈森这位悲情英雄给出了答案：消费者通过如下方式支出有限的收入能使效用最大化，即花在任何一种特定产品上的最后一单位货币所产生的边际效用，与花在任何其他产品上的最后一单位货币所产生的边际效用相等[1]。这就是戈森第二定律，也叫等边际法则（Equimarginal Principle）。下面我们简单列出不同情况下的公式表达：

（1）只消费一种商品

$$\begin{cases} MU/P = \lambda \\ PQ = I \end{cases}$$

（2）消费两种商品

$$\begin{cases} \dfrac{MU_1}{P_1} = \dfrac{MU_2}{P_2} = \lambda \\ P_1 Q_1 + P_2 Q_2 = I \end{cases}$$

---

〔1〕［美］哈里·兰德雷斯、大卫·C. 柯南德尔著，周文译：《经济思想史》(第四版)，人民邮电出版社 2014 年版，第 244 页。

（3）消费多种商品

$$\begin{cases} \dfrac{MU_1}{P_1} = \dfrac{MU_2}{P_2} = \cdots = \dfrac{MU_n}{P_n} = \lambda \\[2mm] P_1 Q_1 + P_2 Q_2 + \cdots + P_n Q_n = I \end{cases}$$

此处的 λ 是货币的边际效用。虽然货币也会存在边际效用递减的问题，但基数效用论者认为这种递减十分微小，是可以忽略不计的[1]。P 和 Q 分别代表消费者购买的商品或劳务的价格与数量，I 代表消费者的收入（Income），MU 代表购买的商品或劳务的边际效用，这样公式所表达的就是消费者在 I 的收入约束下，在 P 的既定价格条件下，如何选择 Q 的量来达到消费者效用的最大化。一定注意，消费者的选择是在 I 和 P 的约束下进行的，毕竟资源存在稀缺性。这种效用最大化的时刻也就是消费者处于一种消费均衡的时刻，因为此时消费者消费商品或劳务的数量会固定而不再变化。换句话说，此时消费者不会再通过改变不同商品或劳务的消费数量来达到效用的最大化，因为此时已经是效用最大化，任何改变消费数量的行为都将破坏当前的效用最大化状态，此时就是消费者均衡。

在情况（1）中，用 P 的价钱购买到的边际效用正好等于货币本身的边际效用。可以简单理解成，此时把最后1块钱用于购买商品所获得的边际效用，跟把这1块钱放在兜里所获得的边际效用是相同的，也就是花不花这1块钱结果都是一样的快乐。那为什么是最后1块钱呢？因为存在着收入 I 的约束（$PQ = I$），消费者必须把钱都花完才能获得效用的最大化，钱都没花完，效用怎么可能最大呢？这是一个经济学假设，消费者的效用源于对其

---

〔1〕 高鸿业主编：《西方经济学》（第五版），中国人民大学出版社 2011 年版，第 61 页。

所购买的商品和劳务的消费，因此收入必须全花光才能获得最大的效用。情况（1）只是一个特殊的情况，没有人只买一种商品，它的意义在于它是一个分析基础。

情况（2）则具有普遍意义，如前文所述，此时的商品1代表第一种商品，商品2代表第二种商品（或代表除第一种商品外的所有商品的总和）。我们依旧假设消费者只买两种商品，那么只有符合等边际法则，消费者才能达到效用的最大化。如果不符合这个法则，比如此时 $\dfrac{MU_1}{P_1} > \dfrac{MU_2}{P_2}$ ，这就表明花最后1块钱买商品1可以得到比商品2更多的边际效用。既然可以购买到更多的边际效用，那就是说现在还没有达到效用最大化，因为此时总效用明明可以更大一些，买商品1就可以使总效用的增量大于买商品2时总效用的增量。不过边际效用是递减的，此时购买了商品1，商品1带来的边际效用就会下降，$\dfrac{MU_1}{P_1}$ 就会跟着下降，直到 $\dfrac{MU_1}{P_1} = \dfrac{MU_2}{P_2}$ 时达到消费者均衡。此时最后1块钱买商品1或买商品2所得到的边际效用是相同的，即总效用的增量是相同的，且都等于货币的边际效用，所以此时就是效用最大化的时刻，即消费者均衡。此时消费者没有动机改变消费数量了，他/她已经在 I 的收入约束下和 P 的价格既定条件下购买到了确定的 Q 数量的商品和劳务，实现了自己的效用最大化目标。至于情况（3），就是更一般化的表达了，它表述了一个消费者在众多商品和劳务中如何选择的过程。

（三） 序数效用论

序数效用论的支持者们认为效用是不能够赋予数值和计算

的，但是可以通过排序的方式表示效用的大小。你看，最后还得比大小，只不过不是用数字来比大小，而是采用排序的方式比大小，或者说要先确定了大小才能排序。怎么确定效用的大小呢？经济学家们想出了一个办法，那就是通过观察消费者的偏好来确定不同商品和劳务带来的效用大小。当然，这种"大小"是只能排序而不能计算的，只能比出哪个大，比不出大多少。

1. 偏好

偏好（preference）是指消费者对商品或商品组合的喜好程度[1]。首先，这里的"商品"也包括劳务，有时为了简便起见，经济学中就只提商品不提劳务了。其次，这里不仅指商品，还包括商品组合，因为从接近现实的角度讲，消费者不可能只消费一种商品，而是以商品组合的形式消费的，即前文中提到的"Q_1 与 Q_2"或"X_1 与 X_2"这样的商品组合（为何只消费两种商品，本章第一节已解释过，这里不再重复解释）。偏好就是对这种商品或商品组合的偏爱、爱好和喜欢，而偏爱程度是有高有低的（虽然也存在偏爱程度一样的情况），因此偏好也就可以反映某种商品的效用高低了。

比如，电影院正在上映《流浪地球2》和《阿凡达2》两部电影，它们的电影艺术造诣自有专业影评人去评判，作为消费者的你一般不会从艺术造诣的角度去选择看哪一部，而是依据你的喜好来选择。也可能两个你都喜欢，但站在售票台前，你只能选择一部，而不可能同时看两部。你选择了哪一部，你的偏好就已经显示出来了，这就是显示性偏好（Revealed Preference）。比如你选择了《流浪地球2》，那表明在你心目中，《流浪地球2》至

---

〔1〕《西方经济学》编写组编：《西方经济学》（第二版，上册），高等教育出版社、人民出版社2012年版，第104页。

少和《阿凡达2》一样好（对，就是至少，不是绝对），《流浪地球2》给你带来的效用至少和《阿凡达2》是一样大的，这就是你对于两部电影的“评价”。于是，现在可以排序了，即对于你来说，《流浪地球2》排在《阿凡达2》之前，序数效用论的序幕就此拉开。

关于消费者的偏好，支持序数效用论的经济学家们提出了几个基本的假定[1]，用以对偏好进行规范，以便更科学地研究效用：

（1）偏好具有完全性（也叫完备性）。意思是消费者总是可以对不同的商品组合进行比较和排列，即偏好 A 和偏好 B 是可以比较的，消费者总是可以做出对 A 的偏好大于（或小于，或等于）对 B 的偏好这样的判断，用经济学术语叫“A 是 B 的直接显示偏好”，因此消费者对偏好的评价总是可以准确地表达出来。这个假定的重要性在于，它设定所有的偏好都可以放在一起比较。现实中，所有的偏好都能比较吗？羽毛球拍和羽毛球哪个好？这种成双配对的商品之间的比较根本无从谈起。

（2）偏好具有可传递性。意思是假设存在任意 A、B、C 三个商品组合，如果消费者对 A 的偏好大于对 B 的偏好，对 B 的偏好大于对 C 的偏好，那么消费者对 A 的偏好一定大于对 C 的偏好。这个可传递性的假设保证了消费者偏好的一致性。在现实中却未必如此，女士们在挑选衣服的时候经常会犯“选择困难症”，此时的偏好 C 也许就大于偏好 A 了。

（3）偏好具有非饱和性。意思是如果两个商品组合的区别仅仅在于其中一种商品的数量差异，那么消费者更倾向于选择含有

---

〔1〕 高鸿业主编：《西方经济学》（第五版），中国人民大学出版社2011年版，第66页。

较多该种商品的那个商品组合，即"多总比少好"。这个假设的意义在于它假定消费者对每种商品的消费都没有达到饱和点。比如商品组合甲包含3个汉堡和2个蛋挞，商品组合乙包含3个汉堡和3个蛋挞，那么消费者必定倾向于选择商品组合乙，因为组合乙多1个蛋挞。不过在现实中依旧未必如此，比如商品组合甲是1台笔记本电脑和1个无线鼠标，商品组合乙是1台笔记本电脑和2个无线鼠标，在这种成双配对的商品组合中，饱和点就是1台笔记本电脑配1个无线鼠标，多出饱和点的1个鼠标是无用的，此时就不是"多总比少好"了，多1个鼠标反而多出一个累赘来。另外，这个假设还隐含着一个前提，那就是这些消费者选择的商品都是"好商品"（goods），而不是"坏商品"（bads）。比如臭鸡蛋和烂水果，给你再多你要吗？

（4）偏好具有多样性。意思是消费者更愿意购买两种商品数量比较均衡的商品组合。比如商品组合甲是20根薯条和25片薯片，商品组合乙是35根薯条和10片薯片，假设薯条和薯片的效用都差不多，消费者更倾向于选择商品组合甲，因为组合甲中的薯条和薯片的数量更为均衡，而组合乙中的薯条数量过多。这个假设的意义在于限定消费者更愿意均衡地消费和多样地消费，而不是极端地消费。现实中一定有人更喜欢薯条而不是薯片，这个人也一定会选择组合乙，如果可以，他甚至愿意选45根薯条而不要薯片，但这不符合经济学对于偏好的假设，用分析工具分析起来也不方便。

以上四个假设是最基本的，实际上是有五条公理对偏好进行限制的[1]，目的在于更方便地用分析工具进行分析。如果不做

---

〔1〕 ［美］杰弗瑞·A. 杰里、菲利普·J. 瑞尼著，王根蓓译：《高级微观经济理论》（第二版），上海财经大学出版社2002年版，第5—12页。

这些假设，一些特例将会干扰整个分析过程，毕竟分析模型的建立是为了得到普遍意义上的结论或一般情况下的规律，而不是特殊情况的缘由。对其余的偏好假设感兴趣的朋友可以找一本高级微观经济学教材读一读。

2. 无差异曲线

偏好是一个消费者对于一种商品或商品组合的喜爱，我们也能通过消费者对这些商品或商品组合喜爱的程度进行排序。不过既然是商品组合，就会存在这个组合中商品 1 和商品 2 的数量问题，也会存在不同的商品数量组合可能给消费者带来同样的效用，使得消费者对两个商品组合的偏好一样的问题。比如对于某一个消费者而言，40 根薯条和 45 片薯片的组合与 50 根薯条和 35 片薯片的组合可能具有同样的效用水平。经过不断的尝试，具有同等效用的薯条和薯片组合也绝对不止这两种，于是无差异曲线的概念就登场了。

（1）什么是无差异曲线。刚刚提到，不同的商品组合可以带来同等的效用水平，那么我们可以试图找到若干这样的组合，把它们放在一起看看会怎样。假设薯条是 X_1，薯片是 X_2，表 2-2 就将各个层次具有相同效用水平的不同商品组合放在了一起[1]：

表 2-2　某位消费者的效用无差异商品组合列表

商品组合	表 1		表 2		表 3	
	X_1	X_2	X_1	X_2	X_1	X_2
甲	25	135	40	130	55	132

[1]　高鸿业主编：《西方经济学》（第五版），中国人民大学出版社 2011 年版，第 67 页。

续表

商品组合	表1		表2		表3	
	X_1	X_2	X_1	X_2	X_1	X_2
乙	35	80	47	85	60	103
丙	45	50	55	68	66	88
丁	55	40	65	55	75	75
戊	65	35	75	49	85	65
己	75	32	85	45	95	59

在表 2-2 中有表 1、表 2 和表 3 共三个区域，每个区域里都有 6 个 X_1 和 X_2 这两种商品不同数量的组合，且在同一区域里的各种商品组合给该消费者带来的效用是相同的。比如，在表 1 中，组合丙的 45 个 X_1 和 50 个 X_2 的效用与组合丁的 55 个 X_1 和 40 个 X_2 的效用是一样的，和组合甲、乙、戊、己的效用水平也是一样的。但不同的表格代表的效用却不同，根据"多总比少好"的原则，表 2 中的各个商品组合代表的效用都要高于表 1 中的各个商品组合代表的效用。比如，表 2 中组合丙里 X_1 和 X_2 的数量都要高于表 1 中组合丙的 X_1 和 X_2 的数量，那么表 2 中组合丙的效用就要高于表 1 中组合丙的效用。以此类推，表 3 同理。

现在，如果把这三个区域中各个 X_1 和 X_2 的组合都以描点的形式填入一个数学象限中，则可以得出图 2-3：

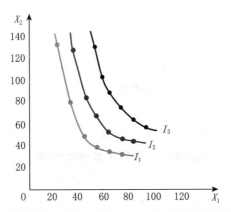

图 2-3　某消费者的无差异曲线（注：图片数据来源同表 2-2）

从图 2-3 中可知，横轴代表 X_1 的数量，纵轴代表 X_2 的数量，按照表 2-2 中的数值将所有商品组合都标记在象限中，再把具有相同效用水平的点用曲线全部连接起来，就得到了图中 I_1、I_2 和 I_3 这三条分别代表不同效用水平的曲线（它们分别对应表 1、表 2 和表 3 中的商品组合），即无差异曲线（Indifference Curve）。无差异曲线上面代表不同商品组合的点叫作消费束。所以，无差异曲线就是在既定偏好条件下，由可以给消费者带来相同满足程度的消费束描绘出来的曲线。顾名思义，什么无差异？效用无差异！在同一条无差异曲线上的所有消费束代表的效用都是无差异的。

无差异曲线的雏形是由英国统计学家、经济学家、边际学派代表人物弗朗西斯·伊西德罗·埃奇沃思（Francis Ysidro Edgeworth，1845—1926 年）提出来的。不过，埃奇沃思的无差异曲线由克鲁索的货币与星期五[1]的劳动的组合构成，用以分析一

————————

　　[1]　克鲁索和星期五出自小说《鲁滨逊漂流记》，一些经济学家常用这两个名字来代表经济体中的两个理性人。

个独立的交易[1]。后来，帕累托以现代的形式重构了埃奇沃思的无差异曲线。然而，我们刚刚讨论的无差异曲线的最终形态是由"经济学家的经济学家"希克斯创立的，这种无差异曲线方法避免了边际效用可以进行基数度量这一假设[2]。毫无疑问，后面要讲的预算约束线也出自他之手。

（2）无差异曲线的特点。无差异曲线有若干特点需要掌握，这些特点是无差异曲线这个分析工具的关键部分。

第一，无差异曲线有无穷多条，距离原点越远，其代表的效用水平就越高。象限中布满了无穷多个消费束，所以自然也就有无穷多条无差异曲线。离原点越远的无差异曲线，组成它的各个消费束中所含有的 X_1 和 X_2 的数量也必定越多，根据"多总比少好"的原则，离原点越远的无差异曲线所代表的效用水平也必然越高，参看图 2-3。同时，经济学也假定，如果条件允许，消费者会更偏好较高的无差异曲线，因为人的欲望是无止境的，多总比少好。

第二，无差异曲线不会相交。如果两条无差异曲线相交，那么矛盾必然出现。在图 2-4 中，A 点与 B 点在同一条无差异曲线上，那么二者代表的效用是相同的。B 点与 C 点也在同一条无差异曲线上，那么此二者代表的效用也是相同的。由此推论，A 点与 C 点的效用就是相同的。但是，C 点所在的无差异曲线相比 A 点所在的无差异曲线更加远离原点，这就意味着 C 点所在的无差异曲线代表着更高的效用，C 点的效用应该高于 A 点的效用。这显然与刚刚的推论"A 点与 C 点的效用是相同的"矛盾。所以，无差异曲线不能相交。

---

[1]［美］斯坦利·L. 布鲁、兰迪·R. 格兰特著，邸晓燕等译：《经济思想史》（第 8 版），北京大学出版社 2014 年版，第 230 页。

[2]［美］斯坦利·L. 布鲁、兰迪·R. 格兰特著，邸晓燕等译：《经济思想史》（第 8 版），北京大学出版社 2014 年版，第 323 页。

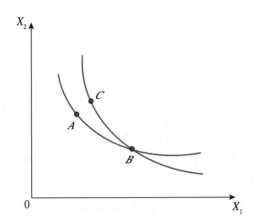

图2-4　相交的无差异曲线会出现矛盾结论

第三，无差异曲线向右下方倾斜（downward sloping）。一般情况下的无差异曲线都是向右下方倾斜的，因为横纵两轴分别代表 X_1 和 X_2 两种商品，如果增加 X_1 的数量还要使得总效用不变（依旧留在同一条无差异曲线上），就必须减少 X_2 的数量才行；如果不增加 X_2 的数量，X_1 的数量还增加了，根据"多总比少好"的原则，总效用水平必定提高，此时消费者也必定选择更高级别的无差异曲线，而不会停留在原来的无差异曲线上。反之，如果减少 X_1 的数量，就必须要多补偿一些 X_2 才可以保证总效用不变。所以，如果要保证同在一条无差异曲线，X_1 和 X_2 的数量必定是反向变动的，曲线形状也必定是向右下方倾斜的。举个例子，如果拿走你的一些薯条，就必须要补偿你一些薯片，让你的快乐不变。

第四，无差异曲线凸向原点（bowed inward）。上文提到，如果保证同在一条无差异曲线，那么增加 X_1 的数量就必须同时减少 X_2 的数量。但是，由于已有的 X_1 和 X_2 的数量不同，X_1 和 X_2 带给消费者的边际效用也出现不同。也就是说，在你拥有较多的 X_1 和较少的 X_1 两种情况下，都增加（或减少）1单位的 X_1，你愿意为这多出的（或少去的）X_1 所放弃的（或需要补偿的）X_2 的数量是不一样的，即两种情况下 X_1 替代 X_2 的能力是不一样的。因此，一般情况下，在同一条无差异曲线上的 X_1 和 X_2 的替代关系并不总是 $1:1$ 的关系，而是不断变化的（曲线斜率总是在变），这就是无差异曲线会凸向原点的原因，而这种替代关系的大小被称为边际替代率。

（3）边际替代率。在效用满足程度保持不变的条件下（即在同一条无差异曲线上），消费者增加 1 单位一种商品的消费可以替代的另一种商品的消费数量，或者说为了多获得一个单位 X_1 的消费数量而愿意放弃的 X_2 的消费数量，叫作边际替代率（Marginal Rate of Substitution，MRS），因为 X_1 就变动了 1 个单位，所以才叫"边际"。在无差异曲线的任意一个消费束上都有一个边际替代率，此时明眼人已经看出来了，它就是无差异曲线的斜率，且这个斜率是不断变化的。无差异曲线的第四个特点就是边际替代率不断变化的结果。边际替代率为什么会变化呢？结合第四个特点及图 2-5，我们继续分析。

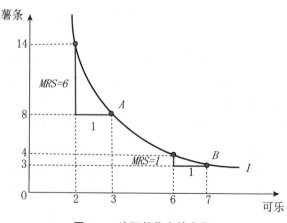

图 2-5　边际替代率的变化

假设在图 2-5 中有一条你消费可乐和薯条的无差异曲线 I，在曲线上的 A 点处，将可乐从 2 个单位增加到 3 个单位，在保持效用水平不变的前提下，薯条需要从 14 个单位下降到 8 个单位，即 1 单位可乐代替了 6 单位的薯条，边际替代率为 6[1]。在 B 点处，可乐从 6 个单位增加到 7 个单位，薯条只需要从 4 个单位下降到 3 个单位，即 1 单位的可乐只能代替 1 单位的薯条，边际替代率变为 1。原因何在呢？因为边际效用递减规律在发挥作用。在一开始（即 A 点附近），可乐的数量比较少，所以增加 1 单位可乐所获得的效用增量（即可乐的边际效用）是很大的，同时薯条数量很多，增加 1 单位薯条所获得的效用增量（即薯条的边际效用）很小（因为边际效用递减规律，你已经拥有很多薯条了，所以现在薯条的边际效用很小）；反过来，减少 1 单位薯条所导致的效用的减少量（其实也是边际效用）也很小。于是，你增加了 1 单位可乐的消费所对应的边际效用要大大高于放弃 1 单位薯条消费所失去的边际效用，也就是说在 A 点附近可乐因为数量比较少，所以显得"很值钱"，而薯条数量比较多，所以显得"不值钱"，因此 1 单位的可乐才可以替代 6 单位的薯条。

但随着可乐的消费数量逐渐增加，其边际效用就开始逐渐下降，也就是开始变得"不值钱"了；而与此同时，薯条的数量却在逐渐减少，其边际效用就开始逐渐增加（边际效用递减规律的反向变化结果），也就开始变得"值钱"了。可乐越来越"不值钱"的同时，薯条在变得越来越"值钱"，自然随着可乐数量的不断增加，1 个单位可乐所能替代的薯条的数量在慢慢递减，最

---

〔1〕〔美〕曼昆著，梁小民、梁砾译：《经济学原理：微观经济学分册》（第 6 版），北京大学出版社 2012 年版，第 448 页。

终在 B 点附近，你为了增加 1 个单位的可乐而愿意放弃的薯条的数量也从 6 个单位衰减到 1 个单位。通俗一点说，人们更愿意放弃他们已经拥有很多的物品，而不愿意放弃自己拥有得少的物品。这也是个有名的规律，叫作边际替代率递减规律，是指在保持效用水平不变的条件下，随着一种商品消费数量的增加，消费者增加 1 单位该商品的消费而愿意放弃的另外一种商品的消费数量逐渐减少[1]。不过要注意的是，现在我们研究的对象是可乐（即 X_1），可乐的边际替代率是随着可乐消费数量的增加而递减的，而此时的薯条（即 X_2）的边际替代率却是在不断递增的。所以，在讨论边际替代率递减的时候，一定要先确定好研究对象才行，盲目刻板地一概说递减是不合适的。

通过上面基于边际效用的分析，边际替代率的表达式就可以写成：

$$MRS_{1,\,2} = -\left.\frac{\Delta Q_2}{\Delta Q_1}\right|_{U\text{不变}} = \frac{MU_1}{MU_2}$$

可见，如果消费者只消费 X_1 和 X_2 两种商品的话，X_1 的边际替代率就是两者边际效用之比。从表达式的字面就可以简单看出，X_1 的边际替代率就是在效用水平不变条件下，增加 1 单位 X_1 的消费需要放弃几个单位 X_2 的消费（即 $-\Delta Q_2$ 除以 ΔQ_1，每单位变动的 X_1 平均对应了几单位的 X_2），而需要放弃几个单位 X_2 就取决于得到的 X_1 的边际效用是放弃的 X_2 的边际效用的多少倍（即 MU_1 除以 MU_2），也就是你获得的 1 单位 X_1 带来的效用增量是你愿意放弃的 X_2 的效用减量的几倍，你就会愿意放弃几个单位的 X_2。

---

〔1〕《西方经济学》编写组编：《西方经济学》（第二版，上册），高等教育出版社、人民出版社 2012 年版，第 108 页。

（4）几种特殊的无差异曲线。前面讲述了无差异曲线的四个特点，但那些特点都是一般情况下的，还有一些特殊情况下的无差异曲线不完全符合这四个特点[1]。

第一，完全替代（Perfect Substitutes）。替代品的内容，我们将在第三章着重解释。这里简单地介绍一下，替代品一般指两种商品在功能上有替代的能力，比如手机和固定电话在通信方面的功能就是可以相互替代的。如果两种商品的使用功能可以完全相互替代的话（即用哪一个都可以实现同一种功能），那么无差异曲线的形状将如图2-6：

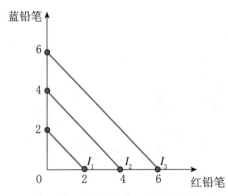

图2-6　完全替代品的无差异曲线

横轴代表红铅笔的数量，纵轴代表蓝铅笔的数量，从铅笔的作用来说（就是普通铅笔，外皮颜色不同，不是彩铅），二者的功能是完全相同的，它们可以完全替代彼此，边际替代率一直都是1。两种铅笔的数量越多，无差异曲线的位置越高；消费者的效用高低取决于拥有二者的数量的多少。如果两者稍微有一点点

---

〔1〕　［美］哈尔·R. 范里安著，费方域等译：《微观经济学：现代观点》（第七版），格致出版社、上海三联书店、上海人民出版社2009年版，第31—34页。

功能不能相互替代，那边际替代率就不会一直是 1，而是趋于一般情况下的凸向原点的无差异曲线形状。

第二，完全互补（Perfect Complements）。互补品的内容也将在第三章中解释。这里只是简单地介绍一下，互补品指的是两种商品在功能上具有相互补充的作用，二者共同发挥作用才能实现一个功能。比较典型的例子是牙膏和牙刷、画笔和颜料、羽毛球和羽毛球拍等。如果两种商品的功能是完全互补的（即两者没有任何替代的可能性，只存在互补能力），那么无差异曲线的形状将如图 2-7：

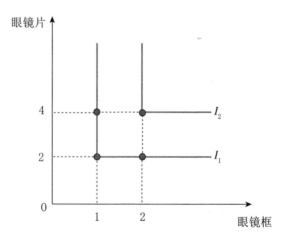

图 2-7　完全互补品的无差异曲线

横轴代表眼镜框的数量，纵轴代表眼镜片的数量，二者在功能上完全不能替代，却是完全互补的，永远是 1 个眼镜框对应 2 个眼镜片。消费者的效用大小取决于无差异曲线拐角处（即角点）所拥有的商品的对数，即互补品的对数越多，消费者得到的效用就越大。从眼镜框的角度看，在角点处眼镜框数量不变的情况下，眼镜片无论增加多少，消费者效用都不变（依旧在同一条无差异曲线上），边际替代率无穷大（即曲线平行于纵轴的部分）；在角点处眼镜框的数量无论如何增加，眼镜片的数量都保持不变，消费者的效用也不会变，边际替代率为0（即曲线平行于横轴的部分）。

从完全替代和完全互补两个例子中可以总结出，两种商品如果在功能上可以完全替代，那么无差异曲线就是一条直线，斜率保持不变；随着两种商品功能上替代的可能性逐渐下降，无差异曲线的斜率就开始不唯一，边际替代率递减规律显现，且可替代性越低，斜率变化越显著，整个曲线越凸向原点；随着两种商品功能上的可替代性下降，二者互补的可能性会逐渐提高（显然这并不是必然的，只是一种可能性），最终二者的关系从完全替代转变为完全互补，边际替代率递减的速度变成"光速"，在角点处从无穷大一下子减少到0。

第三，好商品和厌恶品（Goods & Bads）。如果横轴是你喜欢的好商品，而纵轴是你讨厌的厌恶品，二者也可以构建无差异曲线，见图2-8：

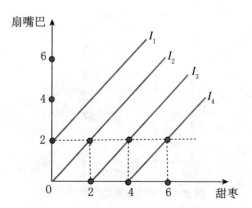

图2-8 好商品和厌恶品的无差异曲线

如果想保证在同一条无差异曲线上，让效用水平不变，那给你一个好商品让你快乐的同时就必须同时再给你一个厌恶品来恶心你，让你的快乐程度保持不变，图2-8中的每一条无差异曲线都代表着这个意思。你的效用要想增加，就需要在保证固定数量的厌恶品的基础上增加好商品的数量，这样你的效用水平就到达了更高层级的无差异曲线了。这种无差异曲线的斜率都是正数，两种商品的数量变化方向是相同的。比如，俗话说"扇一个嘴巴再给个甜枣"，让你既没快乐也没痛苦，横轴就是甜枣，纵轴就是扇嘴巴，你的快乐如何增加呢？那就是固定好扇嘴巴的数量（比如扇2下），然后再给你2个甜枣、4个甜枣、6个甜枣，这样甜枣给得越多你就越快乐（前提条件是你觉得被扇1个嘴巴的痛苦正好可以用1个甜枣抵消）。

第四，中性商品（Neutral Goods）。如果两种商品之间既没有替代关系也没有互补关系，是完全的"没关系"的话，那它们组成的无差异曲线就是图2-9里面的样子：

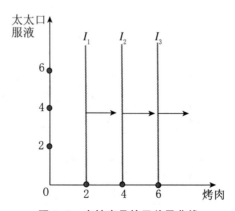

图2-9　中性商品的无差异曲线

比如对男人来说，横轴是烤肉，纵轴是太太口服液。男人的

快乐就取决于烤肉的数量，而与太太口服液的数量无关，只要烤肉数量固定，太太口服液得到的再多也是徒劳，总效用不会有丝毫的提升。这种无差异曲线上的边际替代率都是无穷大，因为烤肉只需要 0 单位的变动就能让太太口服液的数量变动成任意量。换句话说，$-\dfrac{\Delta Q_2}{\Delta Q_1}\bigg|_{U\text{不变}}$ 中的分母是 0，所以 MRS 是无穷大。

第五，饱和点（Satiation）。有时候，一些商品组合并非越多越好，而是恰到好处的一种组合即可让消费者的效用最高，因此"多总比少好"这个假设在一些情况下是不合理的。比如一个商务人士，一台苹果手机和一台苹果笔记本电脑就是恰到好处的消费组合，二者在系统上可以互联，提高办公的效率。如果再多给他一套苹果手机和苹果笔记本电脑的组合呢？他必会觉得累赘，因为一套组合足矣，再多一套是无用的，不仅会降低工作效率，而且天天背着也是负担。因此，对于这种消费者来说，效用水平最大的组合有且只有一个，其他的商品组合形式对于他来说，效用都是下降的。

如图 2-10，假设某个消费者就是觉得在一顿饭中喝两碗小米粥再吃 5 个包子最舒服，少一点粥和包子他会觉得意犹未尽，而多一点粥和包子他又会觉得吃多了，因此只有饱和点的小米粥和包子的组合是他觉得最舒服的消费组合。其他位置的无差异曲线都没有这个饱和点（也叫餍足点）的效用高，他的消费组合越接近饱和点，效用就越高。从这个例子可以看出，"多总比少好"是经济学的假设，而现实生活中，饱和点的例子不胜枚举。你的饱和点是什么商品的组合呢？

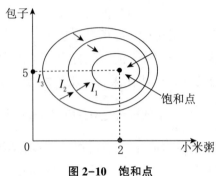

图 2-10　饱和点

无差异曲线的内容可以暂时告一段落了，它只能表示你的"想要"，却还无法表示你的"能够"，只有"想要并能够"（I will & I can）才有经济学意义。预算约束线恰好就能表示你的"能够"。

3. 预算约束线

（1）什么是预算约束线。预算就是你计划花的钱数，你每一次消费都会有意或无意地定下一个上限："超过这个钱数我就不买了。"这可能是因为超过这个钱数你觉得不值，而更重要的恐怕是你钱包的厚度吧？你的钱包鼓不鼓决定了你消费得多不多。你不想买可能是你的偏好问题，但你想买可就存在着买不买得起的问题了。

表 2-3[1]列出了假如你只有 100 元钱且商品价格既定条件下，你会购买豆浆和油条的各种数量组合。如果 100 元钱全都买豆浆，你将得到 50 杯豆浆；如果全部都买油条，你将得到 10 个油条；如果二者都买，一些可能的数量组合都已经被列入表中了，前提当然是 100 元钱都花掉。

―――――――――

〔1〕〔美〕曼昆著，梁小民、梁砾译：《经济学原理：微观经济学分册》（第 6 版），北京大学出版社 2012 年版，第 444 页。

表 2-3　某消费者的需求表

豆浆（杯）	油条（个）	豆浆的花销（元）	油条的花销（元）	总花销（元）
0	10	0	100	100
5	9	10	90	100
10	8	20	80	100
15	7	30	70	100
20	6	40	60	100
25	5	50	50	100
30	4	60	40	100
35	3	70	30	100
40	2	80	20	100
45	1	90	10	100
50	0	100	0	100

前面我们讲过消费束的概念，那在图 2-11 中，你把这 100 元钱都花掉所能买到的豆浆和油条的各种消费束都在线段 AB 上，包括点 A 和点 B。如果 100 元钱没有都花掉，那么你可以买到的消费束就都在 $\triangle OAB$ 内部及线段 OA 和线段 OB 上（不包括点 A 和点 B）。综合而言，你手里这 100 元钱所能买到的所有消费束都在 $\triangle OAB$ 上和 $\triangle OAB$ 内。对于在 $\triangle OAB$ 以外的任何一个消费束，你都只能握着这 100 元钱发呆，因为这种消费束你一个也买不起。这样来看，线段 AB 约束了你的消费，把你的消费牢牢地限制在那里了。

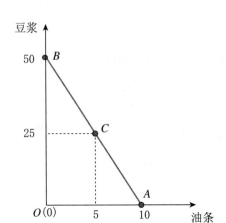

图 2-11　消费者的预算线

这个线段就是预算约束线（Budget Constraint），简称预算线，表示在收入和商品价格既定的条件下，消费者用全部收入所能购买到的各种商品的不同数量的组合（消费束）[1]。消费者负担不起处于预算线之外的消费束，而只负担得起预算线上和预算线内的消费束（也就是预算集），其数学表达式可以是：

$$P_1 Q_1 + P_2 Q_2 \leqslant I$$

用在购买 X_1 和 X_2 上的钱数只能小于等于这个消费者的收入 I。既然可购买的消费束分布在预算线上（等于 I，钱都花完）和预算线内（小于 I，钱没花完），到底该如何选择才是合意的呢？答案是选择预算线上的消费束，也就是把收入全都花完所能购买到的消费束的集合，数学表达式此时将变为：

$$P_1 Q_1 + P_2 Q_2 = I$$

为什么要这样？为什么要都花掉？为什么不留点钱存起来

〔1〕《西方经济学》编写组编：《西方经济学》（第二版，上册），高等教育出版社、人民出版社 2012 年版，第 110 页。

呢？首先，请回忆前面对经济学的解释。经济学是要帮助人们实现效用最大化的，效用是你购买的商品数量决定的，而能购买到多少商品（也就是能够得到多大的效用）又是你的收入所决定的，所以不把钱全花掉，你就没法购买到最多的商品，也就没法获得最大的效用。将概念拓展开来就是，从经济学角度出发，你不把所有的资源都利用上，就没办法获得最大的收益，无论是个人还是企业，抑或政府，全都如此。借用赵本山和小沈阳的小品《不差钱》里的一句台词：世界上最痛苦的事是什么？是人死了，钱没花了。其次，这个模型是只考虑当期的模型，而不是跨期模型，是不考虑时间变动的，也就是说只有"现在"，没有"未来"，用经济学术语讲就是只有 t_1 时期而没有 t_2 时期，做决策时不考虑时间问题。你存钱是为了在未来花的，可既然你在这个模型中没有"未来"，存钱又有何意义呢？因此，无需存钱，把钱都花了吧。这就是上面的式子要取等号的两个原因。

（2）预算线的斜率。无差异曲线的斜率是边际替代率，那预算线的斜率是什么呢？假设收入是 I，且只购买 X_1 和 X_2 两种商品，两种商品的购买数量是 Q_1 和 Q_2，两种商品的价格是 P_1 和 P_2，在把钱全花掉的前提下，数学表达式是：

$$P_1 Q_1 + P_2 Q_2 = I$$

按照图 2-11 中预算线的形状以及数学习惯，Q_1 是自变量，Q_2 是因变量，那么上式可以按照中学生都熟悉的数学表达方式写成：

$$Q_2 = \frac{I}{P_2} - \frac{P_1}{P_2} Q_1$$

可以看到，图 2-11 中的预算线的斜率就是 $-\dfrac{P_1}{P_2}$。由于负号仅仅表示 Q_1 和 Q_2 是反方向变动关系（收入固定，多买 X_1 必然少

买 X_2），暂且将其忽略。剩下的就是 $\dfrac{P_1}{P_2}$，经济学中称之为相对价格（relative price）。相对价格即是两种商品价格的比值，表示了消费者愿意用一种商品去兑换另一种商品的比率，比如 X_1 的相对价格就是 $\dfrac{P_1}{P_2}$。价格是等值兑换的结果，就是用一种商品的数量去表示价值相当的 1 个单位的另一种商品，比如一般说的价格是指货币价格，就是 1 个 X_1 等价多少个 1 元钱，而相对价格则是 1 个 X_1 等价多少个 X_2。

举个小例子：1 个苹果 5 元钱，1 元钱就是 $\dfrac{1}{5}$ 个苹果；1 个橘子 7 元钱，1 元钱就是 $\dfrac{1}{7}$ 个橘子。1 元钱就等于 1 元钱，所以 $\dfrac{1}{5}$ 个苹果 $=\dfrac{1}{7}$ 个橘子，1 个苹果 $=\dfrac{5}{7}$ 个橘子。5 元是苹果的价格，7 元是橘子的价格，若苹果是 X_1，橘子是 X_2，那么苹果的相对价格就是 $\dfrac{5}{7}$ 个橘子，也就是 $\dfrac{P_1}{P_2}$，即 1 个 X_1 等价于 $\dfrac{5}{7}$ 个 X_2。

（3）预算线的变动。图 2-11 中的预算线是一条向右下方倾斜的线段，它的基本变动方式无非两种，一种是平行移动，一种是转动，若这两种基本变动方式相结合的话，预算线也可以在平行移动的同时进行转动。图 2-12 表述了预算线的两种基本变动方式：

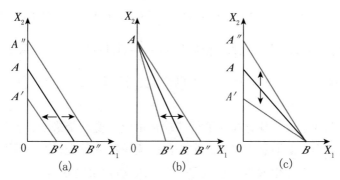

图 2-12　预算线的基本变动方式

首先，预算线的平行移动。图 2-12 中的（a）图就是预算线的平行移动，预算线 AB 可以平移至 $A'B'$ 或 $A''B''$。让其如此平行移动的因素一般是两个，第一个是收入的变化，消费者的收入 I 发生增减的同时商品价格保持不变，即截距 $\dfrac{I}{P}$ 变化而斜率 $-\dfrac{P_1}{P_2}$ 不变，预算线就是平行移动的。第二个是 X_1 和 X_2 两种商品的价格按同一比例变化，这样在消费者收入 I 不变时预算线也会平行移动，也是截距 $\dfrac{I}{P}$ 变化而斜率 $-\dfrac{P_1}{P_2}$ 不变。其实第二种情况和第一种情况没有本质区别，收入增加了就相当于物价水平降低了，物价水平上升了就相当于收入减少了，都表现为预算线的平行移动，因此只需记住收入变动会使预算线平行移动就够了。

其次，预算线的转动。如果预算线转动，说明斜率 $-\dfrac{P_1}{P_2}$ 发生了变化。假设收入 I 不变，P_1 发生变化而 P_2 不变，则预算线就如（b）图中那样以 A 点为轴转动；若 P_2 发生变化而 P_1 不变，则预算线就如（c）图中那样以 B 点为轴转动。如果 P_1 和 P_2 同时变化（不同比例的变化），那就依据斜率 $-\dfrac{P_1}{P_2}$ 来判定结果。如果 P_1 和 P_2 同时变化，再加上收入 I 也变化，预算线的转动就更为复杂了。

总的来说，预算线的平行移动是由收入变动带来的，预算线的转动则是由商品价格变动带来的，无论哪一种变动，都会导致预算可行集发生改变，也就是买得到的消费束的集合发生变化，即一些曾经能买得起的消费束现在可能买不起了，而一些曾经买不起的消费束现在却可能买得起了。弄清楚这两个预算线的基本变动方式很重要，后面会讲到的替代效应和收入效应就是基于这两种基本变动方式的分析过程。

4. 消费者均衡

在基数效用论部分我们讨论过消费者均衡（consumer's equilibrium）的问题，这里在序数效用论中将再次提及。在一个由两种商品构成的象限中，无差异曲线代表了可以给消费者带来同一效用水平的消费束的集合（消费者的"想要"），预算线则代表了消费者将收入全部花掉所能购买得到的消费束的集合（消费者的"能够"），这两个集合如何相结合才可以确定一个稳定的消费者决策呢？也就是说消费者要做怎样的消费决策才能使得自己的效用最大化呢？我们把目光移到图 2-13：

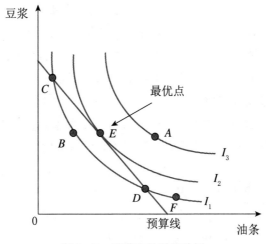

图 2-13　消费者的最优选择

如果收入和价格都既定，这条预算线就面对着象限中无穷多条无差异曲线，每条无差异曲线都代表了不同的效用水平。但无论无差异曲线有多少条，只需要将其分成两类就行了，那就是消费者买得起的和买不起的这两类。无差异曲线 I_3 就是消费者买不起的众多无差异曲线之一，它上面的所有消费束（比如消费束 A）都在预算线之外，除非收入和价格发生变化，否则 I_3 将永远是消费者的水中月、镜中花。

在无差异曲线 I_1 上，从消费束 C 到消费束 D 之间的部分正好在预算线内和预算线上，消费者都能买得起这部分的消费束，但消费者还是买不起消费束 C 到消费束 D 之外的 I_1 两端的其他消费束（比如消费束 F）。不过这不重要，因为在 I_1 这条无差异曲线上，消费者买得起的消费束（比如消费束 C、B、D）代表的效用和他买不起的消费束（比如消费束 F）的效用是一样的。那 I_1 是不是消费者的均衡选择呢？答案是否定的。虽然在 I_1 和预算线交点的消费束 C 和 D 处，消费者的确花光了所有的收入，但他明明可以少花一些钱去买消费束 B，得到与消费束 C 和 D 一样的效用。既然如此，为何不买消费束 B 同时还能省点钱呢？如果买了消费束 B，他为什么要这么做来省钱呢？把钱都花了以获得比消费束 B 更高层级的消费束不香吗？所以，类似 I_1 这样的无差异曲线也不是消费者最终选择的，因为这类无差异曲线总存在"省了一点钱"的部分，消费者总还是有进一步购买更高层级消费束的动机，这样的选择并不稳定，所以不是消费者均衡。

那到底哪一条无差异曲线才是消费者最终的均衡选择呢？答案只有无差异曲线 I_2。从图中可以看出，只有 I_2 与预算线是相切的状态，在切点 E 上，消费者花完所有收入得到了其所能及的最高层级的无差异曲线上的一个消费束 E。对于这个消费者而言，他在把收入全花掉的情况下所能获得的最大效用就是 I_2 这条无差异曲线所代表的效用，且他也只能买到 I_2 上这唯一的一个消费束 E，I_2 上其他的消费束他依旧买不起。但这不重要，因为消费束 E 和 I_2 上其他消费束所代表的效用是一样大的。所以，消费束 E 就是这个消费者实现效用最大化的点，他在这个点上实现了消费者的最优选择（optimal choice）。他再也无法多拿出一分钱来买更高层级的消费束，他也不能少花哪怕一分钱，否则他将失去这唯一一个效用最大的消费束。他的选择不会再变，由此达成了消费者均衡。

换个思路，倘若无差异曲线固定，即效用水平固定，你是愿意多花钱获得这个效用还是少花钱获得这个效用呢？作为一个理性人，你的选择必定是少花钱，而且还是尽可能地少花，一分钱都不要浪费地、恰到好处地少花。在象限里无数多条可能的预算线中，也只有与该条无差异曲线相切的预算线才是花费最少的预算线（也是无数条，如果价格和收入确定，那就只有一条），因为多花一分钱就浪费了，而少花一分钱还买不到。于是，这样一对预算线和无差异曲线就"喜结连理"了：眼前的这条无差异曲线就是预算线所能够得到的最高层级的无差异曲线；而眼前的这条预算线也是无差异曲线所能够得到的花费最少的预算线。这不就是经济学的目的——花最少的钱办最大的事吗？这里有一点需要额外注意：无差异曲线有无数条，它们都默默地存在于象限中，也就是说它们都是既定存在的，只不过需要哪条就画出了哪条，而不是无差异曲线移动了。这和预算线不同，预算线的位置变化是因为预算线移动了，但无差异曲线并不会移动，新的无差异曲线之所以出现是因为预算线移动之后"主动找到"了它，而不是无差异曲线自己也跟着移动了。

在数学上，两条相切的曲线在切点处的斜率是一样的。无差异曲线的斜率是边际替代率，而预算线的斜率是相对价格（$\frac{P_1}{P_2}$），于是在切点 E 上，无差异曲线的斜率等于预算线的斜率，即两种商品的边际替代率等于二者的价格之比：

$$MRS = \frac{MU_1}{MU_2} = \frac{P_1}{P_2}$$

此时，再把预算约束线的方程 $P_1 Q_1 + P_2 Q_2 = I$ 拿过来，和上式联立在一起：

$$\begin{cases} \dfrac{MU_1}{MU_2} = \dfrac{P_1}{P_2} \\ P_1 Q_1 + P_2 Q_2 = I \end{cases}$$

翻到前文基数效用论中消费者均衡的部分，二者是不是一样的？在序数效用论中，消费者效用最大化的条件还是这个，所以效用的度量是基数还是序数并不是关键，二者实质是相同的。

5. 替代效应和收入效应

前面我们讨论了消费者是如何做出自己的最优选择的，但前提条件是收入和商品价格既定（当然偏好也既定）。如果收入变化，预算线就会平移，与更高层级或更低层级的无差异曲线相切，其切点就是新的消费者均衡点，是消费者新的最优选择。收入变化的结果是很好理解的，但如果换成商品价格变化，情况就要复杂一些了。依照正常的研究传统，我们依旧把目光固定在 X_1 上。

（1）正常商品和低档商品。在生活中，我们对待不同商品的态度是不同的，有些是愿意多买的，而有些则是由于囊中羞涩而不得已买的，这种态度差异在经济学家看来是收入水平造成的。如果消费者随着收入水平的提高而增加了对某种商品的购买，这种商品就是正常商品（normal goods），也叫正常物品。如果消费者随着收入水平的提高而减少了对某种商品的购买，这种商品就是低档商品（inferior goods），也叫低档物品。比如，如果一个消费者的收入水平增加了，他可能会增加对"Calvin Klein"牌内裤的购买，转而不再购买批发市场那 10 块钱一打的内裤，那这个 CK 的内裤就是正常商品，而 10 块钱一打的内裤就是低档商品。归根结底，你有钱了就多买的就是正常商品，你有钱了就嫌弃的就是低档商品。对于低档商品，张五常先生认为，"低档物品"或"低值物品"都翻译得不对，应该叫贫穷物品——虽然难听，但正确[1]。

苍蝇和蝗虫只是自然界中自然演化出的生物，本无所谓好坏，但因为对人类有害，它们就成了"害虫"，而吃它们的蜻蜓和螳螂则成了"益虫"。与此类似，一种商品是正常还是低档，并不是它自己的固定属性，而是购买它的消费者的收入水平决定的。一个富家子弟眼中的低档商品，在普通百姓眼中可能是个正

---

[1] 张五常：《经济解释》（二〇一四增订版），中信出版社 2015 年版，第 129 页。

常商品；一个中等收入者眼中的低档商品，在低收入者眼中也可能是个正常商品。甚至，同一个消费者，在他收入水平变化的不同阶段，一些商品的属性也会在"正常"和"低档"之间随时转换。所以，一种商品是正常商品还是低档商品是因人而异的，同一种商品对于不同收入的人会不一样，同一种商品在同一个人的不同收入阶段也会不一样。

（2）X_1 是正常商品。假定 X_1 是正常商品，消费者收入水平提高就会增加对它的购买。在其他条件都不变的前提下，如果 X_1 的价格 P_1 下降，会有什么样的结果呢？参看图 2-14：

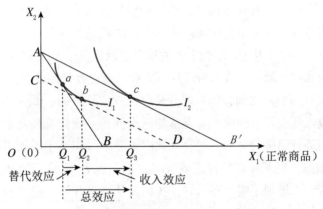

图 2-14　正常商品的替代效应与收入效应

在 X_1 的价格 P_1 没变的时候，消费者的预算线是线段 AB，与无差异曲线 I_1 相切在 a 点，此时购买商品 X_1 的数量为 Q_1。前文提到过价格变动将引起预算线的转动，现在 X_1 的价格 P_1 下降了，由于 X_2 的价格没变，纵轴上的截距依旧是 OA，但横轴上的截距则会从 OB 变动为 OB'，因为收入不变的同时 P_1 下降，全部收入能买到的 X_1 的数量增加了。于是消费者的预算线就以 A 点为轴从 AB 转动到了 AB'，并和另一条更高层级的无差异曲线 I_2 相切于 c

点，此时购买 X_1 的数量为 Q_3。P_1 的下降使得消费者对 X_1 的消费数量从 Q_1 增加到 Q_3。

看似从 Q_1 增加到 Q_3 是一蹴而就的，实则这个过程是由两个部分叠加构成的。第一个部分，X_1 的价格 P_1 下降使得 X_1 的相对价格下降，相对于 X_2 来说，X_1 变得便宜了，消费者在收入不变的前提下就更愿意多买便宜的 X_1 来替代相对变昂贵了的 X_2，最后导致对 X_1 的购买量增加，这就是替代效应（Substitution Effect）；第二个部分，由于消费者的收入没变，而 X_1 的价格 P_1 下降了，这就变相等于消费者收入增加了（消费者可以买到更多的商品了），而 X_1 是一种正常商品，消费者增加收入后会增加对它的购买，这也导致了对 X_1 的购买量增加，这就是收入效应（Income Effect）。所以，从 Q_1 增加到 Q_3 的这个总效应是由 X_1 替代 X_2 的替代效应和收入增加的收入效应这两方面的变化叠加而成的。

在 Q_1 到 Q_3 之间，哪一部分是替代效应导致的，哪一部分又是由收入效应导致的呢？要弄清楚这个问题，我们首先要把这两个过程进行明确的分割，把收入效应中那个"相当于增加了的收入"扣掉，剩下的就是替代效应了。不是说 P_1 下降了就相当于消费者收入增加了吗？那么好，我们就从这里开始，把"相当于增加了的收入"扣掉。将这个"多出的"收入扣掉，就是在把收入减少，在预算线 AB' 这个最终结果的基础上，就表现为把预算线 AB' 再向左下方平移回去，这样扣收入的任务就完成了。可扣掉多少好呢？也就是预算线 AB' 回撤到哪里好呢？答案是回撤到原来的那个快乐的地方——无差异曲线 I_1。与后来的无差异曲线 I_2 相切的预算线 AB' 回撤到原来的无差异曲线 I_1 处并与之相切于 b 点，这平移的距离就是需要扣掉的那部分"相当于增加了的收入"。也就是说，我们把消费者"相当于增加了的收入"都扣掉之后，他还能和原来一样满足（又回到了 I_1 并与之相切），若再多扣哪怕一点点，消费者的效用就下降了，所以把收入扣到这里堪称完美，回撤后的与 AB' 平行的预算线就是线段 CD。严格来说，CD 是一条辅助线（也叫补偿预算线，所以图中是虚线），并不是真正的预算线，它只是来帮忙"扣收入"的。这时候 b 点，消费者购买的 X_1 的数量是 Q_2，所以从 Q_2 到 Q_3 就是收入效应导致的购买数量的增加部分。现在一目了然，替代效应导致的购买数量的增加部分就是从 Q_1 到 Q_2。在无差异曲线 I_1 上，由于 X_1 价格下降，消费者愿意用更多的 X_1 去替代相对变贵了的 X_2，于是消费者选择的消费束从 a 点变动到了 b 点，是沿着无差异曲线 I_1 的点的变动。

现在把整个故事从头捋顺：X_1 的价格 P_1 下降了，X_2 就变得相对昂贵，消费者于是打算用更多的 X_1 替代 X_2，购买 X_1 的数量从 Q_1 增加到 Q_2，表现为替代效应；由于 P_1 下降相当于消费者收入增加，X_1 又是一个正常商品，消费者再次增加了对 X_1 的购买，购买数量从 Q_2 增加到 Q_3，表现为收入效应；综合来看，当 X_1 的价格下降时，消费者对 X_1 的购买数量从 Q_1 增加到了 Q_3，也就是总效应。

以上分析方法是由希克斯提出的。对，还是那位被称为"经济学家的经济学家"的大神，因此这种分析替代效应的方法被称为"希克斯替代"。既然有这个指名道姓的名称，就说明这是为了与其他的名称相区分的，这个其他的名称叫"斯勒茨基替代"，是由俄罗斯经济学家尤金·斯勒茨基（Eugen Slutsky，1880—1948 年）提出的一种分析替代效应的方法，对应斯勒茨基方程，见图 2-15：

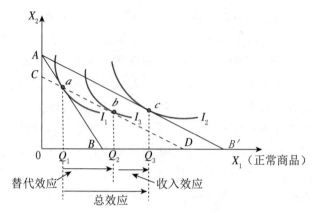

图 2-15　斯勒茨基替代效应

斯勒茨基替代的方法是将原来的预算线 AB 以其与无差异曲线 I_1 的切点 a 为轴进行逆时针转动，转动到与后来的预算线 AB' 平行的位置，这样转动后的预算线（即补偿预算线）就是线段 CD。补偿预算线 CD 与新的无差异曲线 I_3 相切于 b 点，此时的 Q_1 到 Q_2 是替代效应。收入效应的分析方法相同，将补偿预算线 CD 平移到 AB'，这样 Q_2 到 Q_3 就是收入效应。可以看出，两种方法对替代效应的分析是有区别的。感兴趣的朋友可以参看哈尔·R. 范里安（Hal Ronald Varian，1947—）的中级微观经济学教材[1]。

（3）X_1 是低档商品。上面分析的是 X_1 为正常商品的情况，如果 X_1 是低档商品，消费者收入水平提高就会减少对它的购买，在价格 P_1 下降时，结果会有什么不同呢？请看图 2-16：

---

〔1〕［美］哈尔·R. 范里安著，费方域等译：《微观经济学：现代观点》（第七版），格致出版社、上海三联书店、上海人民出版社 2009 年版，第 111 页。

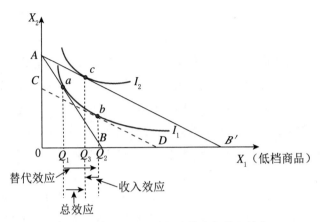

图 2-16　低档商品的替代效应与收入效应

在 X_1 的价格 P_1 没变的时候，消费者的预算线是线段 AB，与无差异曲线 I_1 相切在 a 点，此时购买 X_1 的数量为 Q_1。现在 P_1 下降了，即使 X_1 是个低档商品，如果消费者将所有收入都用于购买这个低档商品，总的购买量依旧是增加的，所以预算线 AB 依旧会逆时针转动至 AB'。虽然 X_1 是个低档商品，但它便宜了就是便宜了，X_2 在价格没变的情况下就是显得更昂贵了，于是依旧会出现替代效应，该消费者依旧愿意在保持效用水平不变的前提下用更多的 X_1 去替代 X_2，对 X_1 的购买量从 Q_1 增加到 Q_2，补偿预算线 CD 出现并与无差异曲线 I_1 相切在 b 点。到这里，和 X_1 为正常商品的情况是一模一样的。

然后，我们把"相当于增加了的收入"补上，让补偿预算线 CD 平移到 AB'，与无差异曲线 I_2 相切于 c 点。这时，X_1 是低档商品的身份使得它没办法得到与正常商品相同的待遇。线段 CD 平移到 AB' 就表示收入水平增加：别管是真增加还是"相当于"，总之预算线右移就代表收入水平增加。由于 X_1 是低档商品，消费者收入水平增加时就会减少对它的购买，于是 AB' 与 I_2 相切的点

c 会出现在切点 a 和切点 b 之间的位置（由于 X_1 是低档商品，无差异曲线的位置与前面的无差异曲线的位置会有差异），收入效应的结果是消费者减少 X_1 的购买，其购买量从 Q_2 回落到 Q_3，反向的收入效应将替代效应增加的购买量抵消掉了一部分。虽然最终总效应依旧是消费者增加了对 X_1 的购买（毕竟 $Q_3 > Q_1$），但增加的数量小于 X_1 为正常商品的情况。在 X_1 是正常商品时，替代效应和收入效应的方向是相同的，都是增加对 X_1 的购买，但在 X_1 是低档商品时，替代效应和收入效应的方向是相反的，替代效应增加对 X_1 的购买，而收入效应则减少对 X_1 的购买，只是替代效应"战胜"了收入效应，所以从总体来看，当 X_1 价格下降时，总效应依旧表现为对 X_1 购买的增加。

（4）X_1 是吉芬商品。当 X_1 是低档商品时，替代效应"战胜"了收入效应，那会不会发生收入效应"战胜"替代效应的情况呢？1845 年，爱尔兰发生大饥荒，英国经济学家罗伯特·吉芬（Robert Giffen，1837—1910 年）观察到，当土豆价格上涨时，人们反而消费了更多的土豆，是"越贵越买"，而照常理应该是商品越便宜买的人才越多，这种现象就是"吉芬悖论"，这种商品被称为"吉芬商品"（Giffen Goods）。由于土豆是当时最便宜的商品，当土豆价格都上涨时，人们就更加消费不起其他商品了，只能不断增加土豆的购买。作为最便宜的商品，土豆在当时成为"低档商品中的低档商品"。现在我们用希克斯的分析方法看看会发生什么（图 2-17）：

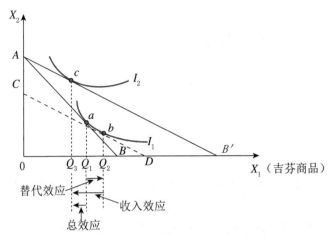

图 2-17 吉芬商品的替代效应与收入效应

与 X_1 是低档商品的情况一样，即使是吉芬商品，便宜了就是便宜了，消费者依旧愿意多用 X_1 来替代 X_2，对 X_1 的购买量从 Q_1 增加到 Q_2，补偿预算线 CD 与无差异曲线 I_1 相切在 b 点。但问题就出在收入效应上，由于 X_1 是"低档商品中的低档商品"，消费者但凡收入水平增加一点，都会果断放弃对 X_1 的购买。这时候将补偿预算线 CD 平移到 AB' 后，AB' 与无差异曲线 I_2 的切点 c 位于 a 点的左边，具有相反方向作用的收入效应巨大以至于"吃掉"了替代效应带来的对 X_1 的购买增量，消费者对 X_1 的购买量从 Q_2 大幅下降到 Q_3，此时的 Q_3 比 Q_1 还小，总效应体现为对 X_1 的购买量减少，整体上就呈现出 X_1 降价了消费者反而减少对 X_1 的购买这种"吉芬现象"。吉芬商品是否存在，在经济学界是有争论的，这个问题我们到第三章讲需求定理时会再讨论。

关于效用的问题我们已经大致阐述清楚了。边际效用是需求理论的基石，接下来可以开始讨论需求的问题了。

三、谈需求
——以消费者的名义

消费者进行经济决策的目的就是实现自己效用的最大化，但效用并非凭空而来，它需要一个载体，消费者是通过消费这个载体获得效用的。这个载体可以是有形的，也可以是无形的，有形的载体就是产品（product），而无形的载体就是劳务[1]（service）。产品泛指所有劳动创造的实物，大到一架飞机，小到一根针；劳务泛指所有无形的由劳动创造出来的服务，医生问诊、按摩店里的足疗皆属此类。消费者通过消费各种产品和劳务来获得效用，但产品和劳务不会都从天上掉下来，绝大部分需要消费者去购买，这时候消费者就要看看自己钱包的厚度了。于是，那个"想要并能够"的老套故事再一次登场了。

你为了获得一种效用而去购买一种商品[2]，此时你"想要"这种商品，同时你的钱包厚度让你"能够"得到这种商品，这次购买行动就可以成功了。现实中限制你得到你想要的商品的因素有很多，但排名第一位的因素一般是价格，因此在收入既定的条件下，你想要的商品的价格决定了你"能不能够"拥有它。现

---

〔1〕 注："service"一词在很多教科书中翻译为"服务"，这里用"劳务"更强调它是通过劳动生产出来的属性，二者本质相同。

〔2〕 注：从字面意思看，产品泛指所有劳动创造的实物，而商品更强调它是用来交换和买卖的，当脱离了买卖的具体场景，商品依旧是产品。本书在论述中对此差异不做区分，依据情况选择用词。

在，价格这个经济变量站到了舞台的中央，它将决定你的消费行为。你想要的商品的数量和该商品的价格将拉开"需求"的序幕。

（一）需求与需求量

你需要一种商品以获得一种效用，但这里的"需要"不是"需求"，你需要这件商品只能证明你"想要"，而"需求"则还要你去证明你"能够"。"能不能够"在收入既定条件下是由价格决定的，价格是一个消费者决定是否购买商品以及购买多少商品的重要因素。所以，在讨论需求的问题时，价格是无法回避的。

在经济学中，消费者对一种商品的需求（demand）是指在其他条件不变的情况下，消费者在各种可能的价格水平下愿意（willing）而且能够（able）购买的该商品的数量。这句话中的"商品的数量"就是需求量（quantity demanded），即在某一特定价格下，消费者愿意并且能够购买的商品数量。还记得前文谈到的欲望吗？需求量本身就是在不同价格水平下，你在多大程度上能够满足的欲望。

由此看来，你对一种商品有没有需求，不仅看你想不想要，还要看你能不能够购买，缺少一个条件都不能称之为需求。一个工薪阶层的人看着马路上奔驰的法拉利跑车，他可能很想要，但是他的收入没法让他"能够"购买，所以这不是需求，或者说是"无效需求"；男性同胞们一般都买得起一些女性日用品，但是他们不需要女性日用品，所以这也不是需求。因此，经济学中说的需求都是指消费者支付得起的"有效需求"。"其他条件不变"是在保证除价格之外的其他所有能够影响消费者消费决策的因素都保持不变，目的在于排除其他所有因素而只考察价格与需求量之间的关系。考察两个变量之间的关系不就是数学中的函数吗？这个函数叫作需求函数，表达式为：

$$Q^d = D(P)$$

可见价格 P 是自变量，需求量 Q^d 是因变量，所以叫需求函数。为了分析简便，我们常用线性关系来描述二者的函数形式（实际上并不是线性的）：

$$Q^d = \alpha - \beta P$$

在数学里，函数常常会在象限中对应一条曲线，现在这条曲线叫作需求曲线（Demand Curve）。这样一下子就明朗了，需求就表示需求函数或需求曲线，而需求量就表示需求函数的因变量或需求曲线上某点的横坐标（对，就是横坐标，后面再揭秘）。需求指的是价格和需求量之间的关系，而需求量是某个特定价格下的购买计划量。这个"计划量"就有学问了：需求量并不是针对一次购买活动的量，而是针对一个可能价格下的计划的量[1]，它是个"计划"而不是真正的"实施"。如此，需求就是"各种可能的价格"与这些"计划量"之间的函数关系。

"计划量"是什么？一个消费者拿着固定的收入，站在他想要的商品的橱窗前，盯着里面的价签，心中盘算着自己能买多少个。你说他在盘算什么？他会不会在盘算心中那模糊的预算线和无差异曲线呢？他是不是在盘算若干个该商品带来的总效用呢？他在快乐和钱包之间做着艰难的取舍。你看，和效用又沾上边了吧，这就变成了一个心理活动。他想要，他能够购买，他想象着快乐，他做出了计划，他想要且能够买 8 个！但真掏钱的时候你发现他只带走了 5 个。我们只能观察到他买走的 5 个，而无法看到他心中的 8 个，因为他心中感受到的效用我们根本无从得知。

---

〔1〕《西方经济学》编写组编：《西方经济学》（第二版，上册），高等教育出版社、人民出版社 2012 年版，第 44 页。

说白了，这个和效用有关的"想要"，除了他自己，谁也不知道。难道他就差这 3 个的钱吗？多买了 3 个他就没有余钱过日子了吗？都不是。但他就是明明想要 8 个的时候却只买了 5 个！所以，经济学中的需求量是个计划量，是个心理量，是个"想要"，需求也不过是各个可能价格下的"计划表"而已，真掏钱的时候人们未必"跟着心走"。虽然都是"有效需求"，但没有成为真正的购买行为，因此凯恩斯才说在经济萧条的时候是"有效需求"不足，他要政府刺激消费者，把"有效需求"变成真正的购买行为！

张五常先生说，需求量不是事实，无从观察，是个概念，若没有经济学者，"需求量"是不存在的，它只是个"意图"[1]。这个"需求"和"需求量"也是经济学中为数不多的、明知道有问题也不得不用的经济变量。我们姑且用之，不然就没法研究经济学了。

（二）需求曲线

不管需求量是不是计划量，经济学家们都要把它直观地描绘出来，因为需求曲线在经济学中确实有着举足轻重的作用和地位。我们首先说说需求表。

1. 需求表与需求曲线

前面提到过的杜普伊特被认为是第一批用画图表的方式揭示价格和需求数量之间反向关系的经济学家之一[2]，他通过找到水的价格和水的消费量之间的反向变动关系，提出边际效用曲线

---

〔1〕 张五常：《经济解释》（二〇一四增订版），中信出版社 2015 年版，第 151 页。

〔2〕 ［美］斯坦利·L. 布鲁、兰迪·R. 格兰特著，邸晓燕等译：《经济思想史》（第 8 版），北京大学出版社 2014 年版，第 199 页。

就是需求曲线的观点。马歇尔也用需求表和需求曲线的方法来说明需求法则。现在借用曼昆教材中的例子说明[1]：

表3-1　某消费者对冰激凌的需求表

价格（元）	需求量（个）
0.00	12
0.50	10
1.00	8
1.50	6
2.00	4
2.50	2
3.00	0

从表中可知，如果冰激凌不要钱，消费者愿意消费 12 个；当冰激凌卖 0.5 元时，消费者愿意消费 10 个。以此类推，随着冰激凌价格的上升，消费者愿意消费的数量也在下降，最后在冰激凌价格上升到 3 元时，消费者愿意消费的数量降为 0。所以，需求表就是将一种商品的价格与消费者愿意消费的数量构成一个表格，在表格中可以清晰看到两个变量之间反向变动的关系。此时，再通过描点的方式把表格中的数据添加到直角坐标系中，就得到了一条向右下方倾斜的需求曲线，见图 3-1：

〔1〕［美］曼昆著，梁小民、梁砾译：《经济学原理：微观经济学分册》（第 6 版），北京大学出版社 2012 年版，第 72 页。

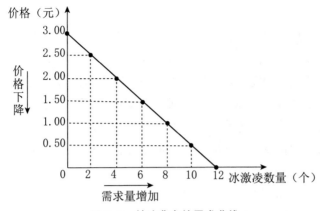

图 3-1 某消费者的需求曲线

从图中可以看到，横轴是需求量，纵轴是价格，需求曲线向右下方倾斜，呈现出明显的需求量与价格反向变动的关系。细心的你可能要问了，需求曲线对应的需求函数不是 $Q^d = D(P)$ 吗？可上图明明是 $P = D(Q^d)$ 啊？要回答这个问题，就要追溯到马歇尔大师和边际学派了。

古典经济学对价值的解释基于劳动成本价值理论，比如李嘉图认为价值是由生产商品的劳动成本（社会必要劳动）决定的[1]。发展到边际学派或新古典经济学，对价值的解释则基于边际效用价值理论，比如杰文斯认为价值是由这一单位商品的边际效用决定的。价格反映商品的价值，马歇尔作为第二代边际学派经济学家，通过对边际效用的分析，将需求表看作个人愿意为一种商品规定的数量所支付的最高价格。基于这个原因，数量是自变量，价格是因变量，因为价格代表着个人愿意为某一边际效用所付出的最高货币数量。但是，"边际三杰"的另一灵魂人物瓦尔拉斯

---

〔1〕 刘明明、马云泽主编：《西方经济学名著导读》，清华大学出版社 2013 年版，第 20 页。

则认为需求表显示了个人愿意在不同价格上购买的数量[1]。当今的经济理论认同了瓦尔拉斯的观点，认为是 $Q^d = D(P)$，然而在需求曲线的作图上又遵循了马歇尔的传统而不是数学习惯[2]，你说上哪说理去呢？这一传统贯穿整个经济学体系，从微观经济学到宏观经济学，和"量"有关的必定在横轴上，和"价"有关的必定在纵轴上。这就解释了为什么需求函数是 $Q^d = D(P)$，但需求曲线却长成了 $P = D(Q^d)$ 的模样，当然，也可以叫它"反需求函数"。

2. 基数效用论与需求曲线

马歇尔认为价格是建立在边际效用递减规律的基础之上的。回顾一下边际效用递减规律：在一段时间内，一个消费者从对同一种商品的连续消费中获得的边际效用是递减的。前文也提到过，效用这种无形的心理评价几乎不可能客观地衡量出来，但是马歇尔却大胆地说："用货币。"他通过用支付的货币数量来衡量偏好或动机以及偏好和动机的强度[3]。基于这种思路，第一个商品带来的边际效用最大，消费者也最愿意为第一个商品买单；从第二个商品开始，边际效用逐渐下降，消费者愿意付出的钱越来越少。如图 3-2：

---

〔1〕［美］哈里·兰德雷斯、大卫·C. 柯南德尔著，周文译：《经济思想史》（第四版），人民邮电出版社 2014 年版，第 312—313 页。

〔2〕［美］斯坦利·L. 布鲁、兰迪·R. 格兰特著，邸晓燕等译：《经济思想史》（第 8 版），北京大学出版社 2014 年版，第 259 页。

〔3〕［美］斯坦利·L. 布鲁、兰迪·R. 格兰特著，邸晓燕等译：《经济思想史》（第 8 版），北京大学出版社 2014 年版，第 249—250 页。

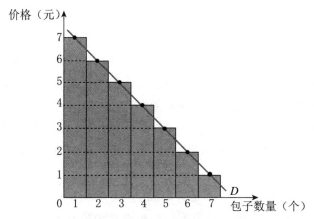

图 3-2　基数效用论推导的需求曲线

　　如果现在你饥饿难耐，走进了一家包子铺（再假设周围没有其他饭馆），包子的价格是 7 元一个，你会买吗？饿得眼冒金星的你虽然觉得 7 元一个的包子很贵，但也会毅然决然地掏钱，因为这第一个包子对于现在的你来说效用简直太大了，你愿意为这十分大的效用支付 7 元钱。吃完了第一个包子，你舒服多了，但还是没有吃饱，此时你就没那么想买第二个价值 7 元的包子了，反正已经吃了一个垫一垫肚子了。然而，如果此时包子铺老板说，第二个卖给你 6 元钱，你会如何呢？ 6 元也不便宜，但比 7 元便宜，同时你还没吃饱，此时你会愿意为这递减了一点的效用而支付便宜了一点的价格，于是很可能继续成交。以此类推，在你吃到沟满壕平的状态（即十分满足，效用最大化）之前，每吃完一个包子，老板都给你降低 1 元钱，你也愿意继续为每次递减了一点的效用支付便宜了 1 元钱的价格。直到你满足地摸摸肚子，老板的降价策略也就失效了。看看图 3-2，横轴是量，纵轴是价格（也是边际效用），把每个柱子的顶端连成线，这是不是需求曲线？所以，通过你愿意支付的货币数量来判断一个商品此时对你的效用是合理的，你愿意为此时的商品带来的边际效用而付出你认为值得的最高货币数量，这就是基于边际效用递减规律推导出的需求曲线。马歇尔就是这么想的，所以他的需求曲线是 $P = D(Q^d)$ 的形式。严格来说，现在包子铺老板的行为属于一级价格歧视，我们在第九章垄断的章节会讨论。

细心的朋友会发现，图3-2中表示的是你愿意为第几个包子花费多少钱，而真正的需求曲线是在既定的某一价格下愿意买几个包子，并不是买第几个包子（即需求曲线表示的是3元价格下你愿意买5个包子，而不是买第五个包子）。图3-2和真正的需求曲线是不是不一致呢？其实，你都愿意为第五个包子花3元钱了，而从第一个到第四个，这四个比第五个边际效用还高的包子，你只花3元单价就能买到手，何乐而不为呢？如果前四个包子都能花3元的单价买到，而不是7元、6元、5元和4元，这是占大便宜呀！因此，你既然愿意为第五个包子花3元钱，必然也愿意在3元的价格下购买前四个包子（也就是3元价格下你会购入5个包子），这与需求曲线的含义不矛盾。相反，如果这5个包子都要你花7元的单价购买，你是一定不会同意的，因为你对第五个包子的评价是3元而不是7元，这种让包子铺老板占便宜的事情你自然不会做。所以，这两者并不矛盾。在这里，你用3元单价买到的前四个包子，你都算是占了便宜的，这个"便宜"叫作消费者剩余，在后面第七章关于市场的章节再讨论。

3. 序数效用论与需求曲线

现在看看序数效用论怎么搞定需求曲线吧。前面我们通过预算线和无差异曲线相切的方式确定了消费者的消费均衡，然后通过 X_1 价格的变动讨论了替代效应和收入效应。基于这些知识，请看图3-3，原始状态下预算线 AB' 与无差异曲线 I_1 相切于 a 点，此时 X_1 的价格是 P'_1，消费者均衡时消费者购买 X_1 的数量是

Q'_1。现在，X_1 的价格从 P'_1 逐渐下降至 P''_1 和 P'''_1，那么预算线 AB' 将随之逆时针转动至 AB'' 和 AB'''，接下来这两条预算线也必然与新的无差异曲线 I_2 和 I_3 相切于 b 点和 c 点，最终均衡时消费者所购买的 X_1 的数量会从 Q'_1 逐渐增加到 Q''_1 和 Q'''_1。可以看出，商品 X_1 的价格 P_1 逐渐下降的同时，消费者对 X_1 的购买数量 Q_1 是在逐渐增加的。把二者的变化放在一个象限中，P_1 和 Q_1 的三个匹配点即是 a' 点、b' 点和 c' 点，将三个点相连，需求曲线 D 就诞生了。这就是用预算线和无差异曲线推导出的需求曲线，有了前面知识的积累，理解这个部分是很容易的。

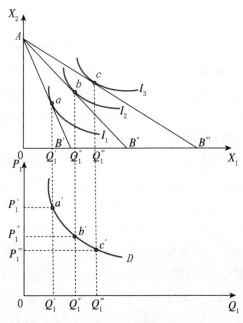

图 3-3 序数效用论推导的需求曲线

4. 需求定理

无论是需求表，还是基数效用论或序数效用论推导出的需求曲线，目前为止无一例外地表述了一个事情，那就是随着某种商品价格的下降，消费者对这种商品的需求量会上升，需求量与价格之间呈现出一种反向变动的关系，且这种关系非常普遍，对于绝大部分商品来说都是正确的。在经济学中称这种关系为需求定理，也翻译成需求规律。需求定理（Law of Demand）是说，在其他条件不变时（ceteris paribus），一种物品的价格上升，消费者对该物品的需求量减少；一种物品的价格下降，消费者对该物品的需求量增加[1]。

在这条定理中，十分重要的语句就是"其他条件不变"。运用"其他条件不变"的方法，马歇尔发展了局部均衡（Partial Equilibrium）的分析形式。为了分析一个复杂的问题，他将要分析的经济体的一个部分孤立起来，忽视但不否定经济体所有部分的相互依赖[2]。因此，这个假定至关重要。在这个假定下，人们的内心都会认同价格上涨就要减少需求量，价格下降就会增加需求量这样的心理定律。在这条心理定律的指导下，需求曲线就是一条向右下方倾斜的曲线。

但是，在有些情况下需求曲线未必向右下方倾斜，需求定理看似失效。其中一种情况的商品称为凡勃伦商品，是由制度经济学派的开创者，美国经济学家托斯丹·邦德·凡勃伦（Thorstein Bunde Veblen，1857—1929 年）提出的。凡勃伦发现了某些富人的消费行为存在"商品越昂贵，他们就越要买"的现象，这些富人热衷于购买那些昂贵且脱离了实用性的奢侈品，用以彰显自己的财富与社会地位，因此这些奢侈品越昂贵，他们越是要购买。

---

〔1〕［美］曼昆著，梁小民、梁砾译：《经济学原理：微观经济学分册》（第6版），北京大学出版社2012年版，第71页。

〔2〕［美］哈里·兰德雷斯、大卫·C.柯南德尔著，周文译：《经济思想史》（第四版），人民邮电出版社2014年版，第295页。

凡勃伦把这种现象称为炫耀性消费，这类商品也由此被称为凡勃伦商品，其需求曲线是向右上方倾斜的。另一种情况是前文提到过的吉芬商品，在爱尔兰饥荒中，一直廉价的土豆价格开始上升，人们却增加了对土豆的购买，此时的需求曲线也是向右上方倾斜的。

凡勃伦商品也好，吉芬商品（也称吉芬悖论）也罢，它们好似都违背了需求定理，这是个在经济学界颇受争议的话题。关于凡勃伦商品，富人进行的是一种炫耀性的消费行为，该商品价格上升，他们就多买，如果价格下降，他们就少买。那么，凡勃伦商品可能只会出现在富豪个人的需求曲线中，而未必会出现在市场的需求曲线中。因为在整个市场中，该商品价格下降会引来更多买者加入，会抵消掉那部分因价格下降而决定不再"炫耀性购买"的富人退出者的数量。而关于所谓的吉芬悖论，经济思想史专家哈里·兰德雷斯（Harry Landreth）认为，尽管存在相当多的理论文献，但是没有可接受的统计资料表明产生过向上倾斜的需求曲线[1]。然而，曼昆在其教材《经济学原理》中又引用了一则在中国湖南省实地考察的案例，证明了吉芬商品的存在[2]，虽然他也承认吉芬商品是极为罕见的。也有观点认为，当人们出现生存压力，被迫求生且没有其他替代品时，吉芬商品才可能出现。

不过，张五常先生始终认为凡勃伦商品和吉芬商品都是不存在的，并不违背需求定理，因为需求定理中的需求量是个主观的心理量，本身就是无从观测的，面对涨价的商品，人的心理活动

---

〔1〕 ［美］哈里·兰德雷斯、大卫·C. 柯南德尔著，周文译：《经济思想史》（第四版），人民邮电出版社 2014 年版，第 302 页。

〔2〕 ［美］曼昆著，梁小民、梁砾译：《经济学原理：微观经济学分册》（第 6 版），北京大学出版社 2012 年版，第 458—459 页。

就是减少购买，但会迫于实际情况而不得不多买。同时，还存在着"其他条件不变"这个前提假设的限制，而在凡勃伦商品和吉芬商品的例子中，"其他条件"是发生了变化的。比如在凡勃伦商品的例子中，富人消费者购买的其实并不是商品的使用功能，而是这个商品赋予的"炫耀"功能，如果"炫耀"的价格上升，富人也是会减少购买的，这是富人的偏好变了。而在吉芬商品的例子中，除了土豆，其他食品的价格也都在上涨（这就是其他条件改变了），老百姓迫于现实压力，只能被迫地多买土豆。这两个例子都不能推翻需求定理。所以，张五常先生才认为效用分析只能推出需求曲线，推不出需求定理。对张五常先生的论述感兴趣的朋友可以参看老人家的著作《经济解释》[1]。

现实中还有一些东西是越贵越买的，比如股票和房产。它们违背了需求定理吗？其实并没有。你现在买入股票是因为你预测未来它一定会涨价，相比未来的价格，现在的股票价格就是便宜的，所以你才会多买；而如果你现在打算卖出股票，那也一定是因为你预测股票价格会跌，所以现在的价格比未来的价格昂贵，你决定减少对现在股票的购买[2]。因此，股票和房产这类例子根本没有推翻需求定理，反而验证了需求定理的正确性。换个角度也可以理解为"未来价格变化了"，已经不是"其他条件不变"了。

所以，在无法确定其他条件不变的前提下去讨论问题是很难有结果的，而确定其他条件是否改变这件事本身就是件很难的事情。正如马歇尔所言："经济学的规律可与潮汐的规律相比，却不能和简单与精密的引力率相比。因为，人们的活动是如此多种

---

[1] 张五常：《经济解释》（二〇一四增订版），中信出版社 2015 年版，第137—166 页。

[2] 李俊慧：《经济学讲义》，哈尔滨出版社 2021 年版，第 95—96 页。

多样和不确定，以致在研究人类行为的科学中，我们所能作的关于倾向的最好的叙述，必然是不精确的和有缺点的。"经济学中的规律"不过是一种多少是可靠的和明确的一般命题或倾向的叙述而已"〔1〕。

5. 市场的需求曲线

以上需求曲线都是基于对一个消费者的分析而成的，现实的市场中消费者可不止一位，所以在绝大多数情况下，某一商品的市场中的需求曲线是由许多单个消费者的需求曲线横向加总得到的。比如某商品在某一价格水平 P 下，消费者蕴蕴愿意购买 4 个，消费者苧苧愿意购买 3 个，那么可以说价格为 P 时，市场的需求量为 7 个。图 3-4 即显示了市场需求曲线的产生过程。

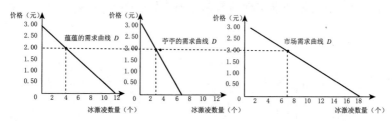

图 3-4　单个需求曲线到市场需求曲线

如果对某一种商品有需求的消费者有 n 个，每个消费者的需求函数为：

$$Q_i^d = D_i(P), \quad i = 1, 2, \cdots, n$$

那么，在整个市场上的需求函数为：

$$Q^d = D(P) = \sum_{i=1}^n Q_i^d = \sum_{i=1}^n D_i(P)$$

由于市场的需求曲线是由单个消费者的需求曲线加总得到

〔1〕《西方经济学》编写组编：《西方经济学》（第二版，上册），高等教育出版社、人民出版社 2012 年版，第 47 页。

的，市场的需求曲线也一定和单个消费者的需求曲线一样符合需求定理，其走势也是向右下方倾斜的〔1〕。

（三）需求量的变动与需求的变动

马歇尔对需求量的变动和需求的变动做了明确的概念区分〔2〕，现在几乎所有的经济学教科书都会讨论这两个变动的区别。其实这个区别很简单：需求量的变动就是一个点沿着需求曲线的移动，而需求的变动就是整条需求曲线的移动。

1. 沿着需求曲线的移动

需求定理开头第一句即是"在其他条件不变时"，所以需求量的变动本质上就是在其他条件不变的情况下，需求量相对价格的反应，也就是需求定理的具体体现。如图 3-5 所示：

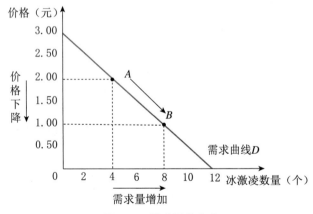

图 3-5　需求量的变动

〔1〕《西方经济学》编写组编：《西方经济学》（第二版，上册），高等教育出版社、人民出版社 2012 年版，第 52 页。
〔2〕［美］斯坦利·L. 布鲁、兰迪·R. 格兰特著，邸晓燕等译：《经济思想史》（第 8 版），北京大学出版社 2014 年版，第 253 页。

可以看到，当价格下降时，消费者对这种商品的需求量就将增加，在图中表现为从点 A 沿着需求曲线移动到了点 B（反之亦然）。这不就是需求定理中需求量对价格的反应吗？这也就是需求函数中自变量导致的因变量变动的情况啊！所以，沿着需求曲线的变动，即是需求量的变动，也就是在其他影响需求量变动的因素都暂时保持不变的情况下，单独讨论价格对需求量的影响，是函数内部的变动，而此时整条需求曲线没有任何变化。

2. 需求曲线自身的移动

如果是需求曲线自身的移动，那就是需求的变动了。既然上面沿着需求曲线的移动是在其他条件不变的前提下的，那么现在需求曲线自身的移动就是"其他条件"中的一个条件发生了变化，而价格 P 被限制为"其他条件"中的一项，变成不能改动的了。如图 3-6 所示：

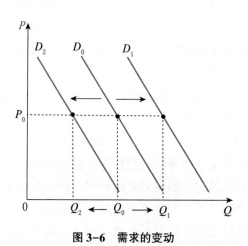

图3-6　需求的变动

从图中可以看到，当价格保持在 P_0 时，有另一种影响需求量的因素发生了变化（这些可能的因素下面会讨论），当然依旧是其他因素保持不变而只是允许这个因素变，这样需求量就会改变，只不过这次需求量的改变并不是对价格的反应，而是对这个新的变化因素的反应。由于此时价格是不变的，这个新的影响因素又不在这个象限的横纵轴中表达，需求曲线就表现为平移：若这个因素会使需求量从 Q_0 增加到 Q_1，则需求曲线将从 D_0 向右平移至 D_1；若这个因素会使需求量从 Q_0 减少到 Q_2，则需求曲线将从 D_0 向左平移至 D_2。为什么此时要强调价格不变呢？因为要研究这个新的变化因素与需求量之间的联动关系，就必须假定价格不变，把价格当作"其他因素"；还因为价格是在纵轴上有所表达的，现在讨论需求量和另一种不在象限中表达的因素之间的关系，就只能限制价格不变了。从需求函数的角度看，需求曲线的移动表现为需求函数的截距发生变化，此函数已非彼函数了。

如果你还是不能理解为什么价格要不变，你可以用"相对于所有价格而言"这句话去思考。相对于所有价格而言，不管这个商品的价格现在是多少，只要这个新的因素改变，就会在现有价格的基础上，让需求量发生变化。这就是需求曲线自身的移动，也叫作需求的变动。

这些"其他因素"都是哪些呢？一般的经验之谈是如下几个。请记住，下面的这些因素变动时，商品的价格都没变。

（1）消费者的收入水平。消费者的收入水平就是他的预算约束，这将直接影响消费者的消费行为。但消费者收入水平的变化未必会对所有商品起到同样的影响作用，这就取决于商品是正常商品还是低档商品了。如果该商品是正常商品，消费者的收入水平增加就会使得需求曲线向右移动，反之则向左移动。如果该商品是低档商品，消费者的收入水平增加就会使得需求曲线向左移动，反之则向右移动。

消费者的收入水平变化其实还存在一次性的变化和长期变

化，这也会影响一个人的消费决策，需求曲线会不会移动还真不一定。比如，这个月你临时得到了一笔1000元的奖金，以后可不一定什么时候再有了，你很可能不会改变任何消费习惯；但如果你每个月工资涨了1000元，你可能就会改变你的需求曲线，会出现一定程度的消费升级现象（比如每次买苹果会多买一些）。但到目前为止，我们提到的所有模型都不是跨期模型，不存在"未来"，所以一定会全花掉，这个消费者的收入增加时，对某种商品的需求曲线一定会右移。

（2）其他相关商品的价格。这里提到的"相关"在经济学中只指两种关系，一种叫作替代品，一种叫作互补品[1]，前文在无差异曲线形状部分已经有所提及，这里再详细地分析一下。一种商品如果有替代品或者互补品，当它的替代品或互补品价格发生变化时，这个商品的需求曲线将会发生水平移动。

替代品（Substitutes）是指两种商品在满足消费者同一类型的需要时具有相同或相似的功效，这两种商品互为替代品。如果你想吃个水果，苹果和橘子就互为替代品，因为这两个都是水果，都可以满足你想吃水果的欲望，你可以用苹果替代橘子，也可以用橘子替代苹果；你需要从北京出差到沈阳，飞机和高铁就互为替代品，它们都能把你从北京运到沈阳，你可以选择坐飞机替代坐高铁，也可以选择坐高铁替代坐飞机；你需要买一部手机，苹果手机和华为手机就互为替代品，道理都是一样的。

如果苹果和橘子互为替代品，橘子的价格上升了，消费者就会减少对橘子的购买，转而增加对苹果的购买（因为"其他条件不变"，所以苹果的价格一定是不变的），此时苹果的需求曲线向

---

〔1〕《西方经济学》编写组编：《西方经济学》（第二版，上册），高等教育出版社、人民出版社2012年版，第48页。

右移动，反之亦然。苹果的需求曲线右移的原因是它的替代品——橘子——的价格上涨。这个例子潜在的假设是苹果和橘子你都会购买（两个都是你的偏好），只是橘子价格上升以后，你买橘子的数量少了，买苹果的数量多了而已，并不是你从此之后只买苹果不买橘子了。如果原来苹果的价格就高于橘子，你因这个价格原因一直买橘子而不买苹果，那对于你来说它们之间未必存在替代关系（你只偏好橘子）。只要苹果的价格一直高于橘子，即使橘子涨价，你也还是会只买橘子，对吧？只有当橘子的价格涨到和苹果价格相当时，你才会将二者当成替代品看待，但此时你的偏好就从只买橘子变成了橘子苹果都可以。你看，替代品问题与偏好是有关系的。可是不要忘了，"其他条件"是包括偏好的，我们必须保证偏好不变。所以，苹果和橘子的例子中，我们必须假设你对苹果和橘子的偏好是固定的，即两个你都偏好且这个偏好不会改变，这样我们得出的结论才成立。

关于替代品有两点需要注意。第一，能够相互成为替代品的商品一定存在功能上的替代，而不必是同一类商品，即重在功能上的可替代程度。因此互为替代品的两种商品可以是两种完全不同的商品，也可以是同一种商品的不同品牌，还可以是同一品牌的不同型号。比如，在传递信息的功能上，信件是苹果手机的替代品，华为的 Mate 系列是苹果手机的替代品，iPhone 15 是iPhone 14 的替代品。所以，替代品的关键指的是使用功能的可替代性，差异仅仅在于可替代程度。第二，一种商品有没有替代品和消费者的偏好有很大关系。比如，对于一个什么水果都爱吃的人，苹果和橘子就是相互的替代品，但对于一个只爱吃苹果的人，橘子就未必是替代品了，因为这个人的最爱就是苹果，任何一种其他水果都取代不了苹果在他心中的位置。这里开个小玩笑，白雪公主是一定要吃苹果的，因为她吃橘子也不会死呀，剧本写的就是她吃苹果嘛，不然剧情还怎么继续呢？所以对于白雪公主来说，苹果没有替代品。

互补品（Complements）是指两种商品相互补充，共同满足消费者同一类型的需要，这两种商品就互为互补品，比如牙膏和牙刷、画笔和颜料、眼镜片和眼镜框等。其实，不用牙膏，只用牙刷刷牙也不是不行；不用画笔，直接用手抹颜料作画的人也有；不买眼镜片而只买眼镜框戴着的人也的确存在。但这些都属于特殊的偏好，对于绝大部分普通消费者而言，普遍的偏好就是将这些成双成对出现的商品同时使用才能获得满足，这也是互补品的意义所在。如果眼镜片的价格上涨了，消费者就会减少对眼镜片的购买，同时也势必会减少眼镜框的购买，眼镜框的需求曲线向左移动，反之亦然。眼镜框的需求曲线左移的原因是它的互补品——眼镜片——的价格上涨。

关于互补品的例子，很多经济学教科书给出的是左脚鞋和右脚鞋。的确，左脚鞋和右脚鞋组合在一起才能满足消费者行走的需求，但要清楚从什么样的角度去看：是左脚鞋和右脚鞋加在一起为一种商品，还是左脚鞋和右脚鞋是两种商品？答案不言而喻，左右两只鞋加在一起才是一种商品，没有人会单独买一只鞋（即使是缺一条腿的残障人士也得付一双鞋的钱吧），也没有哪家鞋店会只卖一只鞋。特别是在这里讨论互补品价格的变化对需求量的影响问题，两个互为互补品的商品必须是两个独立的商品。如果不提商品，而是定义为物品的话，左脚鞋和右脚鞋的确也可以叫作互补品，但本书认为，既然是在讲经济学故事，还是把价格考虑进去，将左脚鞋和右脚鞋当作一种商品比较妥当，那些教科书给的例子是不合适的。因为左脚鞋的价格上升，你减少了左脚鞋的购买，同时也减少了其互补品——右脚鞋的购买，如此陈述，岂不荒谬？

（3）消费者的预期。消费者的预期会影响他的消费行为。比如，一个教师预期这次职称评定能够晋级，工资水平会提升，如果他喜欢吃苹果，那么即使现在晋级的工资尚未兑现，他也会在当下增加对苹果的购买，苹果的需求曲线现在就会向右移动。再比如，这个教师经过对气候的观察，预期今年苹果将要降价，那他现在就会先忍一忍买苹果的冲动，等待苹果价格下跌后再买，于是当下苹果的需求曲线向左移动了。

（4）政府政策。一般而言，政府的政策可以通过影响消费者的偏好、收入、相关商品价格以及预期等因素来影响消费者的需求量[1]。比如，党中央提出的"房住不炒"原则，就是要抑制消费者对房产的购买，政府为此出台了一系列的政策措施，房产的需求曲线就向左移动了。

（5）消费者的数量。这一条主要针对的是市场的需求曲线。前面推导需求曲线时已经说明，整个市场的需求曲线是由许多单个消费者的需求曲线横向加总而成的，如果消费者的数量有所增加，则市场上的需求曲线将会向右移动，反之亦然。比如，流感初期，需要口罩的消费者数量迅速增加，口罩市场上的需求曲线就会向右移动。

（6）消费者的偏好。其实，对消费者的消费决策影响最大的因素并不是价格，而是偏好（preference），因为如果你对一种商品没有偏好，就证明你对它没有需求，你压根儿就不会买。一旦你的偏好发生改变，就会影响需求曲线的位置。比如，一个"老烟枪"下定决心戒烟，于是他决定逐步实施戒烟计划，那么在所有的香烟价格都不变时，他对香烟的需求曲线就随着他对香烟的

---

［1］《西方经济学》编写组编：《西方经济学》（第二版，上册），高等教育出版社、人民出版社 2012 年版，第 49 页。

偏好的逐步调整而不断向左移动。不过，在经济学研究中，一般都假设消费者的偏好在短期内是比较稳定的，不会轻易发生变化。张五常先生也坚持认为，经济学不能以偏好转变为借口来解释我们不能解释的行为，因此假设偏好不变就是最简单的办法[1]。

在总结了若干个影响需求曲线移动的因素之后，我们来探讨一个小问题：讨论这些内容的前提是"价格不变"，但价格真的没变吗？你的收入增加，可以买到更多的某种商品了，是不是相当于商品的价格下降了？橘子的价格上涨了，是不是相当于苹果的价格下降了？眼镜片的价格上涨了，是不是眼镜框的价格实际也上涨了？你预期苹果的价格要上涨，是不是相当于现在的苹果便宜了？这些疑问中所有的价格指的都是实际价格，即相对价格，这是一个实际经济变量，而上文中所说的"价格不变"中的价格其实指的是名义货币价格，是名义经济变量。从严格意义上来说，只有相对价格才是真正的价格，名义货币价格并不是真正的价格。我们把坐标系中的价格定义为相对价格而不是名义货币价格后再审视一下上面的问题：你的收入增加了，商品的实际价格就是下降了，你增加了对这种商品的购买这个结果是沿着需求曲线的变动，怎么是需求曲线自身移动的结果呢？橘子的价格上涨，苹果的实际价格就是下降了，你增加了对苹果的购买这个结果也是沿着需求曲线的变动，怎么是需求曲线自身移动的结果呢？这些都是可以用需求定理去解释的，但真的必然存在沿着需求曲线的移动和需求曲线自身的移动这种差异吗？在这里，本书只做抛砖引玉之事吧。

---

〔1〕 张五常：《经济解释》（二〇一四增订版），中信出版社 2015 年版，第 147 页。

3. 案例分析——减少香烟消费的方法

这个案例取自曼昆的教材《经济学原理》[1]，十分清晰地阐明了需求量的变动与需求的变动的具体应用。

众所周知，吸烟有害健康，公共部门一般都会想办法减少消费者对香烟的消费。在一些西方国家，政府通过强制烟草商在烟盒上印出肺癌患者的肺部等图片，试图"劝退"那些打算吸烟的人；我国在香烟盒上也标有"吸烟有害健康"的字样；一些宣传吸烟有害的公益广告和禁止香烟做广告的政策都是在努力让香烟的需求曲线在价格不变的情况下向左移动，正如图 3-7 中的（a）图所示那样。这就是运用使需求曲线移动的方法减少消费者对香烟的消费。除此之外，政府还可以对香烟适用更高的税率，这本质上就是通过提高香烟价格的方式减少消费者对香烟的购买，如图 3-7 中的（b）图。这就是运用"沿着需求曲线移动"的方法减少消费者对香烟的消费。一项研究表明，价格上升 10%，会使香烟的需求量减少 4%，该研究还发现年轻人对香烟的价格更为敏感——年轻人对香烟的需求量会减少 12%。

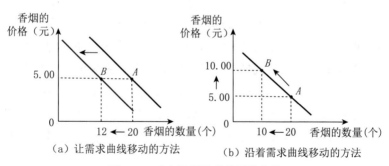

图 3-7　减少香烟消费的两种方法

[1]　[美] 曼昆著，梁小民、梁砾译：《经济学原理：微观经济学分册》（第 6 版），北京大学出版社 2012 年版，第 75 页。

（四）需求弹性

弹性在经济学中是一个基础而重要的概念，一般经济学教材都在市场均衡的内容之后提出，但本书的叙事框架有所创新，因此在这里先介绍需求弹性，在供给的章节再介绍供给弹性。

1. 弹性

一提到"弹性"这个词，我们首先想到的可能是弹簧、气球甚至是婴儿的小脸蛋之类的事物，因为这些事物的共同点是受到一个作用力后都会变形，当作用力消除后又可恢复原状。在比较两种物体哪个弹性更大时，则需要通过观察物体受到作用力后变形的程度来判断，如果变形的程度很大，那么弹性就大，反之亦然。比如两个弹簧，在施加相同的力时，哪个变形更大，哪个弹性就更大（注意是弹性，不是弹力，二者是有区别的）。

经济学将这一概念引入对经济变量的分析框架中。在经济学的语境里，弹性（Elasticity）是指一种经济变量相对于另一种经济变量的敏感程度。如果两个经济变量之间具有函数关系，弹性就是因变量相对于自变量变动的敏感程度，如下公式更加一目了然：

$$e = \frac{\Delta y / y}{\Delta x / x}$$

从公式中可以看到，弹性就是两个经济变量的变动百分比的比值，即如果 x 变动1%的话，y 会相应变动百分之几。如果 y 变动大于1%，则计算结果就大于1，这被称为富有弹性（elastic），因为 y 的变动率大于 x 的变动率，y 对 x 的变动很敏感；如果 y 变动小于1%，则计算结果就小于1，这被称为缺乏弹性（inelastic），因为 y 的变动率小于 x 的变动率，y 对 x 的变动不敏感；如果 y 的变动率正好等于 x 的变动率，则计算结果就等于1，这被称为单位弹性（unit elastic），即既不敏感也不迟钝。x 的变动决定了 y

的变动，因此 x 的变动率必定在弹性计算公式的分母的位置，而 y 的变动率在分子的位置。

这时你可能要问了，既然弹性就是表现一种敏感程度，何不直接用 $\dfrac{\Delta y}{\Delta x}$ 呢？x 变动一个单位，y 相应变动几个单位？这不是照样可以表达敏感程度吗？这样说也没错，但是在实际应用中，我们可能要比较两种完全不同的事物的弹性，这时候就会存在量纲的问题，如果是用 $\dfrac{\Delta y}{\Delta x}$ 的方法，量纲仍会存在，两种弹性就没法直接比较了。

比如现在想要比较汽油和苹果的供给价格弹性，用 $\dfrac{\Delta y}{\Delta x}$ 的方法计算的话，汽油的弹性将会是 3 升/元，苹果的弹性将会是 5 斤/元，那么 3 升就比 5 斤小吗？答案自然是无法比较。但是用变动百分比的比值的办法，就可以剔除量纲的影响，计算出来的是纯数字，这样就可以将两种不同量纲衡量的事物的弹性进行比较了。

我们经常使用的弹性是需求弹性和供给弹性，其中需求弹性又可分为需求价格弹性、需求收入弹性和需求交叉弹性。值得注意的是，这只是弹性的常用方法，并不是需求和供给才有弹性（供给其实也并不是只有价格弹性）。环保财政支出是用于环境保护的财政资金，我们当然也能够计算出"环境状况的财政支出弹性"。因此"A 的 B 弹性"就是 A 相对于 B 的变化的敏感程度，弹性的应用是很广泛的。下面我们先介绍需求价格弹性。

2. 需求价格弹性

（1）需求价格弹性。顾名思义，需求价格弹性（Price Elasticity of Demand）就是在一定时期内，某种商品的需求量相对于价格变动的敏感程度。一般情况下，如果不强调是需求的某种弹性的话，"需求弹性"默认指代的就是需求价格弹性。穆勒算是比较早且基本上接近明确地呈现了需求价格弹性的概念，描述了有弹性、无弹性、单一弹性的情形，但他始终没有明确说出弹性的具体概念[1]。马歇尔非常明确地对需求价格弹性进行了系统分析[2]，因此我们今天学习的需求价格弹性都出自马歇尔之手。需求价格弹性的计算公式如下：

$$E_p = -\frac{\Delta Q/Q}{\Delta P/P} = -\frac{\Delta Q}{\Delta P} \cdot \frac{P}{Q}$$

也就是说，某种商品的需求价格弹性是该商品的需求量变动百分比除以价格变动的百分比，因为我们要判断需求量相对于价格变动的反应程度，所以必然是需求量的变动百分比在分子的位置，而价格的变动百分比在分母的位置。或者说，当价格变动1%时，消费者对该商品的需求量会变动百分之几。由于一种商品的需求量与价格呈反向变动关系，两个变量的变动百分比的比值必定为负值，但这个负值中的负号除表明二者反向变动这个众所周知的事实之外也没有其他的意义了，因此我们在整个公式前再加上一个负号，也就是公式里面的那个负号，这样公式整体计算出的结果就是一个正值，这也是我们想要的结果。换句话说，在计算需求价格弹性的过程中，我们只想知道结果的绝对值大小，而不需要知道结果的正负。当然，公式前的负号不是必须要加的，在计算出结果之后就留着负号，或者对计算结果进一步取绝对值的做法都是可以的，因为有经济学基础的人都知道那个计算结果中的负号是什么意思，有或没有负号都不影响他们对结果的判断。分析方法与前面对弹性大小的判断是一样的，这里不再赘述。

---

〔1〕 ［美］哈里·兰德雷斯、大卫·C. 柯南德尔著，周文译：《经济思想史》(第四版)，人民邮电出版社 2014 年版，第 195 页。

〔2〕 ［美］哈里·兰德雷斯、大卫·C. 柯南德尔著，周文译：《经济思想史》(第四版)，人民邮电出版社 2014 年版，第 299 页。

（2）中点公式。我们先看图 3-8：

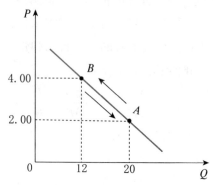

图 3-8　某种商品需求曲线上点的变动

如图，如果一种商品的价格从 2 元上升至 4 元，需求量就从 20 个单位下降到 12 个单位，在需求曲线上则表现为从 A 点变动到 B 点，需求价格弹性的计算如下：

$$E_p^{A-B} = -\frac{\Delta Q/Q}{\Delta P/P} = -\frac{\dfrac{12-20}{20} \times 100\%}{\dfrac{4-2}{2} \times 100\%} = -\frac{-40\%}{100\%} = 0.4$$

可见，价格上升了 100%，但需求量只下降了 40%，需求量的变动没有价格变动的幅度大，算出的结果是小于 1 的 0.4，说明该商品是一个缺乏价格弹性的商品。再思考一下，在这同一条需求曲线上，如果从 B 点移动到 A 点会有同样的结果吗？毕竟是同一个线段嘛，从 A 点到 B 点和从 B 点到 A 点有区别吗？我们就再求证一下：

$$E_p^{B-A} = -\frac{\Delta Q/Q}{\Delta P/P} = -\frac{\dfrac{20-12}{12} \times 100\%}{\dfrac{2-4}{4} \times 100\%} \approx -\frac{67\%}{-50\%} = 1.34$$

这下子就麻烦了，价格下降了50%，需求量增加了67%，需求量变动比价格变动的幅度大，算出的结果是大于1的1.34，说明该商品是一个富有价格弹性的商品。那这个商品到底是富有弹性的还是缺乏弹性的？简单思考一下就会发现，这个矛盾的根源不在于需求量和价格变化量的绝对值，因为这两种情况下的需求量变动都是8个单位，价格变动都是2元。矛盾的原因在于"出发点"，因为无论是需求量还是价格，算的都是变动率而不是变动量，计算变动率就有一个判断初始点的问题，很显然从 A 点到 B 点的初始点是 A 点，而从 B 点到 A 点的初始点是 B 点，计算出的变动率自然就不同，进而算出的需求价格弹性也不同。就好像从北京到沈阳和从沈阳到北京，虽说是同一条路，却是完全不同的两个旅程。

怎么解决这个问题呢？我们已经知道矛盾的原因是"出发点"不一样，而不是变动量不一样，那么就想办法解决"出发点"的问题。既然"出发点"是两个，干脆取个平均值好了，也就是两个点的中点。这个中点，既是两个需求量的中点，也是两个价格的中点。如此，中点公式表示为：

$$E_p^{midpoint} = -\frac{\dfrac{\Delta Q}{(Q_1 + Q_2)/2}}{\dfrac{\Delta P}{(P_1 + P_2)/2}}$$

与原弹性计算公式相比，中点公式就是把"出发点"的 Q 和 P 替换成了两个"出发点"的均值 $\dfrac{(Q_1 + Q_2)}{2}$ 和 $\dfrac{(P_1 + P_2)}{2}$ 而已。用这个中点公式计算出的弹性是：

$$E_p^{midpoint} = -\frac{\dfrac{\Delta Q}{(Q_1 + Q_2)/2}}{\dfrac{\Delta P}{(P_1 + P_2)/2}} = -\frac{\dfrac{12 - 20}{(20 + 12)/2} \times 100\%}{\dfrac{4 - 2}{(2 + 4)/2} \times 100\%}$$

$$= -\frac{-50\%}{67\%} = 0.75$$

所以，用中点公式计算出的点 A 和点 B 之间的需求价格弹性为 0.75。

（3）需求价格弧弹性。用中点公式法计算需求价格弹性就是因为点 A 和点 B 之间是一个弧，这个弧有两个端点，需要取两个端点的均值来避免算出两个结果。因此，上文中讨论的需求价格弹性的计算指的都是需求价格弧弹性（Arc Elasticity），一般用于计算价格变动比较明显时的需求弹性。需求价格弧弹性有五种情况，分别是完全无弹性（perfectly inelastic）、缺乏弹性、单位弹性、富有弹性和完全弹性（perfectly elastic）。这里借用曼昆教材中的五种典型需求曲线的实例，如图3-9所示[1]：

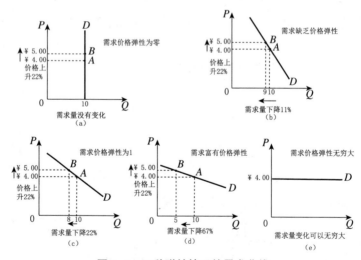

图 3-9　五种弹性情况的需求曲线

―――――――

〔1〕〔美〕曼昆著，梁小民、梁砾译：《经济学原理：微观经济学分册》（第 6 版），北京大学出版社 2012 年版，第 99 页。

图 3-9 中的（a）图表示的就是完全无弹性的需求，此时的需求曲线是垂直的，也就是说无论价格如何变化，需求量都不会有任何变化，需求量对于价格的敏感程度为 0，即需求价格弹性为 0。比如说骨灰盒这种东西，无论价格是多少，买者只需要买 1 个，不管骨灰盒涨价还是降价，结果都是只需要 1 个。当然，讨论需求的时候是需要在一定的价格范围内进行的，如果骨灰盒价格涨到天价，需求量必定降为 0，买者会另想它法去寻找替代品，需求定理是会发挥作用的。

（b）图中的需求曲线逆时针倾斜了一个不大的角度，整条需求曲线看起来比较陡峭，当价格上升 22% 时，需求量仅下降了 11%（此处的变化率是用变量变化的绝对值除以 A 点和 B 点的坐标均值计算的，类似于中点公式的计算思路，比如这个 11% 是 $\dfrac{|9-10|}{\dfrac{9+10}{2}}$ 的计算结果，下同），需求量变动幅度小于价格的变动幅度，所以此时就是需求缺乏价格弹性，需求价格弹性小于 1，很多必需品都符合这种情况。（c）图的需求曲线继续逆时针转动到倾斜 45 度的位置，此时价格上升 22%，需求量也正好下降 22%，这就是单位弹性，需求价格弹性正好是 1。（d）图中的需求曲线倾斜的角度就比较大了，整条需求曲线看起来较为平坦，当价格上升 22% 时，需求量下降了 67%，这表示需求富有价格弹性，需求价格弹性大于 1，很多奢侈品都符合这种情况。

（e）图中的需求曲线是水平的，意味着价格哪怕有很小的变动，需求量都会有非常激烈的反应，即如果价格上升一点点，需求量马上下降为 0；如果价格下降一点点，需求量马上增加到无穷大。这种极端例子只有在特定条件下才可能出现，比如放在一起的两个相同的自动售货机都储有 100 罐可乐，如果其中一个自动售货机的可乐售价降低一点点，则这个售货机中的 100 罐可乐会迅速卖光；如果这个自动售货机的可乐售价上升一点点，则这个售货机中的可乐一罐也卖不出去，而另一个售货机的可乐会很快卖光。

（4）需求价格点弹性。需求价格弧弹性计算的是需求曲线上一段弧之间的价格弹性，如果这段弧的长度无限缩小至一个点的话，也就是说价格存在一个非常不明显的微小变化时，我们就称之为需求价格点弹性（Point Elasticity），即一个点上的弹性。依据这个思路，需求价格点弹性的公式为：

$$E_p = \lim_{\Delta P \to 0} -\frac{\Delta Q}{\Delta P} \cdot \frac{P}{Q} = -\frac{dQ}{dP} \cdot \frac{P}{Q}$$

我们经常通过点弹性的几何意义来表示点弹性，这种情况下一般假设需求曲线是线性的。如图 3-10 所示：

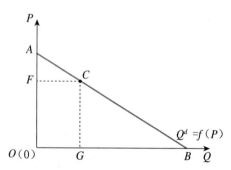

图 3-10　需求价格点弹性的几何意义

C 点的需求价格点弹性就是：

$$E_p^C = \frac{GB}{GO} = \frac{CB}{CA} = \frac{FO}{FA}$$

为什么要这样算呢？我们从 $E_p^C = -\frac{dQ}{dP} \cdot \frac{P}{Q}$ 出发来说明。在讨论需求价格弹性的语境下，Q 就是需求函数，是 $Q^d = f(P)$，

那 $\dfrac{dQ}{dP}$ 就是这个需求函数对应的曲线的斜率。然而，在前文中讲过，我们现在熟知的需求曲线（即图中的需求曲线）对应的函数其实是反需求函数，即 $P = f\,(\,Q^d\,)$，并不是需求函数 $Q^d = f$ (P)。现在这个熟知的需求曲线（即反需求函数）的斜率是 $\dfrac{CG}{GB}$（$\angle CBG$ 的正切值），那需求函数对应的曲线的斜率就应该与这个斜率互为倒数，即 $\dfrac{dQ}{dP} = \dfrac{GB}{CG}$。我们还可以发现 $\dfrac{P}{Q} = \dfrac{FO}{GO} = \dfrac{CG}{GO}$，所以 $E_p^C = -\dfrac{dQ}{dP} \cdot \dfrac{P}{Q} = \dfrac{GB}{CG} \cdot \dfrac{CG}{GO} = \dfrac{GB}{GO}$（负号仅仅为了计算结果为正，所以此处可以略去）。这就是需求价格点弹性的几何意义。将所有需求价格点弹性的情况都总结起来，如图 3-11[1]：

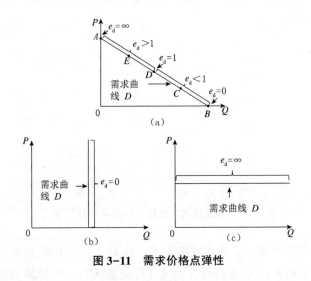

图 3-11　需求价格点弹性

---

〔1〕高鸿业主编：《西方经济学》（第五版），中国人民大学出版社 2011 年版，第 34 页。

如图 3-11 所示，在需求价格点弹性的几何意义的基础上，如果是一般情况下的向右下方倾斜的需求曲线，比如图例（a），那么整条需求曲线上的点弹性是由下往上越来越大的。在 B 点时点弹性为 0，在 B 点与 D 点之间时点弹性小于 1（比如 C 点），在 D 点时为单位弹性，等于 1，在 D 点与 A 点之间时点弹性大于 1（比如 E 点），在 A 点时点弹性无穷大。如果需求曲线垂直，即整条需求曲线的弧弹性都为 0，比如图例（b），这条需求曲线上所有点的点弹性也都为 0；如果需求曲线水平，即整条需求曲线的弧弹性都为无穷大，比如图例（c），这条需求曲线上所有点的点弹性也都为无穷大。

当然，这些都是在需求曲线是直线的情况下才成立的。如果需求曲线是有弧度的曲线，那么点弹性如何计算呢？其实很简单，找这个点的切线，也就找到了那条具有几何意义的直线了，如图 3-12 所示：

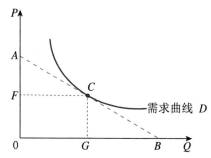

图 3-12　非线性需求曲线上价格点弹性的确定

从图中可知，若求非线性需求曲线 D 上 C 点的需求价格点弹性，只需要画出 C 点的切线即可（即虚线 AB），这样那个几何意义的三角形就构建出来了，同图 3-10 一模一样，答案不言而喻。

3. 影响需求价格弹性的因素

什么因素会影响需求价格弹性的大小呢？我们思考一下，需求价格弹性的大小是指什么？是不是指在购买一种商品时消费者对于价格的反应？如果价格上涨了 1%，消费者减少的需求量大于 1%，就是富有弹性；如果需求量的减少小于 1%，就是缺乏弹性。在价格上升幅度相同的情况下，对于富有弹性的商品，消费者为什么敢大幅度减少需求量呢？对于缺乏弹性的商品，为什么消费者即使觉得价格涨得多了，也不敢减少太多需求量呢？因为那些可以大幅减少需求量的商品对消费者来说没那么重要。什么叫没那么重要？绵白糖和白砂糖是基本可以互为替代品的，没有绵白糖了还有白砂糖，所以有没有绵白糖这件事就没那么重要。什么因素会影响一种商品的需求价格弹性呢？答案是该商品的可替代程度。这个商品越容易被替代，它的需求价格弹性就越大，它越难被替代，它的需求价格弹性就越小。还拿绵白糖和白砂糖举例子，二者是互为替代品的，如果绵白糖的价格上升了，消费者不买它就可以了，因为价格没变的白砂糖完全可以拿来替代绵白糖。既然有这么好的替代品，你为什么还要忍受绵白糖上涨的价格呢？不买绵白糖就好啦。

为了将问题表述得更清晰，基于可替代性，我们可以细分一下影响需求价格弹性的具体因素，或者说进行一个小小的总结：

（1）商品的功能可以被替代的程度大小。绵白糖和白砂糖之间的可替代性很强（虽然严格来说，二者的烹饪用途确实有差异），所以绵白糖也好，白砂糖也罢，都是富有需求价格弹性的，其中一个涨价一点点，消费者都会比较大幅地减少对这个糖的需求量，转而去买另一种。但鸡蛋的替代品几乎没有，也很少有人用鸭蛋或鹅蛋去替代鸡蛋（估计是鸭蛋和鹅蛋的腥味更重），因此鸡蛋涨价的话，消费者对鸡蛋的需求量只有小幅度下降，鸡蛋是缺乏需求价格弹性的商品。所以，有近似替代品或替代品更多的商品的需求往往富有价格弹性，因为消费者从这种物品转向其他物品较为容易。

（2）商品对于消费者的重要程度大小。这里简单理解就是必需品（Necessities）和奢侈品（Luxuries）之间的差异（二者的判断标准在需求收入弹性中介绍）。顾名思义，必需品是对于消费者来说很重要的商品，消费者没有它就无法或很难生活，比如水就是地地道道的必需品，如果水的价格上涨了，消费者也不会减少太多的需求量。但相较于水，冰激凌就可以算作奢侈品了，因为没有冰激凌，消费者的生活也不会有多大损失，如果冰激凌涨价，消费者必然会大幅减少对冰激凌的需求量，毕竟冰激凌的替代品简直太多了。不过需要注意的是，这种判别是在将水这种物质和冰激凌进行比较时的结论。同样是作为必需品的水，其实也是分为很多种的，比如自来水和瓶装水就存在替代关系，同时瓶装水又分为好多品牌，它们之间的可替代性很大，因此在这种将水和水进行比较的条件下，水的需求价格弹性自然就大幅增加了。

（3）时间跨度的长短。一般情况下，一种商品的需求价格弹性会随着时间的流逝而增大。原因有两点：一是时间越长，消费者找到该商品的替代品的可能性就越大，只要找到了替代品，需求价格弹性就会变大。比如汽油在短时间内是缺乏需求价格弹性的，因为没有其他替代品。但随着时间的流逝，人们总是想摆脱汽油的高成本带来的束缚，于是开始尝试研究用其他能源来代替汽油作为汽车的动力来源，例如我们现在看到的新能源汽车就是个绝妙的例子，它们是用电能代替了汽油的化学能作为动力。二是消费者调整偏好需要时间，因为不是所有的商品都一定可以找到替代品。既然找不到，该商品的价格又涨得那么高，在可能的情况下，消费者就会选择改变自己的偏好。于是消费者可能会将必需品调整为自己的奢侈品。所以时间越长，消费者调整偏好越彻底，自然也就不再依赖原来的商品，原来商品的需求价格弹性就增加了。

（4）对市场定义的大小。一般而言，对市场的定义越宽泛，需求价格弹性就越小，对市场的定义越狭窄，需求价格弹性就越大。在这里提个问题：是电视的需求价格弹性大，还是电器的需求价格弹性大呢？答案一定是电视的需求价格弹性大，因为在当今这个时代，电视可以被投影仪、电脑甚至是平板电脑与手机替代，其需求价格弹性必然是很大的。而我们拿什么来替代电器呢？在特定的功能方面，只能找到极其有限的替代品。所以，对市场定义的宽窄，将决定一种商品需求价格弹性的大小：把市场定义为电视市场，需求价格弹性就很大，因为越小范围的市场越是容易被替代；如果把市场定义为电器市场，需求价格弹性就很小了。

（5）商品的消费支出占总支出的比重。如果一种商品的消费支出占一个消费者的总支出的比重很小，它的需求价格弹性就很小。举个简单的例子，一根冰棍儿卖1元钱，如果涨到1.2元钱，消费者会大幅度减少冰棍儿的需求量吗？很可能不会，因为1.2元钱占消费者总支出的比重简直是太小了，消费者不会在乎这点"小钱"。可是，冰棍儿的价格涨了20%啊！即便如此，1.2元对于消费者来说依旧是"小钱"，不会对消费者的需求量有多大的影响。

综合上述五个方面，我们可以发现，影响一种商品的需求价格弹性的因素本质上只有一个，那就是可替代性（除了第五个方面）。越容易被替代，商品的需求价格弹性就越大。不过要注意的是，所谓的是否可以被替代，很多时候也与消费者的偏好有很大关系。比如，一个爱看电视的老人是不会用台式电脑、平板电脑和手机去看连续剧的，因为这些电子产品需要近距离观看，他看不清。对于这样的老人，电视的需求价格弹性就会明显下降，因为在这些老人眼里，电视机没有什么替代品。

4. 需求收入弹性

除了价格，收入也是对消费者需求决策比较重要的影响因素。因此，在一定时期内，消费者对某种商品的需求量对于其收入变动的敏感程度被称为需求的收入弹性（Income Elasticity of Demand），其计算公式如下：

$$E_m = \frac{\Delta Q/Q}{\Delta m/m} = \frac{\Delta Q}{\Delta m} \cdot \frac{m}{Q}$$

公式中用 m 表示消费者的收入，这样需求收入弹性就表示如果消费者的收入变动了1%，消费者对某种商品的需求量将会变动的百分比是多少。前文探讨过，影响需求曲线移动的因素中就有收入这一项：在其他条件不变的情况下，如果消费者的收入增加，消费者对正常商品的需求量将上升（需求曲线向右移动），对低档商品的需求量将下降（需求曲线向左移动）。在计算需求收入弹性的结果中，我们也可以据此对商品的性质进行判断：如果 $E_m > 0$，表明消费者对某商品需求量的变动与消费者收入的变动是同方向的，该商品是正常商品；如果 $E_m < 0$，表明消费者对某商品需求量的变动与消费者收入的变动是反方向的，该商品是低档商品。

如果同样是正常商品，依据 E_m 的大小还可以进一步判断该正常商品是必需品还是奢侈品。必需品是比较好理解的概念，但经济学中的奢侈品的概念与日常生活中人们理解的奢侈品的概念是不一样的。经济学判断二者的标准是需求收入弹性：如果 $E_m < 1$，表示消费者对该商品需求量的增加幅度小于其收入增加幅度，

说明消费者在平时就经常购买这种商品，即便收入增加了，消费者也没有太大的冲动去大量增加对这种商品的购买，所以这种商品叫必需品，即缺乏需求收入弹性的商品，比如食品、衣物、药品等；如果 $E_m > 1$，表示消费者对该商品需求量的增加幅度大于其收入增加幅度，说明消费者在平时就不经常购买这种商品（往往是觉得其价格较高的原因），现在收入增加了，消费者就涌现出增加购买的冲动（我终于有余钱买啦），所以这种商品叫奢侈品，即富有需求收入弹性的商品，比如跑车、皮草、珠宝等。当然，与前文讨论正常商品和低档商品时一样，必需品和奢侈品的划分也是因人而异的，普通人眼中的奢侈品可能是富翁眼中的必需品。所以，经济学中的必需品和奢侈品是以需求收入弹性的大小来衡量的，并非日常生活中人们认为的必需品和奢侈品。

另外，需求的收入弹性也可以分为弧弹性与点弹性，这里就不做介绍了。

5. 需求交叉弹性

除了价格和消费者的收入，还有一种因素会影响到消费者对某种商品的需求量，那就是与该商品有关系的其他商品的价格。我们学习过的"相关商品"就是替代品和互补品，因此在一定时期内，消费者对某种商品的需求量对于该商品的替代品和互补品的价格变动的敏感程度就是需求交叉弹性（Cross-Price Elasticity of Demand）。如果将消费者想要购买的商品定义为 A 商品，将与 A 商品相关的商品定义为 B 商品，那么需求交叉弹性的计算公式为：

$$E_c = \frac{\Delta Q^A / Q^A}{\Delta P^B / P^B} = \frac{\Delta Q^A}{\Delta P^B} \cdot \frac{P^B}{Q^A}$$

看计算公式多少有些不太好理解，我们用文字再表述一遍：

$$E_c = \frac{商品A\ 的需求量变动百分比}{商品B\ 的价格变动百分比}$$

这样就更加清晰明了：商品 A 的需求交叉弹性就是商品 A 的需求量对于商品 B 的价格变动的敏感程度，我们也可以根据计算结果判断商品 A 和商品 B 之间的关系。如果 $E_c > 0$，说明商品 A 的需求量变动方向与商品 B 的价格变动方向相同，即商品 B 的价格上升后，商品 A 的需求量也上升了，二者必然是互为替代品的关系，因为商品 B 的价格上升后，消费者减少了对商品 B 的购买，转而增加了对商品 A 的购买。如果 $E_c < 0$，说明商品 A 的需求量变动方向与商品 B 的价格变动方向相反，即商品 B 的价格上升后，商品 A 的需求量却下降了，二者必然是互为互补品的关系，因为商品 B 的价格上升后，消费者减少了对商品 B 的购买，同时也减少了对商品 A 的购买。如果 $E_c = 0$，说明商品 B 的价格变动没有对商品 A 的需求量造成任何影响，两种商品之间没有关系。

接下来再具体探讨两种商品互为替代品的情况。此时再定义另一种商品 C，如果商品 A 对于商品 B 的需求交叉弹性为 1，对于商品 C 的需求交叉弹性为 2，会表明什么呢？这表明商品 A 的需求量对于商品 C 的价格变动更为敏感，商品 A 与商品 C 在功能上的替代性更强，或者说在功能上，商品 C 比商品 B 更容易替代商品 A。比如，对于一个消费者来说，商品 A 是橘子，商品 B 是苹果，商品 C 是橙子，显然在水果的相互替代方面，橙子更能够替代橘子，而苹果作为水果去替代橘子的能力就要差很多，所以一直购买橘子的消费者自然会对橙子的价格更敏感，橘子对于橙子的需求交叉弹性也自然会大于橘子对于苹果的需求交叉弹性。

同样的思路也可以来探讨两个商品互为互补品的情况。在互补品情形中，需求交叉弹性为负仅表明商品 A 的需求量变动方向与商品 B 的价格变动方向是相反的，所以可以略去负号而只考虑结果的绝对值大小。同样再定义另一种商品 C，如果商品 A 对于

商品 B 的需求交叉弹性绝对值为 1（其实计算结果是-1），对于商品 C 的需求交叉弹性绝对值为 2（其实计算结果是-2），又会说明什么呢？这说明，商品 C 比商品 B 更容易与商品 A 互补，或者说对于商品 A 来说，商品 C 是更加完美的互补品。比如，对于一个爱吃饺子的消费者来说，商品 A 是猪肉馅，商品 B 是青椒，商品 C 是芹菜，如果消费者更喜欢吃芹菜猪肉馅饺子而不是青椒猪肉馅饺子，那么当芹菜价格下降时，消费者增加的猪肉馅的需求量就要大于当青椒价格下降同样比例时消费者增加的猪肉馅的需求量，所以对于这个爱吃芹菜猪肉馅饺子的消费者而言，他对猪肉馅的需求量更容易受到芹菜价格的影响。

与价格和收入一样，需求交叉弹性也可以分为弧弹性和点弹性，这里就不做介绍了。

现在，关于消费者和需求的内容已经基本介绍完毕，如果要研究市场的内容，我们还需要把另一个重要的内容——供给——介绍给大家。但在讨论供给之前，我们还是要从"根"上开始找答案，那就是生产理论与成本理论。

四、生产理论
——厂商生产的逻辑

前面的内容主要从消费者角度介绍了需求问题，但提到需求就不得不提到供给，因为总得有人提供满足消费者欲望的产品。不必着急，我们依旧如讨论需求那样，从厂商的角度一点点地推进。在这里提到的厂商，也可以叫它企业、生产者、供给者等，总之就是泛指所有生产产品与劳务的个体或组织。"生产"这个词在这里可以暂时等同于"提供"或"销售"，因为为了研究方便，经济学中一般忽略掉中间商，即排除几级代理之类的环节，而假设厂商就是直接给消费者提供产品和劳务的供给者，或说消费者是直接从生产者处购买产品和劳务的，生产者就是销售者，"没有中间商赚差价"。本书中提到的厂商、企业、生产者等概念是等同的。

对于供给的研究就从厂商开始，因为这是供给的源头。在经济学原理中，厂商最关心的莫过于生产问题和成本问题了。我们先看生产问题，聊聊厂商生产的逻辑是什么。

（一）生产要素

如果说消费者满足自己欲望的过程是消费过程，那厂商制造能满足消费者欲望的产品的过程就是生产过程，而生产过程就是一个投入—产出过程。为了生产出产品，厂商一定要投入一些东西，不然岂不是"无中生有"了？这些需要投入的东西，马歇尔称其为生产要素（Factors of Production）。西方经济学将生产要素划分为四种类型：劳动、资本、土地和企业家才能[1]。

劳动（Labor）：指劳动者在参与生产过程中所投入的智力和体力的总和。劳动有简单和复杂之分，为了衡量方便，一般将复杂劳动视为简单劳动的倍加，其单位是"人"或者"小时"等，其价格为工资率[2]。

资本（Capital）：指在生产过程中投入的实物和货币资金。其中，实物形态又称为资本品或投资品，例如厂房、设备、动力燃料、原材料等；货币形态即是货币资本[3]。实物形态的资本是一种用来生产产品的产品，本身也是一种被购买来的产品，所以这个购买的过程可以认为是货币资本转换成实物资本。对于货币资本，一般认为其价格是利率。

土地（Land）：土地不仅仅指其本身，还包括在土地之上与之下的一切自然资源（natural resources），比如森林、江河湖海、矿藏等。土地（泛指所有自然资源）的使用也是需要付出相应的价格的，土地的价格一般是地租。

企业家才能（Entrepreneurship）：指建立、组织和经营企业的企业家所表现出来的发现市场机会并组织各种投入的能力[4]。企业家才能（或企业家精神）之所以是一种特殊的生产要素，是因为它是所有其他生产要素的组织者，并不能被其他要素替代。

---

[1] 随着经济学的不断发展，现在已有学者将数据作为第五大生产要素了。

[2] 《西方经济学》编写组编：《西方经济学》（第二版，上册），高等教育出版社、人民出版社 2012 年版，第 146 页。

[3] 高鸿业主编：《西方经济学》（第五版），中国人民大学出版社 2011 年版，第 101 页。

[4] 《西方经济学》编写组编：《西方经济学》（第二版，上册），高等教育出版社、人民出版社 2012 年版，第 146 页。

一般认为企业家最基本的职能是组织生产、调节市场和创新[1]，因此它是一种极其重要又难以复制的要素，有时的确是可遇而不可求的。企业家才能的价格，或者说回报、报酬，是一部分利润。

所以，厂商的整个生产过程就是这四种生产要素各司其职、相互配合、共同发挥作用的过程，无论生产的是实物产品还是无形劳务，皆如此。但是，这样笼统地把这些生产要素放在一起来讨论生产问题，似乎太轻率和太不严谨了，而引入数学工具就是一个很好的方法，在经济学中将这种描述生产过程的数学工具称为生产函数。

（二）生产函数

1. 生产函数的一般形式

生产函数所表示的是在一定时期内且技术水平既定的条件下，用于生产一种商品的投入要素的数量与该商品的最大产量之间的函数关系。经济学对生产函数进行了一些假设限制：

（1）关于时间和技术，假设是在一定时期内且技术水平既定。这是在保证生产函数的稳定性，因为随着时间的推移，生产技术水平是会提高的，同样的生产要素投入将会得到更多的产量，而为了排除这种情况，需要对生产函数做出这样的限制。

（2）关于产量，假设厂商能生产出其最大产量。这是在保证厂商生产的效率性，也就是假设厂商能够充分利用给定的各个生产要素[2]，使它们相得益彰地达到最理想的配伍效果，且不存

---

[1] 张维迎：《经济学原理》，西北大学出版社2015年版，第194页。

[2] ［美］保罗·萨缪尔森、威廉·诺德豪斯著，萧琛主译：《微观经济学》（第19版），人民邮电出版社2012年版，第99页。

在浪费现象。

（3）关于厂商的目标，假设厂商的行为目标是获得最大利润。厂商的目标远不只利润最大化，但假设的目的就是要精简现实世界，挑出重中之重，将利润最大化当作首要目标，因为如果一个厂商没有利润，其他一切目标都是空中楼阁。

（4）关于商品的价格，假设厂商能够索要到可以得到的最高价格。由于现实中存在着激烈的竞争，以及目标消费者的购买力等因素，厂商不一定能够索要到最高价格。但厂商的目标是实现利润最大化，利润 π 的计算方式为：

$$\pi = P \times Q - C(Q)$$

$C(Q)$ 表示成本是产量的函数，如果产量既定，则成本 C 确定，这个式子中只剩下价格 P 未定。如果厂商想在产量既定时实现利润最大化，其就必须尽量获得最大的 P，因此厂商能够索要到最高价格这个假设是在保证厂商能够获得最大利润。

（5）关于销售量，为简单起见，假设厂商的销售量就等于生产量。现实中很多企业是无法做到的，销售不完的产量变成存货是正常且普遍的现象，但这种假设将现实简化，保证生产多少就销售多少，没有其他因素干扰。

（6）关于成本，影响因素有很多，但经济学假设产量是最大的影响因素，所以将所有的成本都简化成产量的函数。这个假设将生产理论与成本理论结合在了一起，使得生产与成本成为一枚硬币的两面。

在经过这些烦琐的假设后，生产函数的一般形式就可以表述为：

$$Q = A f(L, K, N, E \dots)$$

其中，L 代表劳动，K 代表资本，N 代表包括土地在内的自然资源，E 代表企业家才能，A 代表全要素生产率。全要素生产率可以理解为一种所有要素共同作用的"合力"，是除了其中任何单一生产要素之外的、无法直接观测但对整体产出效果有"加成"作用的力量，一般将其解释为技术水平。宏观经济学对全要素生产率的讨论更为详尽，它可以包括科学技术水平的高低、管理水平的高低、社会制度优势的体现、民俗文化的影响等。可以说，除那几个相对比较明确的生产要素之外，其他任何对产出有帮助的因素都可以放进这个叫作全要素生产率的"大筐"里。在著名的经济增长模型——索洛增长模型中，它也被称为"索洛余值"，因为它无法被直接观测，只能在其他要素都确定时，最后用模型把它求出来。全要素生产率的作用，从图4-1看就非常直观了：同样是3个单位的要素投入，在2015年的技术水平上总产量是800个单位，而在2025年的技术水平上总产量就是1200个单位，这多出来的400个单位就是技术进步带来的产出增量。

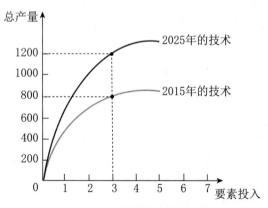

图4-1　技术进步带来的总产量变化

这种技术进步就是全要素生产率 A 的提高。上式中 A 放在了整个函数的最前面，是假设技术进步对整个生产函数起到加成作用，这种形式被称为希克斯中性或产出增加型的技术进步；A 还

可以放在 L 的前面（即 AL），表明技术进步的影响是针对劳动的，这种形式被称为哈罗德中性或劳动增加型的技术进步；A 也可以放在 K 的前面（即 AK），表明技术进步的影响是针对资本的，这种形式被称为索洛中性或资本增加型的技术进步。由于上文对生产函数的定义中已经假设技术水平不变，所以 A 可以简化为常数 1，生产函数的表达式可以简化为：

$$Q = f(L, K, N, E\ldots)$$

其中的省略号泛指其他任何对产出有贡献的要素。因为生产函数讨论的是在一定时期内且技术水平不变的条件下的投入和产出的关系，土地和企业家才能这两个生产要素是相对稳定的，对生产函数的影响为定值，所以可以将这二者省略掉，生产函数可以进一步简化为：

$$Q = f(L, K)$$

2. 短期中与长期中的生产函数

经济学研究中经常会出现是在短期中还是在长期中的讨论。一般认为一年之内为短期，超过一年为长期，但这种分期方法并不科学严谨，也不够让人信服（比如 367 天只比 364 天多 3 天，却一个算长期一个算短期）。除此之外，还有一种分期方法是通过观察投入要素的数量是否可变来确定的。如果在投入的众多生产要素中，至少有一种要素的数量是无法改变的，就可以称之为短期。如果所有的生产要素的数量都可以改变，就称之为长期。这种分期方法避免了机械的时间跨度限制，只看生产要素数量可变的能力，因此比较灵活。最主要的生产要素是劳动、资本、土地（即自然资源）和企业家才能，而这些要素的投入数量并不是随意可变的：招工人需要等待时间、建设厂房不是一朝一夕、土地的批文不可能说拿到就拿到、企业家才能需要长期历练学习，任何一种要素的增加都需要时间去完成。其中有任何一种要素的数量不能改变，就可称之为短期，因为在"短期内"，这个要素数量无法迅速改变；如果所有要素的数量都可以改变，就一定是长期了，因为只有在"长期内"，那些需要时间改变的生产要素的数量才能有足够的时间去改变。基于此，再拿出上文中简化后的函数看一下：

$$Q = f(L, K)$$

这就是一个长期的生产函数，因为劳动和资本的数量并没有固定，都可以改变，就必定是在长期内。这是简化后的函数，所以它不包括土地和企业家才能，但是即使加上也是同样的道理，只是为了研究方便。从此开始，我们都使用这个简化的生产函数来讨论问题。此时，如果要假定哪一个生产要素的投入量不变的话，就非资本莫属了。相对而言，劳动要素的投入量更具有灵活性，而资本要素的投入量变化需要更长的时间。一般情况下，是招工人的速度快，还是建造一个厂房的速度快？答案不言自明。更何况劳动的增加还可以通过加班的方式在短期内马上实现（比如每天工作 8 小时变为 10 小时），所以无论从哪个方面讲，劳动要素的投入变化都要比资本要素投入的变化更灵活。经济学在讨论短期问题时，都假定资本是不变的那个生产要素，于是那个简化的函数就可以写成：

$$Q = f(L, \bar{K})$$

在资本 K 上方加上一个横杠，表示资本 K 在这一时期内的投入量是不变的。现在是在讨论短期问题。举个简单的例子，一个短期的生产函数具体形式可以是：

$$Q = 38L + 7L^2 - 2L^3 + 50$$

这就是一个典型的短期生产函数，产量只由劳动投入量决定，式中的 50 可以理解为数量暂时不变的资本要素投入量，即此时 $K = 50$，是个常数。在此后的学习中使用的都是这种短期生产函数。当然，凡事并不绝对，在一定条件下，函数形式为 $Q = f(\bar{L}, K)$ 也是完全正常且合理的，比如保证工人数量不变时增加设备和仪器，这也是一个短期生产函数。

3. 几种生产函数形式

下面介绍几种生产函数的具体形式。

（1）固定替代比例的生产函数。这种函数也被称为线性生产函数，表示在每一产量水平上任何两种生产要素之间的替代比例都是固定的[1]，比如：

$$Q = A\,(aL + bK) \qquad (a,\ b>0)$$

这表明劳动和资本的投入是可以完全替代的，其替代比例由 a 和 b 确定。

（2）固定投入比例的生产函数。这种生产函数表示的是生产要素按固定比例搭配的情况，比如一辆公交车配一个公交车司机，具体形式为：

$$Q = A\,\min\left\{\frac{L}{a},\ \frac{K}{b}\right\}$$

其中 $a:b$ 为生产过程中劳动和资本投入之间固定的比例。这种固定投入比例的生产函数还暗示着，在生产过程中，两种投入要素不存在任何替代的可能[2]。

（3）柯布-道格拉斯生产函数。柯布-道格拉斯（Cobb-Douglas）生产函数，简称C-D函数，是由美国数学家查尔斯·柯布（Charles Cobb）和经济学家保罗·道格拉斯（Paul Douglas）在20世纪初提出的，该函数的一般形式为：

---

〔1〕 高鸿业主编：《西方经济学》（第五版），中国人民大学出版社2011年版，第102页。

〔2〕《西方经济学》编写组编：《西方经济学》（第二版，上册），高等教育出版社、人民出版社2012年版，第148页。

$$Q = AL^{\alpha} K^{\beta} \quad (0<\alpha, \beta<1)$$

其中，A 代表技术水平，L 代表劳动，K 代表资本，α 代表劳动在总产量中的贡献率，β 代表资本在总产量中的贡献率。例如，柯布和道格拉斯通过对美国 1899—1922 年的有关经济资料进行分析和估算，得出 α 约为 0.75，β 约为 0.25，也就是说，这一期间美国劳动每增加 1%，其产出会增加 0.75%，而资本每增加 1%，产出会增加 0.25%；也可以说，美国经济增长的 1% 中，劳动贡献了 0.75%，资本贡献了 0.25%。

该函数被认为是以简单的形式描述了经济学家所关心的一些性质，因此在经济理论的分析和实证研究中都具有一定意义[1]。因为该函数是乘积形式且又有指数，所以很容易将其线性化，比如将等式两边同时取自然对数，可以得到：

$$\ln Q = \ln A + \alpha \ln L + \beta \ln K$$

这样的性质使得该函数在经济实证研究中比较受欢迎，在构建计量经济学实证模型时，将各变量取自然对数后再进行回归估计，得出的系数就是对应投入量的弹性值。

（4）CES 生产函数。CES（Constant Elasticity of Substitution，常数替代弹性）生产函数是肯尼斯·J. 阿罗（Kenneth J. Arrow，1921—2017 年）和罗伯特·默顿·索洛（Robert Merton Solow，1924—2023 年）等人于 1961 年提出的，其一般表达式为：

$$Q = A \left[\alpha K^{\rho} + (1 - \alpha) L^{\rho}\right]^{\frac{1}{\rho}} \quad (\rho \leqslant 1 \text{ 且 } \rho \neq 0)$$

其中 A 为技术水平，α 为要素贡献率，ρ 为替代参数，取值范围是负无穷到 1。CES 生产函数具有一个很重要的特性，即当 ρ 变化时，它会对应变化成多种常见的生产函数形式。比如 ρ 为 1

---

[1] 高鸿业主编：《西方经济学》（第五版），中国人民大学出版社 2011 年版，第 104 页。

时，K 和 L 就是完全替代的；而 ρ 为负无穷时，K 和 L 就是完全互补的；ρ 趋近于 0 时，CES 生产函数转变为柯布-道格拉斯生产函数。从这个角度看，柯布-道格拉斯生产函数并不特殊，它只是 CES 生产函数的一种特殊形式而已。

4. 规模报酬

规模报酬（Returns to Scale）也叫规模收益，是经济学中经常提到的概念之一，它是指在既定技术水平条件下，生产要素投入量与产出量之间的比例关系。其主要分为三种类型，即规模报酬递增、规模报酬递减、规模报酬不变。当然，也有一些衍生类型，比如规模报酬非递增、规模报酬非递减等。规模报酬递增（Increasing Return to Scale）指投入变为原来的 N 倍，产出会大于原来的 N 倍；规模报酬递减（Decreasing Return to Scale）指投入变为原来 N 倍，产出会小于原来的 N 倍；规模报酬不变（Constant Return to Scale）指投入变为原来的 N 倍，产出会等于原来的 N 倍。我们用柯布-道格拉斯生产函数举例来说明：

$$Q = AL^{\alpha} K^{\beta}$$

在上式中，如果 $\alpha + \beta > 1$，此时函数就是规模报酬递增的；如果 $\alpha + \beta < 1$，此时函数就是规模报酬递减的；如果 $\alpha + \beta = 1$，此时函数就是规模报酬不变的。感兴趣的朋友可以用上面的函数试一试，将生产要素 L 和 K 都变为 2 倍，看看在 $\alpha + \beta$ 的不同情况下，产出 Q 和 $2Q$ 之间的关系，结果会一目了然。

（三）短期生产函数

和前文的分析一样，既然要讨论生产要素和产量之间的关系，单靠生产函数是不够的，还要保证其他条件都不变。假设条件全都限制好以后，现在只剩下劳动和资本这两个生产要素与产量了，也就是说产量现在只与劳动和资本的投入有最直接的关系。

1. 总产量、平均产量和边际产量

在此基础上，我们再假定不能够灵活改变数量的资本为固定的，这样产量就只和劳动存在函数关系，结合前面的论述可知，此时的生产函数是一个短期生产函数，我们用这种极度简化的模型来分析投入和产出之间最质朴的关系。其实，这里只是用劳动这种生产要素来举例分析，将劳动换成资本，得出的结论也是一样的。用 TP_L（Total Product）表示劳动的总产量，其下角标是 L，函数形式为：

$$TP_L = f(L, \bar{K})$$

该函数表示在技术水平和资本投入既定条件下（当然，土地、自然资源、企业家才能等也都既定，下文不再赘述），劳动的投入量与可以生产出的最大产量之间的关系，也就是表示劳动的总产量。这里需要注意的是，这个总产量是指在一定时期内的总产量，比如一小时、一天、一周、一个月、一个季度或者一年时间内的总产量，而不是从建厂开始到现在的贯穿历史的总产量。对产量进行时间范围限制的做法贯穿整个生产理论和成本理论，后文还会再讨论此类问题，在此只需记住，这个总产量是指在一个固定时间范围内，劳动的投入所能生产出的最大产量。用一段时间内的劳动的总产量除以劳动量，可以得到这段时间内平均每单位劳动能够生产的产量，这就是劳动的平均产量，用 AP_L（Average Product）来表示：

$$AP_L = \frac{TP_L}{L}$$

既然提到了劳动的总产量和劳动的平均产量，按照老规矩，边际量就要登场了，也就是劳动的边际产量 MP_L（Marginal Product）。劳动的边际产量是每增加 1 单位的劳动投入量所带来的总产量的增加量，其中的总产量仍然是在一定时间范围内的。比如，一周之内劳动投入量是 10 个单位，总产量是 100 件，在下一周将劳动投入量变为 11 个单位，总产量提升为 120 件，那么边际产量就是 20 件。需要注意的是，这些数值例子都是观测值，即是在一周的时间过完之后的观测统计值，而不是在一周内的随时观测值，只有一周的时间过完了，这些指标才是确定的，才拥有经济学意义。在第一章的学习中我们就反复强调过，边际量是总量的变化量，是总量的增减量，在后面第五章学习成本理论时还要再遇到一个边际成本，也是如此。劳动的边际产量表示为：

$$MP_L = \frac{\Delta TP_L}{\Delta L}$$

如此，如果一个生产函数是 $Q = 36L + 9L^2 - 2L^3 + 30$，劳动的平均产量就是 $AP_L = 36 + 9L - 2L^2 + \frac{30}{L}$，劳动的边际产量就是 $MP_L = 36 + 18L - 6L^2$。最初对边际产量和平均产量进行区分是一项十分有意义的贡献，这个贡献归功于英国的统计学家、经济学家、数理统计学先驱埃奇沃思，就是那个提出无差异曲线早期形式的人，他清楚地区分了以可变投入比例为特征的生产函数的平均产量和边际产量[1]。

2. 边际报酬递减规律

在劳动的（换成资本也同理）总产量、平均产量和边际产量中，比较耐人寻味的是边际产量，因为这个指标同前面学习过的边际效用一样，也是会递减的，只不过它可以在最开始有一个短期的递增过程。这个边际产量递减规律最早可以追溯到法国政府官员、重农主义代表人物安·罗伯特·雅克·杜尔哥（Anne Robert Jacques Turgot，1727—1781 年）。1815 年英国的古典经济学代表

---

〔1〕 ［美］斯坦利·L. 布鲁、兰迪·R. 格兰特著，邱晓燕等译：《经济思想史》（第 8 版），北京大学出版社 2014 年版，第 233 页。

人物李嘉图和马尔萨斯等人对其进行了重新阐述并将这一规律应用到了农业方面[1]。但正式提出边际收益递减规律，并将这种现象从农业推广到所有生产领域的人，是美国经济学家、哥伦比亚大学教授、边际学派代表人物约翰·贝茨·克拉克（John Bates Clark，1847—1938年）[2]。1947年，美国经济学会发起设立了"约翰·贝茨·克拉克奖"，每隔一年颁发给有前途的青年经济学家，素有"小诺贝尔经济学奖"之称，可见美国经济学界对克拉克的认可。

从图4-2中可知，随着雇用工人数量增加，单位时间内（比如图例中的每小时）的产量也一直在增加，但是增加得越来越慢，图线的斜率越来越小，表示边际产量在不断下降，这就是边际报酬递减规律。

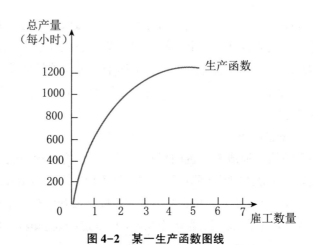

图4-2　某一生产函数图线

〔1〕［美］斯坦利·L. 布鲁、兰迪·R. 格兰特著，邸晓燕等译：《经济思想史》（第8版），北京大学出版社2014年版，第92页。

〔2〕［美］斯坦利·L. 布鲁、兰迪·R. 格兰特著，邸晓燕等译：《经济思想史》（第8版），北京大学出版社2014年版，第238页。

边际报酬递减规律（Diminishing Marginal Product），也被称为边际收益递减规律或边际产量递减规律，是指在技术水平不变的条件下，把一种可变生产要素连同其他一种或几种不变的生产要素投入生产过程后，随着这种可变生产要素投入量的增加，到一定程度后，每增加一单位该可变要素的投入，其带来的总产量的增量会递减。理解这个规律我们需要注意的是：

（1）该规律一定是在技术水平不变的情况下才会发生，如果在生产过程中出现了技术进步，那么这个规律是会失效的，且可能转变为一段时期内的边际产量递增。

（2）该规律只有在其他投入要素的数量保持不变，只有一种投入要素数量改变时才会发生，比如劳动和资本都增加了，劳动的边际产量就未必递减，很可能会递增。

（3）"到一定程度后"即是说，边际报酬一开始并不是递减的，而是有一个短暂的递增过程，只是当该要素投入量继续增加到一定程度时，边际产量才开始递减，所以说边际产量会经历一个递增、不变、递减的过程，但最终是要递减的。这个内容在后面会介绍。

一般认为，假设只有劳动和资本两种生产要素，边际报酬递减的原因是劳动和资本存在一个最佳的数量比例。在资本数量固定的情况下不断增加劳动投入量，当二者的比例未能达到最佳比例时，边际产量就会呈现出递增的现象；当二者达到最佳比例时，边际产量就会短暂处于不变的状态；但当二者的比例超过了最佳比例时，边际产量就会开始递减，可以理解为此时相对于可变的劳动要素而言，资本这种固定数量的生产要素被过度使用了。换一个角度思考，由于雇用的工人越来越多，有限的设备数量不能将他们的潜能发挥出来，每个新雇用的工人对产量的贡献就越来越小，边际报酬递减现象也就发生了。

在美国艾奥瓦州西部，农业研究人员在两块试验田中按两种方案施磷肥，以估计玉米的生产函数[1]。从图4-3中可以看出，玉米生产函数的斜率不断走低，即边际产量在递减，这是一个现实世界中的例子。

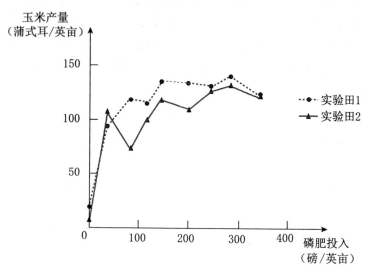

图4-3　一项农业研究中估计出的生产函数

3. 短期生产的三个阶段

还是以劳动要素为唯一可变的要素投入，图4-4展示了劳动的总产量、平均产量和边际产量对应的三条曲线。需要注意的是，这个产量是在一定时间范围内的产量，并不是从工厂创建伊始到现在的产量累积总和。譬如，在某一周之内，劳动投入量是40小时的话，一周的总产量将会是5000个单位，而不是从工厂创建那天开始，劳动投入量累积到40小时的时候，工厂的累积

――――――――

〔1〕　张维迎：《经济学原理》，西北大学出版社2015年版，第194页。

总产量是 5000 个单位。换句话说，横轴的劳动投入量虽然是从原点开始向右变得越来越多，但并不是在一周之内的劳动量的逐步积累，不是在一周里从 0 开始增加的劳动量，而是每一周观测一次的观测值劳动量，即如果一周的劳动投入量是 L_1，那么一周的总产量是 Q_1，如果再一周的劳动投入量是 L_2，那么再一周的总产量就是 Q_2，因此并不是在一周内从 L_1 一点点累积到 L_2，总产量就从 Q_1 一点点积累到 Q_2。

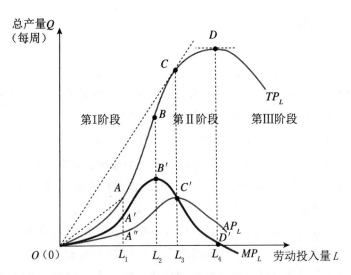

图 4-4　劳动的总产量、平均产量和边际产量曲线及短期生产的三个阶段

我们先逐条分析这三条曲线的特征，再分析短期生产的三个阶段。

（1）总产量、平均产量和边际产量曲线。在图 4-4 中，横轴是劳动要素的投入量，纵轴是产量，时间范围假定为一周，A 点、A' 点和 A'' 表示在一周内的劳动投入量为 L_1 时对应的总产量、边际产量和平均产量，这三个点代表的是具有一般意义的情况。

先看总产量曲线，即 TP_L。从原点出发，随着每周劳动投入量的增加，每周总产量也在逐渐增加。每周总产量先是增加得越来越快，在每周劳动投入量为 L_2，即 B 点达到增速的巅峰，随后增速开始下降，当每周劳动投入量为 L_4 即达到 D 点时，每周总产量达到最大值且增速为 0，然后每周总产量开始下降。用曲线斜率去解释，就是斜率一开始逐渐增加，达到最大后，斜率开始逐渐下降直至为 0，最后斜率开始为负值。所以总产量不可能是从建厂开始的累积值，不然劳动一直累积，产量也一直累积，怎么从 D 点开始越累积总产量越少了呢？这显然是有违常理的，所以这都是在一段时间范围内的观测值。

然后看边际产量曲线，即 MP_L。边际产量其实就是总产量的变化量，也就是总产量曲线的斜率。随意举个例子：从每周 8 个单位劳动增加为每周 9 个单位劳动，每周总产量增加的几个单位就是边际产量。边际产量曲线从原点出发，随着每周劳动投入量的增加，每周总产量的增量开始增加，当每周劳动投入量为 L_2 即达到 B' 点时，边际产量最大，此时总产量曲线的斜率（即 B 点处的斜率）也达到最大。随后边际产量开始下降，对应每周总产量曲线斜率开始下降，直到每周劳动投入量为 L_4 即达到 D' 点时，边际产量下降为 0，此时每周总产量曲线的 D 点斜率为 0，边际产量不再增加，每周总产量达到极值。接下来，如果继续增加每周的劳动量，边际产量曲线将继续向下击穿横轴，边际产量变为负值，意味着如果这样操作，每周的总产量将不再增加，而是开始减少。边际产量是总产量的变化量，边际产量为正，总产量就是不断增加的，若边际产量开始为负，总产量就开始减少，总产量曲线则开始低头下行。

最后看平均产量曲线，即 AP_L。平均产量表示的是平均每单位劳动可以生产的产量数，是总产量除以总劳动投入量，因此也就是∠COL的正切值。可以看到，当劳动投入量为L_3即达到C点时∠COL的正切值是最大的，∠COL的角度也是最大的，这也是平均产量曲线的最高点（C'点）。经过C'点后，平均产量曲线开始拐头向下。

这里要留意的是平均产量和边际产量之间的关系。这个问题只需要记住一句话：边际量在平均量之上，就把平均量往上拽；边际量在平均量之下，就把平均量往下拽。平均产量和边际产量是这样，下一章的平均成本和边际成本也是这样。边际量是总量的变化量，平均量是总量的平均量。用体重来举例子更好理解：假如一个班级所有同学的体重已经测量好，那么班级总体重和平均体重就可以计算出来。现在每天都有一位新同学加入，班级总重量会持续增加（每位新同学的体重就是边际体重），只要新同学的体重比全班平均体重大，全班平均体重就会逐渐增加，即使每个新同学的体重都比前一天的新同学的体重轻（边际体重在下降），平均体重也是会增加，一直到某一天新同学的体重正好与班级平均体重一样，这天班级的平均体重才不会再增加。此后，每个新同学的体重都比平均体重小，于是平均体重就开始递减了。所以，边际产量一定会与平均产量相交在平均产量的最高值处，即C'点处，因为从这一点开始，总产量的增量（即边际产量）将开始从高于平均产量向低于平均产量转变，结合体重的例子，这一点就很好理解了。

（2）三个生产阶段。图4-4可以分割为三个生产阶段，即第Ⅰ阶段、第Ⅱ阶段和第Ⅲ阶段。接下来我们将讨论厂商将会选择停留在哪个阶段进行生产。为什么用"停留"这个词呢？因为图里的点全都是一周内的观测值，"停留"就是一旦确定了生产决策，厂商就会在每一周都用这种劳动投入量来生产，目的是达到利润最大化。

从原点到 L_3 的部分是第 I 阶段：此时在每周不断的实验中发现，每一周都增加一些劳动投入量，每周总产量都上升得比较快，这说明当前资本要素投入量相对较多，相对较少的劳动投入量还未能发挥二者结合的最大效益。厂商逐步增加劳动投入量，劳动和资本的比例就越接近最佳比例，此时继续增加劳动投入量依旧是有利的。厂商最在意的其实是成本，下一章会学习，在这里解释一下为什么第 I 阶段是到 C 点结束，同时 C 点又是第 II 阶段的开始。因为此时平均成本最低。用在 C 点或 C' 点的劳动投入量 L_3 进行每周的生产时，劳动的平均产量是最高的，也就是平均下来一个单位劳动的产量最高。反过来，在此时平均生产一个单位的产量所需的劳动量也最低。比如，某厂商最大的平均产量是 8 个单位，即平均每单位劳动的产量是 8 个单位。8 个单位肯定比 7 个单位大，所以此时是最大的平均产量，这也表明平均产量最大时，每个单位产量对应着 $\frac{1}{8}$ 个劳动。$\frac{1}{8}$ 个劳动必然小于 $\frac{1}{7}$ 个劳动，所以在此时平均生产一个单位的产量所需的劳动量也是最低的。而厂商是需要雇佣劳动的，劳动量是厂商的成本，因此此时厂商的平均成本最低，厂商必然选择在 C 点或 C' 点开始生产。综上所述，第 I 阶段不是厂商最优选择的阶段。

从 L_4 开始向右的部分是第 III 阶段：在这个阶段，无论是每周的总产量、平均产量还是边际产量，都是低头下行的，且边际产量开始为负值。在这个部分，劳动投入量越多，总产量越低，任何厂商都不会选择在此处生产。

从 L_3 到 L_4 的部分是第 II 阶段：在这个阶段，平均产量从最高点开始下降，边际产量仍继续下降，总产量却继续攀升，即将登顶。平均产量虽然开始下降，但仍处于高位，这与 C' 点左侧的平均产量高位不同。在 C' 点右侧的这个高位对应着更高的、即将达到最大值的总产量 TP_L，这意味着总收益也即将达到最大值（总收益＝总产量×价格，价格既定）。所以厂商选择开始生产必定是在第 II 阶段，但具体在第 II 阶段的哪一个点生产则要结合此时的成本、收益和利润进行深入探讨了，在这个图中无法给出答案。第 II 阶段对应的总产量曲线是 C 点到 D 点的部分，就是图 4-2 中曲线的样子。所以，从某种意义上讲，图 4-2 中的原点并不是数字 0，而是 L_3（以及 L_3 对应的总产量 Q_3）。因为厂商不会在第 I 阶段和第 III 阶段生产，研究这两个阶段的生产函数没有多大意义，所以 C 点到 D 点的部分是图 4-2 这种解释也是合乎情理的。

（四）长期生产函数

前面讨论了只有一种生产要素可以改变的短期生产函数，现在讨论长期中的生产函数情况。理论上，在长期中所有的要素投入数量都是可变的，但为了分析简便，本章的模型依旧采用两个最典型的生产要素——劳动和资本——作为研究对象，这个思路和前文分析效用时选择用 X_1 和 X_2 来表示消费者购买的商品的思路是一样的，无非在这里把 X_1 和 X_2 换成了有名字的"劳动"和"资本"罢了。前文序数效用论的分析内容和这一部分的内容可谓"一奶同胞"，前文的无差异曲线和预算线将"换个马甲"重新出现，如果序数效用论的部分学得通透，这一部分的内容理解起来就非常容易了。

1. 等产量线

顾名思义，等产量线就是在技术水平不变的条件下，由能够生产出相同数量产品的不同的生产要素组合描绘的一条线。我们采用的生产要素的例子是劳动和资本，等产量线就是由无数不同的劳动和资本的量的组合构成的，这些组合的特点只有一个——生产的产品数量一样。这不就是无差异曲线吗？只不过无差异曲线是效用无差异，等产量线是产量无差异，它们的曲线也一模一样，如图4-5：

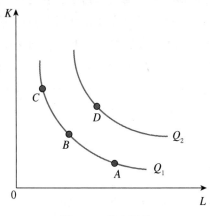

图4-5　等产量线

等产量线 Q_1 上的 A 点、B 点和 C 点对应的不同的劳动量 L 和资本量 K 的投入组合所能生产的产量都相同，也就是说这些不同量的要素投入组合的产量都是 Q_1，而 D 点由于在等产量线 Q_2 上，D 点劳动和资本的要素组合所能生产的产量也必定大于 Q_1。这个道理和无差异曲线是一样的，无需再多介绍。

（1）等产量线的性质[1]：

▶ 等产量线有无数条，每一条都代表一个产量

▶ 较高位置的等产量线代表较高的产量

▶ 任意两条等产量线不能相交

---

[1] 《西方经济学》编写组编：《西方经济学》（第二版，上册），高等教育出版社、人民出版社2012年版，第157页。

▶ 等产量线向右下方倾斜

▶ 等产量线凸向原点

这些性质放在前文的无差异曲线上完全适用，在这里就不再过多解释，参看无差异曲线部分的具体分析即可。

（2）边际技术替代率。在无差异曲线部分，两种商品之间的替代比率叫作边际替代率，而在这里，两种生产要素的替代比率就叫作边际技术替代率，这里的"技术"即是指能够将两种不同的生产要素进行等功能转化的能力。边际技术替代率（Marginal Rate of Technical Substitution，MRTS）表示的是在产出水平既定时，每增加一单位一种要素的投入量可以替代的另外一种生产要素的投入量：

$$MRTS_{L,\ K} = -\left.\frac{\Delta K}{\Delta L}\right|_{Q\,\text{不变}}$$

两者是依据什么来决定比率大小的呢？在无差异曲线部分，两种商品的替代率的依据是两种商品此时的边际效用，在这里，两种投入要素的替代率的依据就是它们的边际产量：

$$MRTS_{L,\ K} = -\frac{\Delta K}{\Delta L} = \frac{MP_L}{MP_K}$$

拍拍脑袋就能想到了，边际技术替代率肯定也是递减的，因为边际产量就是递减的（就是前文的边际报酬递减规律）。比如在产量既定的条件下，不断增加劳动投入量，劳动的边际产量在下降，而此时的资本投入是不断减少的（在同一条等产量线上，劳动增加则资本必然减少），相当于资本的边际产量会递增，也就是 MP_L 在递减而 MP_K 在递增，$MRTS_{L,\ K}$ 必定是递减的。这说明在保证产量固定时，增加一个单位的劳动量所能替代的资本量会越来越少，边际技术替代率也就递减了。

等产量线也有一些特殊形式，比如劳动和资本完全可以互相替代的情况，以及二者完全无法互相替代的情况，这些都和特殊的无差异曲线一模一样，这里不再重复了。还是那句话，对照前文无差异曲线的内容，一切问题将迎刃而解。

2. 等成本线

厂商的等成本线与消费者的预算约束线是一回事，只不过消费者买的是 X_1 和 X_2 两种商品，厂商买的是劳动和资本两种生产要素；消费者面对的约束是收入 I 和两种商品的价格 P_1 和 P_2，厂商面对的约束是既定的成本投入 C（厂商的本钱是固定的）和两种生产要素的价格 w 和 r，其中 w 是工资率，即劳动的价格，r 是利率，即资本的价格。这样，等成本方程为：

$$C = wL + rK$$

如果和预算线对比一下，把劳动当成 X_1，把资本当成 X_2，这个等成本方程就是预算线 $P_1 Q_1 + P_2 Q_2 = I$。预算线的斜率是相对价格 $-\dfrac{P_1}{P_2}$，等成本线的斜率就是 $-\dfrac{w}{r}$。等成本线见图 4-6：

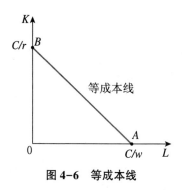

图 4-6　等成本线

等成本线也存在变动的问题。如果厂商成本预算增加了，可以拿出更多的钱，等成本线就会向右侧平移，反之亦然。如果工资率或利率发生了变化，等成本线就会发生相应的转动，这些变化特征和预算线的变化还是一样的。

3. 厂商的最优选择

继续回忆消费者最优选择是如何确定的？是无差异曲线和预算线相切时确定的，那一组公式叫作等边际法则。照猫画虎，厂商的最优生产选择也是这么确定的，见图 4-7 和图 4-8：

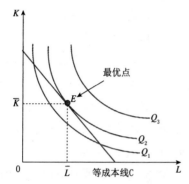
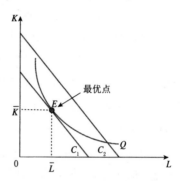

图 4-7 成本既定时的产量最大化　　**图 4-8 产量既定时的成本最小化**

依旧分为两种情况：如果成本预算是固定的，就要尽可能生产出最多的产品，等成本线一定要与它所能够得到的最远的等产量线相切。如图 4-7，等成本线所能切到的最远的等产量线是 Q_2。如果想要一种固定的产量，就要尽可能少花钱，让成本最低，找到花钱最少的等成本线，然后与确定的等产量线相切。如图 4-8，确定的等产量线 Q 能切到的最低的等成本线是 C_1。两幅图对应的最优要素组合的条件为：

$$\begin{cases} MRTS_{L,\,K} = \dfrac{MP_L}{MP_K} = \dfrac{w}{r} \\ \\ wL + rK = C \end{cases}$$

此处和等边际法则一般无二，它叫作最小成本法则（Least-Cost Rule），是指为了以最小成本生产出一定数量的产品，企业应该确保花费于每一种投入上的每一元钱的边际产量都相等[1]。所以如果你在序数效用论部分学得透彻，这里厂商的最优选择就会很好理解。二者的不同仅在于表达式中的经济含义的差异，一个是预算既定时如何让自己的效用最大化，一个是预算既定时如何让自己的产量最大化。

这样，厂商生产函数部分可以告一段落了，下一章开始进入对生产成本的讨论。在本章的学习中可以看到，最终厂商的生产决策考虑还是回到了成本问题上，下一章讨论成本函数时我们也会发现成本函数对应着生产函数，二者本是一体两面。厂商为什么总是盯着成本不放呢？因为厂商的最终目标是利润最大化（利润通常用 π 表示），而利润是总收益减去总成本，其表达式为：

$$\pi\,(L, K) = P\,\cdot\,f\,(L, K) - (wL + rK)$$

$f\,(L, K)$ 就是生产函数及总产量 Q，$P\cdot Q$ 就是总收益，即一共生产了（同时也是卖了）Q 个产品，每个产品价格为 P，总收益为 $P\cdot Q$。同时，总成本 C 是 $wL + rK$，由此可见，利润 π 是受价格 P 与 L 和 K 影响的（在要素价格既定条件下）。但是，价格 P 在多数情况下并不是厂商自己能够决定的，厂商只能被动接受价格，而这个价格是由市场确定的。既然价格"天注定"，厂商还要实现利润最大化，就不得不把目光放在自己有决定权的成本上了。所以，降低成本是大多数厂商为了实现利润最大化所能选择的唯一途径，尽管这个途径同样被生产要素市场决定的生产要素价格"裹挟"着。

---

〔1〕〔美〕保罗·萨缪尔森、威廉·诺德豪斯著，萧琛主译：《微观经济学》（第19版），人民邮电出版社 2012 年版，第 123 页。

五、成本理论

——厂商最在意的是什么

本章开始讨论厂商的成本问题，这也是厂商最在意的问题，因为在以利润最大化为终极目标的条件下，厂商能自主控制的内容基本在成本上，可以说厂商如果实现了成本最小化，也就同时实现了利润最大化。但在分析之前，我们首先要了解什么是成本。比如，你要开一家饮品店，那什么是成本呢？你租的店面、店面的设计装修、准备的各种设备、挑选的各种饮品原材料、雇一个小工的工资以及一切你所能想到的开一家饮品店所需的各种手续和物品（别忘了营业执照哦）都已齐备，你觉得现在可以开张营业了，这就是所有的成本。如果你真是这么想的，这一章你就需要好好学一学了。

（一）成本的各种类型

与其他经济学概念一样，成本只是一个比较宽泛的概念，其本身可以按照性质划分为多个类型。一般来说，成本就是一个人或者一个企业为了达到其目标所必须付出的最高代价。

1. 经济成本

既然我们研究的是经济学，讨论成本时自然也是从经济学的视角出发了。经济学是教人们如何做决策的，现在讨论的成本又是厂商最关心的，那经济学视野中的成本一定和厂商做决策有关系，这个决策就是生产还是不生产，或者说这个买卖是干还是不干。乍一听，你会觉得这个问题也好解决，挣钱就干，不挣钱就关门呗。挣不挣钱就看总收益减去总成本有无剩余，有剩余就是赚到钱了，倘若本儿都没回来，就是亏了。这么想的确没毛病，但经济学视野中的成本和一般人认为的成本还真不是一回事。

（1）显性成本。一般人眼中的成本就是看得见摸得着的投入，比如开一家冷饮店，店铺租金、原材料投入、员工工资等都是实实在在的投入成本，也叫作会计成本（Accounting Costs），是在一定时期内，厂商生产一定数量的商品所实际支出的成本，也是会计需要在账本上一笔一笔记录的成本。这种成本因为是实实在在发生的（记住这一点），是能在账本上一目了然的，所以也叫作显性成本（Explicit Costs）。会计成本或显性成本就是企业老板用钱买来的别人的生产要素（也记住这一点），比如员工的劳动、作为资本的厂房、设备与仪器等。这样的话，厂商的收益减去会计成本就是厂商的会计利润：

会计利润 = 总收益 − 会计成本（显性成本）

会计利润（Accounting Profit）就是总收益（Total Revenue）将看得见的显性成本减掉后剩下的部分，这个部分为正，说明企业赚到钱了；这个部分为负，说明企业亏损了。没错，一般人的朴素理解就是这样的，但在经济学中并非如此，这个厂商还没考虑到其他赚钱的机会，这些有机会赚到的钱也是厂商开这家冷饮店的成本。

（2）隐性成本。如果这个冷饮店的原始投入是 10 万元，且这 10 万元都是老板自己掏的腰包，在年利率 5% 的情况下，老板是不是放弃了一年 5000 元的存款利息？如果老板选择不开店而给别人打工，在月工资 5000 元的情况下，老板是不是放弃了一年 6 万元的工资收入？其他的就先不说了，单就 5000 元利息加上 6 万元工资，这被放弃掉的 6.5 万元收入就是老板为了自己开店而付出

的又一笔代价，也就是另一种形式的成本，经济学上叫作隐性成本
（Implicit Costs）。跟前面相比，这个隐性成本是没发生的，是一种
可能性，是会计账本中无法记录的；同时，隐性成本也是老板使用
自己的生产要素时（自己的劳动、自己的储蓄）所放弃的收益，他
本可以用自己的生产要素去获得其他的收入（打工的工资、银行
的利息），但是他没选择这份收入。看起来是不是很眼熟？本来
可以选择，但是没选择，这不就是机会成本吗？回忆第一章的内
容，在众多选项中你没选择的最好的那个，就是你的机会成本。

（3）经济成本。一个没选择的东西，怎么会影响厂商的决
策？一个厂商的决策怎么能被一件没发生的事情左右？回答这个
问题，还得回到经济学的初衷。经济学就是帮人们做决策的，也
就是选这个还是选那个。我们再举一个例子：这个老板没有前期
投入，就在大街上捡到一家冷饮店开始经营（多美的事儿啊），
没用员工，自己干，一年之后算了一下，总的营业额是9万元，
总的开销，比如水、电、果汁、奶油等做冷饮的材料等的成本之
和也是9万元，老板觉得自己这一年没赔没赚。你怎么看？他真
的没赔没赚吗？他辛辛苦苦忙活了一年，结果就是白忙活啊？从
经济学的角度看，他赔大了！他本可以给别人打工去赚那一年6
万元的工资。回过头来看，他有两个选择，一个是一年之内白忙
活，另一个是一年之内赚6万元工资，他该选哪个？答案一目了
然。经济学就是避免老板当事后诸葛亮，一年过去了才知道怎么
选择，而是让其在选择之前就看清楚结果。

如果是事前，老板要搜集信息做大概的预判：营业额是9万
元，总开销是9万元，这意味着总收益就是9万元，显性成本
（会计成本）是9万元。此时，他的经济学家朋友会提醒他，他
还有6万元的隐性成本，他要算的不是9万元减9万元的会计利
润，而是9万元减9万元后再减6万元的经济利润：

$$经济利润 = 总收益 - 经济成本$$
$$经济利润 = 总收益 - 显性成本 - 隐性成本$$

这么一算，经济利润是−6 万元，所以老板不能选择开冷饮店，而应该选择去给别人打工。什么情况下老板可以开冷饮店呢？那就是总收益减去经济成本（即显性成本与隐性成本之和）后大于等于 0 的时候。比如一年营业额是 15 万元，老板就可以开冷饮店，因为他的经济利润至少是 0，也就是说，他开冷饮店，用营业额 15 万元减掉 9 万元的经营开销后，一年还能给自己剩下 6 万元，而他给别人打工一年也就挣 6 万元的工资，开不开店都一样。倘若他的营业额是每年 16 万元的话，他就一定要开店，因为 16 万元的营业额减去 9 万元的经营开销，剩下的 7 万元要大于他给别人打工能挣到的 6 万元，何乐而不为呢？我们用图 5−1 把两个利润的区别表示得更清楚一些[1]：

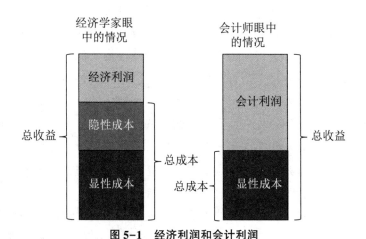

图 5−1　经济利润和会计利润

〔1〕〔美〕曼昆著，梁小民、梁砾译：《经济学原理：微观经济学分册》（第 6 版），北京大学出版社 2012 年版，第 266 页。

所以，经济学看的是经济成本和经济利润，不是会计成本和会计利润，经济学通过经济利润的结果给人们提供决策依据。本章讨论的厂商的生产成本就是包含了隐性成本的经济成本，而不是会计成本。用一个小例子总结一下：一个大学生上大学，一年的学费加生活费是 3 万元，如果他直接去工作，每年的工资收入是 5 万元，那么这个大学生上一年大学的总成本是多少钱？答案是 3 万元加 5 万元，共 8 万元（总成本），这就是这个大学生的经济成本，而不是 3 万元的会计成本（显性成本）。

到此处我们还要讨论一件事。无论是萨缪尔森的《微观经济学》还是曼昆的《经济学原理》，都将机会成本这个概念等同于经济成本，把机会成本划分为显性机会成本与隐性机会成本[1]。这是值得推敲的事情。何为机会成本？没选择的或没发生的才叫作机会成本，但显性成本显然是可以记录在账本上的既成事实，为什么在这些教材中也称其为显性机会成本呢？其主要是从"选择"这个角度出发去看"成本"这个整体的结果。无论选了还是没选，被选择的和被放弃的都是一种选择，是一种选择就是一种机会，就算是那个被选择的选项本身，也必然是其他选项的机会成本，一旦发现它不是最佳选择，它也会被放弃，以确保最低的成本和最高的效率。所以从"资源稀缺而不得不做出选择"这个角度看，所有的成本都是机会成本。

2. 沉没成本

有一些资源会被当作前期投入，但有时候生产无法维持，这些前期投入也无法收回，厂商在这个节点上的决策还要不要考虑这个无法收回的前期投入呢？答案是不考虑，因为这个投入就像

---

〔1〕 ［美］保罗·萨缪尔森、威廉·诺德豪斯著，萧琛主译：《微观经济学》（第19 版），人民邮电出版社 2012 年版，第 127 页；［美］曼昆著，梁小民、梁砾译：《经济学原理：微观经济学分册》（第 6 版），北京大学出版社 2012 年版，第 264—265 页。

泰坦尼克号一样永远沉入海底，再也无法重见天日了。经济学把这种再也无法失而复得的成本称为沉没成本（Sunk Cost）。经济决策永远是面向未来的，如果这种成本与当前决策无关，就不必去考虑它，将它作为沉没成本即可（就当从来没有它一样）。在讨论可变成本时会经常提及沉没成本。

一个小例子可以轻松解释沉没成本，这也是很多教材中常用的案例：你打算去看电影，走到电影院门口才发现电影票丢了，这时该怎么办？是不看电影了转头回家去？还是现场再买一张电影票？你的电影票已经丢了且无法找到了（沉没成本），你现在正站在电影院门口考虑看不看电影（生产决策），你问问你自己到底干吗来了？是不是看电影来了？那还磨蹭什么？赶紧再买一张电影票进去看吧！你今天就是来看你心心念念的《流浪地球2》的啊，和那张丢了的电影票有什么关系？

3. 交易成本

交易成本（Transaction Costs）也叫交易费用，泛指为了达成交易而花费的各种代价。这个概念由新制度经济学代表人物科斯提出，用以解释产权界定和外部性问题。交易成本可以包括搜集信息的成本、讨价还价的成本、决策过程的成本以及违约成本等为了达成一场交易所付出的各种形式的人力、物力、时间或金钱成本。一些交易无法达成就是因为交易成本太高，比如吸烟的人和不吸烟的人之间的矛盾之所以无法调和，就是因为界定空气的产权是一件付出很大代价也不见得能分配得好的事情。由于交易成本太大，这种矛盾至今都没法有效调和，而如果能够轻易确定空气产权，就可以达成一个买卖空气的交易了——我同意你花50元钱把我眼前的空气买走，用于你吸烟时的吞云吐雾。

本章讨论的经济成本或生产成本不包括交易成本。另外，为了分析简便，经济学原理中假设成本是产量的函数，也就是说成本的高低只与厂商打算生产的产量有关，即 $C = f(Q)$。

（二）短期中的成本

1. 短期中的总成本、平均成本和边际成本

总成本（Total Cost，TC）是一个厂商为生产出既定数量的产品所付出的生产要素投入的全部代价，也就是为了购买所需数量的生产要素所付出的所有成本。因为是在短期内，所以和生产理论中的短期内的逻辑类似，在短期内有一些成本是固定的，有一些成本是可变的，如果成本都可变，就是在长期内了。如此，马歇尔就提出在短期内将总成本划分为总固定成本和总可变成本加以分析[1]。总固定成本（Total Fixed Cost，TFC）也叫固定成本、不变成本，加个"总"字是为了保证和其他两种成本命名的一致性，它是指那些不随着产量的变动而变动的成本类型，比如你开一家冷饮店，店铺、柜台、制冰机、冰箱等都是固定成本，无论你卖出去多少杯冷饮或者一杯也没卖出去，都不会影响这些成本的增减，所以它们是固定的成本。总可变成本（Total Variable Cost，TVC）是指那些随着产量的变动而变动的成本，比如你卖出去 50 杯冷饮，那制作这 50 杯冷饮所需要的牛奶、果汁、冰糖、冰沙、塑料杯、塑料勺等就是可变成本，你卖出去的冷饮越多，这种成本的总和就越高，但如果你一杯都没卖出去，这种成本就是零，它是一种基于你的产量而定的成本，即以产量为依据发生的所有可变成本之和为总可变成本。在短期内，总成本 = 总固定成本+总可变成本。

---

〔1〕 ［美］哈里·兰德雷斯、大卫·C. 柯南德尔著，周文译：《经济思想史》（第四版），人民邮电出版社 2014 年版，第 306 页。

总量说完就该说平均量了。平均总成本（Average Total Cost，ATC）也叫平均成本，是指平均用在每一单位产量上的总成本，即 $ATC = \dfrac{TC}{Q}$。式中的 TC 是既包含了固定成本又包含了可变成本的总成本，所以平均总成本又可以划分成平均固定成本（Average Fixed Cost，AFC）和平均可变成本（Average Variable Cost，AVC），即平均总成本=平均固定成本+平均可变成本。平均固定成本就是平均用在每一单位产量上的总固定成本，即 $AFC = \dfrac{TFC}{Q}$，而平均可变成本就是平均用在每一单位产量上的总可变成本，即 $AVC = \dfrac{TVC}{Q}$。"总"字对于固定成本意义不大，但对于可变成本，就意味着在当前产量下发生的所有可变成本之和，比如现在产量是 20 个单位，总可变成本就是这 20 个单位产品中每个单位产品的可变成本的加总。这里提前说明一下平均可变成本的一个用途：判断厂商是继续生产还是停产。平均可变成本如果大于等于价格，厂商就可以继续生产；平均可变成本如果小于价格，厂商就必须停产，因为此时的价格连平均可变成本都无法弥补，生产一个产品就赔一个，不生产（即停产）才是正确的选择。我们将在第八章完全竞争市场中详细解释。

边际成本（Marginal Cost，MC）就是每增加一单位产量所导致的总成本的增加量，它又是一个典型的"边际量"，只不过其他边际量都是递减的，而边际成本是先短暂递减，然后开始一路递增。由于总成本是由固定成本和可变成本组成的，且短期内固定成本是一成不变的，所以边际成本这个总成本的增量也就是总可变成本的增量：

$$MC = \frac{\Delta TC}{\Delta Q} = \frac{\Delta TVC}{\Delta Q}$$

与生产函数一样，成本函数中的产量 Q 也是指一段时间内的产量，比如一天、一周或一个月的产量，上面这些成本也必然是一天、一周或一个月的产量对应的各种成本，时刻明确这一点是非常必要的。

2. 可变成本与边际成本的差异

很多朋友在刚刚接触成本问题的时候不容易分清可变成本与边际成本，因为二者都和产量的变化有关，倘若产量为零，二者也都为零。这里我们先区分总可变成本和边际成本，再区分平均可变成本和边际成本。

（1）总可变成本与边际成本。总可变成本（或可变成本）是一个总量，而边际成本是总量的增量，这两个概念还是很好区分的。如果一小时的产量是 10 个单位，总可变成本就是为了制造这 10 个单位产品所需要花费的可变成本的和，或者说是从第 1 个单位产品到第 10 个单位产品，生产每个单位产品所花费的可变成本的加总，因此可变成本是个总量，也叫总可变成本。边际成本是总成本的增加量，也是总可变成本的增加量（因为总成本的另一个部分——总固定成本——在短期内是一成不变的），所以当一小时的产量是 10 个单位时，边际成本就是一小时生产 10 个单位产品的总成本比一小时生产 9 个单位产品时的总成本多出来的成本，但并不是在这一小时中生产第 10 个单位产品时的总成本比生产第 9 个单位产品时的总成本多出来的成本，或者说边际成本是两个"一小时内产量的总成本"的对比差额，而不是某个小时内两个连续产出之间的对比差额，想明白这一点是学好成本的关键。

如果你没看明白，请再一次回忆，Q 的限制条件是什么？Q 的限制条件是时间，即产量 Q 是在一个固定时间段内的产量，是一小时、一天、一周、一个月、一个季度或一年中的总产量。无论是总成本函数、平均成本函数还是边际成本函数，其中的自变

量 Q 都是有时间限制的。如果理解了这一点，你就会明白，一小时内产量是 10 个单位时对应的边际成本，是此时的总成本减去一小时内产量是 9 个单位时的总成本的差，即 $TC_{10个单位产量/小时}$ — $TC_{9个单位产量/小时}$。这和在某一小时中生产第 10 个单位产品时的总成本减去生产第 9 个单位产品时的总成本是完全不同的。我们再换个角度去思考：同样都是在一小时内完成生产任务，一个一小时的产量是 10 个单位，另一个一小时的产量是 9 个单位，这两个一小时中都生产第 9 个单位产品时的成本会是一样的吗？显然这两个"第 9 个"所花费的时间是不可能一样的。我们假定生产是匀速的，那么第一个一小时中生产第 9 个单位产品花费的时间是 $\frac{1}{10}$ 小时，而第二个一小时中生产第 9 个单位产品花费的时间是 $\frac{1}{9}$ 小时，二者是完全不同的"第 9 个单位"。现在你的思路是否更清晰了呢？

将这里的总成本换成总可变成本也是一样的。简单一句话：总可变成本是一小时内产量为 Q 时对应的 Q 个产品的可变成本之和，而边际成本是这个可变成本之和比一小时内产量为 $(Q-1)$ 时对应的 $(Q-1)$ 个产品的可变成本之和多出来的成本增量。既然是这样，那么总可变成本 = 边际成本之和（当然其中的 Q 依旧在一段时间范围的限制下），推理过程如下：

因为 $TC = TVC + TFC$（为常量），两边对 Q 求导的话就是 $TC' = TVC'$。TC 对 Q 求导就是 MC，因为边际量就是总量的变化量，对总量求导得出的就是边际量。于是，$TC' = MC = TVC'$。MC 的积分也就是 TVC' 的积分，MC 的积分是 MC 的总和，TVC' 的积分就是 TVC，所以边际成本之和必然等于总可变成本。

（2）平均可变成本和边际成本。平均可变成本和边际成本的差异就有点不好把握了，不过无论如何都不要忘了所有类型的成

本对应的产量 Q 都是在一个固定时间段内的。为了简便起见，下面的阐述就不再重复提及这个问题了。

还是那间冷饮店，店铺、桌椅、机器等都是固定成本，制作多少杯冷饮都不会使这种成本变化。此时你会考虑，现在开始制作冷饮，只要制作出一杯，总可变成本就会出现，边际成本也会出现，这一杯的可变成本是什么呢？你会觉得就是一套塑料杯和塑料勺、一片柠檬、一些冰沙所对应的花费。每多制作出一杯冷饮，其实就是多用一套塑料杯和塑料勺、一片柠檬、一些冰沙，而边际成本是总可变成本的增量，那每多制作一杯冷饮的总成本增量，也就是边际成本，不也是一套塑料杯和塑料勺、一片柠檬、一些冰沙？既然一杯冷饮的总成本增量就是一套塑料杯和塑料勺、一片柠檬、一些冰沙，把所有可变成本加总后再除以产量得到的平均可变成本也是一套塑料杯和塑料勺、一片柠檬、一些冰沙（每一杯都是这么做的，所以平均下来还是一样的），那么边际成本不就是平均可变成本吗？

这是很多朋友第一次学习时会遇到的问题，但大家回忆一下什么叫生产成本？是不是包括所有为了生产而付出的购买生产要素的代价？在上面的例子中，我们是不是少想了什么？对，我们忘了劳动的成本。设想一下，一小时做 5 杯冷饮和一小时做 50 杯冷饮，劳动强度是一样的吗？从一小时做 1 杯到一小时做 10 杯，可以通过批量的方式降低劳动成本，比如一口气切 10 片柠檬，节省了每次做冷饮都需要切一次柠檬的时间，这样边际成本和平均可变成本会降低。但如果一小时需要制作的冷饮杯数继续上升，劳动强度在逐步加大，生产每个单位产量的可变成本就会变大，于是在边际成本上就表现为先下降后上升的趋势，反映在平均可变成本上也会表现为先下降后上升的趋势。再结合总可变成本＝边际成本之和，每一单位产量对应的边际成本是不同的，将它们加总之后除以总产量得到的平均可变成本也必定是变化的。在这里，边际成本是"个体值"，而平均可变成本是"平均值"，两者怎么可能完全一样呢？（只有曲线的交点处是完全一样的，下文会讨论）。所以，认为二者一样是误以为可变成本只有物质成本，而忽略了融入可变成本中的劳动成本。劳动成本不会一成不变，所以平均可变成本和边际成本不一样。

3. 固定成本曲线、可变成本曲线和总成本曲线

与生产理论一样，成本函数也对应着成本曲线。固定成本曲线、可变成本曲线和总成本曲线见图5-2。这里再次提醒，图5-2中的产量都是一定时间跨度内的产量，而不是厂商从建厂开始的总产量，图中以一周为例。

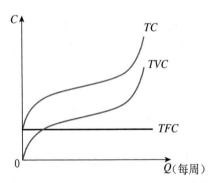

图5-2　固定成本曲线、可变成本曲线和总成本曲线

从图5-2中可以看到，由于是在短期内，总固定成本（TFC）就是一条水平的直线，与产量没有关系，即使产量为零，总固定成本仍然存在。总可变成本（TVC）从原点出发，斜率随着产量的增加，先下降后再上升，其斜率也就是边际成本（总可变成本和总成本的斜率都是边际成本）。将总固定成本和总可变成本相加为总成本（TC），也就是将总可变成本曲线向上平移到总固定

成本的位置，因为总固定成本是个常量，它成为总可变成本多增加出来的纵截距，与其共同形成总成本曲线。

4. 平均固定成本曲线、平均可变成本曲线和平均总成本曲线

从图 5-3 中可知，随着某一时间段中的产量不断提升，平均固定成本（*AFC*）曲线向右下方不断走低。因为总固定成本保持不变，所以产量越大，平均固定成本就越低。平均总成本（*ATC*）曲线和平均可变成本（*AVC*）曲线都是先下降后上升，但二者在上升的过程中逐渐靠拢，这是因为二者的差距就是平均固定成本（*ATC*=*AVC*+*AFC*），随着平均固定成本逐渐变小，二者的曲线必然逐渐靠近。

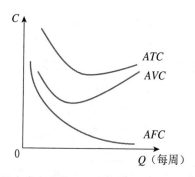

图 5-3　平均固定成本曲线、平均可变成本曲线和平均总成本曲线

平均总成本曲线的起步较高是因为在产量水平极低时，固定成本占比很大且只分摊在少数几个单位的产量上。随着产量增加，平均总成本开始以较快速度下降，也是因为在前期固定成本所占比重较高且固定成本保持不变，所以产量从零开始增加后，平均总成本下降速度较快，但是下降速度是逐渐变慢的；随着产量继续增加，总可变成本占总成本的比重逐渐加大，而总固定成本占比越来越小，其影响平均总成本的能力也越来越小，使得在

产量增加的后期，总可变成本成为影响总成本大小的主导力量，所以随着总可变成本的迅速增加，平均可变成本曲线和平均总成本曲线开始拐头向上，两条曲线呈现"U"形。

平均总成本曲线和平均可变成本曲线为何先下降后上升？回忆生产理论，我们提到过生产和成本是一枚硬币的两个面。随着一段时间内劳动的不断投入，劳动和资本在慢慢接近二者的最佳比例，这个过程中生产效率逐步提高，平均产量逐步上升（其实是边际产量在上升）。劳动的平均产量在变大，是指一单位劳动投入得到的平均产量在变大，也就是说此时的一单位产量对应的劳动投入也在变小。比如劳动投入从 5 个单位增加到 6 个单位时，总产量从 30 增加到 37，那么一单位劳动的平均产量就从 6 增加到 6.2，一单位产量对应的劳动投入也从 0.17 下降到 0.16。劳动投入就是厂商的可变成本（因为短期内劳动就是可变投入要素，资本是不变投入要素），所以这个生产过程反映在成本函数上就表现为随着产量的增加（因为劳动在不断增加），平均可变成本在逐渐下降。当劳动和资本投入超过了二者的最佳比例时，生产效率就将下降，一单位劳动投入的平均产量开始下降，此时一单位产量对应的劳动投入也开始上升，自然平均可变成本开始逐渐上升。所以，生产函数中平均产量曲线先上升后下降的过程就正好对应着成本函数中平均可变成本曲线先下降后上升的过程，并且平均产量曲线的最高点也正好对应着平均可变成本曲线的最低点。由于平均可变成本是这样一个走势，平均总成本与它之间仅相差一个逐渐变小的平均固定成本，平均总成本曲线也是先下降后上升的。这就是二者的曲线都是先下降后上升的原因所在。

5. 边际成本曲线

图 5-4 表示的是边际成本曲线，形状也是"U"形。边际成本曲线就是总成本曲线的变化率，因此我们观察总成本曲线的斜

率是先下降后上升的，正好反映为边际成本曲线先下降后上升的形态。边际成本曲线为何会如此？我们还是要回到劳动和资本存在一个最佳比例的问题上来。一开始劳动投入不断增加，劳动和资本的比例越来越接近最佳比例，边际产量自然会提高，同时也等同于劳动的边际成本在逐渐下降。随着劳动和资本的比例超出了最佳比例，劳动的更多投入不能被充分利用（固定的资本量跟不上了），劳动的边际产量就会开始下降，当然成本就会开始加速上升，边际成本也就拐头向上了。从另一个思路思考，增加一单位劳动会带来总产量的增加量（即边际产量），增加一单位总产量又会带来总成本的增加量（即边际成本），而总成本的增加量不就是给这增加的一单位劳动的报酬吗？因此，在一开始，一单位劳动投入的边际产量高，也就是一单位边际产量对应的劳动投入低，自然对应的边际报酬也低（即边际成本低）。当劳动和资本的比例超出了最佳比例时，一单位劳动投入的边际产量开始变低，自然一单位边际产量对应的劳动投入就开始变高，对应的边际报酬自然也开始变高（即边际成本变高），所以边际成本曲线会出现先下降后上升的形态。边际成本曲线与平均总成本曲线和平均可变成本曲线之间的位置关系见图5-5。

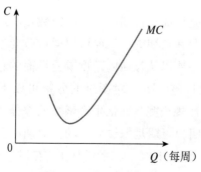

图5-4 边际成本曲线

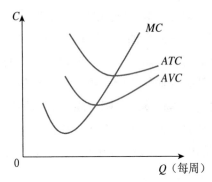

图5-5 平均总成本曲线、平均可变成本曲线和边际成本曲线

这和边际产量部分说的一样：边际量在平均量以下就会把平均量向下拽，边际量在平均量以上就会把平均量往上拽。看图线就会很直观地发现这一现象，并且边际成本曲线一定和平均总成本曲线、平均可变成本曲线相交在它们的最低点，因为最低点就是平均值要"改天换地"的关键部位。以平均总成本为例，在某个产量水平，边际成本等于平均总成本，产量少一点则平均总成本大，产量多一点则边际成本大，所以两者相等的点正好是平均总成本曲线由下降变为上升的转折点。

（三）长期中的成本

长期总成本是厂商在长期中生产一定数量的产品时所付出的总成本，但由于是在长期中，厂商可以通过改变生产规模来实现降低成本的目标，所以从长期的角度看，厂商的总成本是实现了某产量时的最低成本，下文对图例的分析可以更好地阐释这一点。何为改变生产规模呢？回忆生产函数的部分，总产量 $TP = f(L, K)$ 中的长期和短期是怎样划分的？短期中资本 K 不变，只有劳动 L 可变，而在长期中，二者皆可变。在讨论长期总成本问题时，这就意味着资本 K 是可变的，而 K 在成本理论中一般指厂房、设备、仪器这样的资本品（当然，K 不仅仅指这些），这些东西如果变大、变多了，生产规模必然扩大，长期中的平均生产成本也会随着生产规模的扩大而降低，这也就是大企业的大规模生产会提供相对更便宜商品的原因。在长期中，厂商可以通过调整自己的生产规模使自己总可以在相对更低成本处生产，这就是"最低成本"的含义。这些解释再一次证明了生产与成本是一枚硬币的两面。

除了长期总成本，将长期总成本除以产量 Q 就可以得到长期平均成本（或长期平均总成本），即 $LAC = \dfrac{LTC}{Q}$。在这里需要注意，长期中没有"长期平均可变成本"，或者说"长期平均可变成本"就是长期平均成本，因为在长期中，所有的投入要素（也就是成本）都可变，已经不存在什么固定成本和可变成本之分，所有的成本全是可变的，自然也就没有必要提及"长期平均可变成本"了。长期总成本的变化率就是长期边际成本，即 $LMC = \dfrac{\Delta LTC}{\Delta Q}$，它也是长期总成本曲线的斜率。下面我们看看这些成本对应的图线是什么样子，这些图线由芝加哥大学的经济学家雅各布·瓦伊纳（Jacob Viner，1892—1970 年）提出[1]，他对成本曲线、垄断竞争、寡头市场上拗折的需求曲线的研究都是开创性的。

1. 长期总成本曲线

图 5-6 中的 STC_1、STC_2 和 STC_3 是三条短期总成本曲线，英文缩写中多加了字母 S 表示短期（short-run），三者在纵轴上的截距即是它们对应的总固定成本 TFC_1、TFC_2 和 TFC_3，从一个比一个高的总固定成本可以判断三个短期的生产规模是一个比一个大的（比如厂房越来越大，设备仪器越来越多），因此三条短期总

---

〔1〕［美］斯坦利·L. 布鲁、兰迪·R. 格兰特著，邸晓燕等译：《经济思想史》（第 8 版），北京大学出版社 2014 年版，第 235 页。

成本曲线展现了一个不断扩大生产规模的长期生产过程。扩大生产规模的目的就是不断降低成本，因为成本的最小化就意味着利润的最大化。在生产理论中我们讨论过企业的短期生产决策就是以利润最大化为目标，而产量既定时的成本最小化等价于利润最大化。为什么这样说呢？因为利润等于收益减去成本，如果利润最大化的时刻并不是成本最小化的时刻，就说明厂商还有进一步降低成本的空间，利润也就有进一步上升的空间，既然利润还可以再增加，怎么能说现在是利润最大化的时刻呢？所以，成本最小化就是利润最大化。

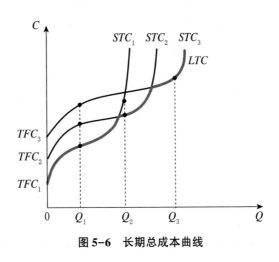

图 5-6　长期总成本曲线

如此，长期总成本曲线 LTC（Long-run Total Cost）就是所有短期总成本曲线最低处的包络线，即图 5-6 中各条曲线加粗部分的集合，每一个短期规模的总成本曲线的最低处都与长期总成本曲线相切。比如图 5-6 中，在长期中的产量 Q_1 处，短期最小成本（也就是短期中企业达到了利润最大化目标）在 STC_1 上，相比之下，同是产量 Q_1 的 STC_2 和 STC_3 明显高于 STC_1，于是曲线

STC_1 相比于 STC_2 和 STC_3 更低的部分构成了长期总成本曲线的一部分。接下来，在 Q_2 处的 STC_1 明显高于 STC_2 ，且 STC_2 是三个规模中生产 Q_2 产量的最低成本曲线，所以此时 STC_2 的一部分构成了长期总成本曲线的另一部分。以此类推，产量为 Q_3 时的最低成本曲线是 STC_3 ，那么 STC_3 相较于其他 STC 更低的那一部分也会构成长期总成本曲线 LTC 的另一部分。于是，长期总成本曲线就是由无数个短期总成本曲线的相对最低处构成的。从这个角度看，长期总成本曲线和短期总成本曲线的区别在于短期总成本曲线只能表示某一产量下的总成本，而长期总成本曲线则表示在该产量下的最低总成本，在同一产量下，两者可能相同，也可能不同。

这里依旧需要强调的是，横轴上的产量 Q 仍然是一段时间内的产量，而不是从建厂到现在的总产量。此时你会有疑问，如果是短期的话可以理解，那是一段时间内的产量，但现在都在讨论长期了，怎么还是一段时间内的产量？怎么还是一小时、一天、一周或一个月的产量呢？这说明你又在用一般人的眼光去看待长期和短期，你还在以为长期是时间"长"，短期是时间"短"。回忆一下，经济学是如何划分在生产理论和成本理论中的长期和短期的？答案是投入要素的可变能力。如果至少有一种投入要素的量不能改变，那就是短期；如果所有投入要素的量都能改变，那就是长期。目前在讨论长期成本曲线，也就是讨论在所有投入要素的量都可变的条件下，一小时、一天、一周或一个月的成本曲线问题。或者说，长期是短期的叠加，你在选择长期中的某个点时，实际就是在选择处于长期曲线上的这个点所对应的一个短期而已。转变观察角度就会明白其中道理了。

综合上面的论述，我们可以简单总结一下什么是长期总成本曲线了。从长期的角度看（也就是所有要素投入的量皆可变的条件下），要实现生产某个产量 Q ，这个产量必会对应一个生产该产量所用成本最低的短期生产规模，将无数个 Q 对应的无数个最低成本集合在一起就是长期总成本曲线。

2. 长期平均成本曲线

长期是短期某一形式的叠加，所以长期平均成本曲线必然基于短期平均成本曲线。成本是产量的函数，产量是生产要素投入的函数，生产要素投入若只有劳动投入量改变而资本数量不变，就称之为短期，二者皆可变则称之为长期。现在我们讨论的是长期平均总成本，也就是表明资本量也是可变的，而资本量改变的直观形式就是生产规模的扩大。所以，长期平均总成本曲线就是由理论上的无穷多个短期生产规模下的短期平均成本的一部分共同构成的。和长期总成本一样，长期平均成本曲线依旧是在寻求最低的成本，但并不是每一个短期平均成本的最低点的连线，而是由每一个短期平均成本与长期平均成本的切点构成的。瓦伊纳最开始就错误地将每一条短期平均成本曲线的最低点连接起来构建长期平均成本曲线，而不是连接切点，随后他的一名叫 Y. K. Wong 的中国学生指出了这个错误[1]，于是瓦伊纳在论文的重版中进行了修正，这次修正反而使这篇文章得到了更多的关注，让人们更加意识到他的杰出贡献[2]。

图 5-7 描述了长期平均总成本 LATC（Long-run Average Total Cost）和短期平均总成本 SATC（Short-run Average Total Cost）的关系。图中的 A 点表示在 Q_1 的产量下最低的平均成本是 $SATC_1$ 与 LATC 的切点处对应的成本。当产量需要从 Q_1 增加到 Q_2 时，如果不扩大生产规模，即短期内，厂商将在原来的生产规模 $SATC_1$ 上的 B 点生产 Q_2 的产量。若扩大生产规模，即长期内，该厂商需

---

〔1〕 张五常：《经济解释》（二〇一四增订版），中信出版社 2015 年版，第 372 页。

〔2〕 ［美］斯坦利·L. 布鲁、兰迪·R. 格兰特著，邸晓燕等译：《经济思想史》（第 8 版），北京大学出版社 2014 年版，第 236 页。

要将生产规模从 $SATC_1$ 扩大到 $SATC_2$，此时厂商将不必在 B 点生产 Q_2 的产量，而是在新的生产规模 $SATC_2$ 上的 C 点生产 Q_2 的产量。可以明显地看出 C 点的平均成本远低于 B 点，C 点也是 $SATC_2$ 与长期平均成本曲线 $LATC$ 的切点。

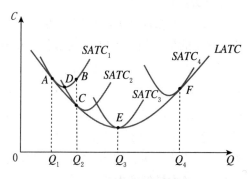

图 5-7　长期平均成本曲线

现在，我们做一个实验，假设厂商最开始的产量是 Q_1，然后厂商开始逐渐加大产量，那么短期的平均成本将从 A 点出发沿着 $SATC_1$ 逐渐移动到 $SATC_1$ 最低处的 D 点。此时厂商的短期平均总成本是目前最低的，但接下来他将面临一个岔路口：继续增加产量的话，如果沿着 $SATC_1$ 走，短期平均总成本将会越来越高，且奔着 B 点就去了；如果扩大生产规模，增产的过程将沿着 $SATC_2$ 走，短期平均总成本将会越来越低，且奔着 C 点去了。以此类推，在不断增产的过程中，总会遇到无数个类似的"岔路口"，只要厂商想以更低的平均总成本去生产，扩大生产规模就是必由之路。如果将 A、D、C 三点围成的区域无限缩小，即 $SATC_2$ 的生产规模无限接近 $SATC_1$ 的生产规模，A 点和 C 点这两个短期线与长期线的切点将会无限接近。所以，每一个产量 Q 其实都会对应着一个 $SATC$ 与 $LATC$ 的切点，这个切点上的平均总成本就是能够完成这个产量的最低平均总成本。类似 A 和 C 这样的切点会有无穷多个，它们共同构成了整条长期平均成本曲线。所以，从上面的分析中就能够明白，瓦伊纳最开始的想法是错误的，长期平均成本曲线并不是所有短期平均成本曲线最低点的连线，而是所有切点的连线。

在长期中，到底哪个地方是平均总成本的最低处呢？答案显而易见是 E 点。此时的生产规模 $SATC_3$ 的最低点正好与 $LATC$ 的最低点相切。如果厂商在长期中想一直以最低的平均总成本进行生产，他的最佳选择就是维持 $SATC_3$ 的生产规模并以产量 Q_3 一直生产下去。如果厂商不是以成本为导向，而是以产量为导向，比如某厂商的目标产量是 Q_4，他的最佳选择就是维持 $SATC_4$ 的生产规模，在 F 点一直生产下去，因为 $SATC_4$ 就是他在保证产量 Q_4 的情况下所能选择的成本最低的生产规模。

3. 长期边际成本曲线

前面已经讲到，每一个产量水平 Q 都会对应一个短期平均成本曲线与长期平均成本曲线的切点，这个切点的纵坐标是生产该产量所需的最低平均成本（既是长期的又是短期的）。这个切点隶属于一个短期规模，而这个短期规模必然存在一条短期的边际成本曲线。按此逻辑，在图5-8中，以产量 Q_1 为例，Q_1 一定会对应一个短期平均成本曲线与长期平均成本曲线的切点，即 D 点。D 点必定隶属于短期规模 $SATC_1$，而 $SATC_1$ 中必定有一条短期边际成本曲线 SMC_1，所以依据 Q_1 必定能够确定 SMC_1 是多少（因为短期边际成本也是 Q 的函数），即 A 点的纵坐标。以此类推，B 点和 C 点也是产量 Q_2 和 Q_3 对应的短期边际成本之所在。在此坐标系中存在无穷多个不同的产量 Q，它们又对应着无穷多个不同的短期边际成本曲线上的点（同 A、B、C 三点一样），将这些代表短期边际成本的点都连接起来就得到了某一厂商的长期边际成本曲

线 *LMC*，自然 *LMC* 也是产量 *Q* 的函数。当然，长期边际成本曲线
LMC 也必定与长期平均总成本曲线 *LATC* 相交在 *LATC* 的最低点。

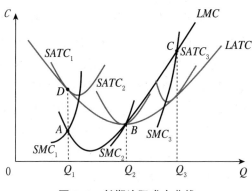

图 5-8　长期边际成本曲线

（四）规模经济和规模不经济

1. 规模经济

上文介绍了一个厂商长期平均成本曲线的形状，可以看到它
是先下降后上升的"U"形，见图 5-9。下降的部分表明随着一
段时间内产量的逐渐增加，长期平均总成本不断下降。我们总提
到厂商是非常关心成本的，这种平均成本随一段时间内产量增加
而降低的现象必然是厂商最愿意看到的，在经济学中，这个长期
平均总成本下降的区域被称为规模经济（Economies of Scale）。顾
名思义，这一阶段就是短期规模不断扩大的过程，不断扩大的规
模降低了平均成本。在这个阶段，总产量扩大一倍，总生产成本
的增加会小于一倍[1]。为什么会出现这样的现象呢？一般的解

―――――――――

　〔1〕《西方经济学》编写组编：《西方经济学》（第二版，上册），高等教育出版
社、人民出版社 2012 年版，第 182 页。

释是，生产规模的扩大使得工人更容易实现专业化，专业化会使工人在精通某一工作的同时提高生产效率[1]。斯密在《国富论》中对一个制针厂有过这样的描述："计抽线者一人，直者一人，截者一人，磋锋者一人，钻鼻者一人……制针的重要作业，就分成了大约十八种操作……"[2]这是斯密对于分工协作提高生产率的描述。回到生产规模的话题，可以设想，如果生产规模太小，哪有那么多工人分工协作呢？只有两三个人的生产作坊，又能够分工到何种程度呢？所以，大规模必然会带来更为细致的劳动分工，生产效率得以提升，生产成本才能下降。再从资本品的角度思考，更大规模的生产活动必然存在更大型的机器设备、更多数量的机器设备或更多类型的机器设备，这样的生产能力必然会大幅提高单位时间的产量，更高的产量摊销在固定数量的机器设备上，平均成本就会下降。这些原因共同导致了规模扩大时的成本下降。

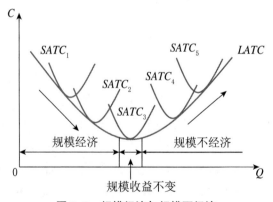

图 5-9　规模经济与规模不经济

---

〔1〕［美］曼昆著，梁小民、梁砾译：《经济学原理：微观经济学分册》（第6版），北京大学出版社 2012 年版，第 277 页。

〔2〕［英］亚当·斯密著，郭大力、王亚南译：《国富论》（上），译林出版社 2011 年版，第 2 页。

但成本下降是有限度的，无论如何总不能下降成零吧？那可是违背自然规律了。当规模达到一定程度时，平均成本将下降至最低点，无法再随着生产规模的扩大和单位时间内产量的提升而进一步降低，这时厂商就处于规模收益不变（Constant Returns to Scale）的状态，这个状态也被称为有效规模。

2. 规模不经济

当规模不断扩大，单位时间内产量也不断扩大到一定程度后，平均成本不但不会随之下降，反而开始逐渐攀升，即厂商产量扩大一倍，而生产成本的增加大于一倍时，该厂商就将处于规模不经济（Diseconomies of Scale）的阶段。为什么会出现这种现象呢？不是说规模越大平均成本越低吗？用一句成语回答再合适不过：尾大不掉。随着产量需求的提高，生产规模在不断扩大，整个生产组织的机构变得越来越庞杂，组织内部的信息传递、政令执行、协调配合等存在的问题越来越多，也越来越复杂，这些在管理上出现的成本逐渐占据主导地位，抵消了规模经济的积极影响，进而出现了规模不经济。所以说，在厂商规模较小时，扩大规模提升产量，会出现规模经济，但当厂商规模较大时，继续扩大规模便会出现规模不经济。

3. 规模经济与规模报酬

有的朋友看到这里会觉得这个概念似曾相识。是的，曾经看过的那个概念叫作规模报酬，和这里的规模经济是相关但并不完全相同的概念。前文提到的规模报酬是在生产函数部分，讨论的是生产要素投入（L 或 K）翻 n 倍，产量 Q 翻得大于、小于还是等于 n 倍。如今在成本章节提及规模经济，讨论的是产量 Q 翻 n 倍，成本 C 翻得大于、小于还是等于 n 倍。所以，规模报酬是基于生产函数而言的，而规模经济是基于成本函数而言的，一个是生产技术问题，一个是成本问题，二者相关但不一定相等同。虽说生产和成本是一枚硬币的两面，但这是基于生产要素价格不变的前提的。如果生产要素价格会受到产量的影响，比如生产处于规模报酬递增的阶段，产量提高的速度大于生产要素投入的速度，生产成本会逐渐下降，形成规模经济，但在厂商对生产要素需求量加大的同时，在生产要素市场带来生产要素价格的上升，反而会抬高厂商的生产成本，这时规模报酬和规模经济就不一定会吻合。但是，如果一直假设生产要素价格不变，那么二者的概念应该是对应的。

六、谈供给
——以生产者的名义

生产理论和成本理论都是研究厂商的理论，而厂商本身是市场当中的供给一方，与作为消费者的需求一方共同构成了整个市场。研究市场如何运行是终极目标，前文探讨了基于效用的需求，现在开始讨论基于生产的供给。有了生产理论和成本理论的内容作为知识基础，再审视供给问题会觉得豁然开朗，这也是本书提纲架构创新的目的所在。

供给是厂商对商品的供应，厂商最关心的是成本问题，而关心成本的本质则是要实现自身利润的最大化。因此，所有的供给行为都要基于厂商是否能够实现利润最大化这一现实条件，时刻将成本或利润放在首位，对供给的理解将会更为深刻。与消费者一样，影响厂商生产决策的因素也不少，不过价格依旧是排在首位的影响因素，因为如果生产规模已经固定，那么最影响利润的将不再是产量，而是商品价格。

（一）供给和供给量

市场中一个厂商打算生产某种商品赚钱，首先看的一定是价格，如果这种商品价格很低又不好卖的话，没有厂商会生产。如果价格合适，厂商还得考虑自己的成本问题，也就是厂商自己是否有能力生产这种商品。制造这种商品的总成本，该厂商能否拿得出呢？如果总投资需要 500 万元，而厂商弄不来 500 万元，这个产品创造利润的能力再强也是空中楼阁，厂商只有作罢。所以，厂商是否决定提供某种产品，不仅要看该产品是否容易赚取利润，还要看自己是否有能力生产。这个论调眼熟不眼熟？没错，还是那个"想要并能够"的故事，只不过主人公从消费者变成了生产者。

在经济学中，厂商对一种商品的供给（Supply）是指在其他条件不变的情况下，某一特定时期内厂商在各种可能的价格水平下愿意（willing）并且能够（able）提供的商品的数量。在具体某一价格水平下厂商想要并能够供给的商品数量就是供给量（Quantity Supplied）。如果一种产品卖得不好，价格低都没人买，作为厂商是不会愿意生产的，所以不会有供给；如果一种产品的造价极高或技术难度极大，即使有利可图，厂商也无法供给，或供给的厂商数量极少。和需求一样，不能满足"想要并能够"的都不是供给。"其他条件不变"依旧是它该有的含义，在价格之外的其他所有能够影响厂商生产决策的因素都保持不变，这样才能只考察价格与供给量之间的关系，这就是供给函数，表达式为：

$$Q^s = S(P)$$

所以，价格 P 是自变量，供给量 Q^s 是因变量，描述二者的线性函数形式（实际上并不是线性的）为：

$$Q^s = \gamma + \delta P$$

同需求一样，供给函数在坐标系中对应的曲线就是供给曲线（Supply Curve）。供给表示的就是供给函数和供给曲线，供给量表示的就是供给函数的因变量和供给曲线上某一点的横坐标。没错，还是横坐标，因为坐标系中的供给曲线其实是反供给函数，如果需求的部分学习得足够清楚，你就已经知道这是因为什么了——当然是马歇尔了。

但并不是说供给函数或供给曲线的所有地方都和需求一样，在需求函数中价格和量是反向变动关系，而供给函数中价格和量是正向变动关系，也就是说价格越高，厂商越有动力多供给。道理也很简单，厂商是以利润最大化为目标的，利润 π 的计算是用总收益（Total Revenue，TR）减去总成本（Total Cost，TC），总收益又是价格 P 与销量 Q 的乘积，总成本是平均总成本（ATC）与产量 Q 的乘积，经济学中默认产量即销量，所以利润的计算过程也就是：

$$\pi = TR - TC$$
$$= P \times Q - ATC \times Q$$
$$= (P - ATC) \times Q$$

所以，如果在短期中生产规模不变（也就是各条短期成本曲线位置不变），则价格越高，厂商的利润越大。利润越大，厂商就越有动力多生产、销售，使得 Q 也越大，虽然 ATC 也会随着 Q 的增加而上升，但只要 P 在 ATC 之上，就依旧有利润空间。增加的利润，会刺激厂商在长期中扩大生产规模，扩大生产规模又会进入规模经济，使 ATC 下降，结果就是在长期中，价格越高（P 越高），厂商越提高产量（Q 越高）、成本还越低（ATC 越低），利润就越大（π 越大），在达到规模不经济之前，厂商一直都是盈利的。因此，价格越高，供给量越大，供给函数是个增函数，供给曲线向右上方倾斜。

供给和需求的第二个差异在于需求量是个计划量（回需求的章节复习一下吧），但供给量不是。供给量是实实在在可以通过现实的成本函数推导出来的，即是可观测的量，生产了多少就是多少，只要钱到位，不存在计划了而没生产出来的产量。

（二）供给曲线

1. 供给表和供给曲线

同需求曲线一样，供给曲线也可以用供给表的方式描绘出来，比如现在有一个叫丁丁的生产者，她的供给表如下，依旧借用曼昆教材中的数据说明[1]：

表 6-1　生产者丁丁对冰激凌的供给表

价格（元）	供给量（个）
0.00	0
0.50	0
1.00	1
1.50	2
2.00	3
2.50	4
3.00	5

从表 6-1 可知，价格为 0 元和 0.5 元的时候，生产者丁丁的供给量都是 0。学过成本理论后就很容易理解，0 元和 0.5 元都一定小于该生产者的平均可变成本（参看上一章平均可变成本的内容），生产者在这样低的价格下只能选择停产，供给量必然是 0。随着价格的上升，供给量就开始增加了。将表 6-1 中的数据描绘在坐标系中，便可以得到生产者丁丁的供给曲线：

---

〔1〕〔美〕曼昆著，梁小民、梁砾译：《经济学原理：微观经济学分册》（第 6 版），北京大学出版社 2012 年版，第 78 页。

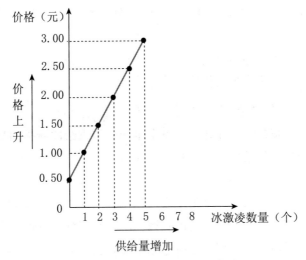

图6-1 生产者丁丁的供给曲线

如图 6-1 所示，供给曲线是向右上方倾斜的，呈现出明显的供给量与价格正向变动的关系。同需求曲线一样，这条供给曲线对应的函数不是供给函数 $Q^s = S(P)$，而是反供给函数 $P = S(Q^s)$。

整个市场的供给曲线便是单个供给曲线的横向加总，如果还有一个生产者叫瓜瓜的话，她们两个人的供给便共同构成了整个市场的供给曲线，见图6-2：

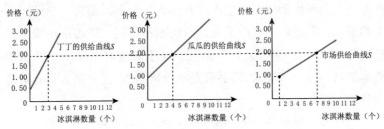

图6-2 单个供给曲线到市场供给曲线

如果某一种商品的生产者有 m 个，每个生产者的供给函数为：

$$Q_j^s = S_j(P), \ j = 1, 2, \cdots, m$$

那么，整个市场的供给函数为：

$$Q^s = S(P) = \sum_{j=1}^{m} Q_j^s = \sum_{j=1}^{m} S_j(P)$$

由于市场的供给曲线是由单个生产者的供给曲线横向加总得到的，市场的供给曲线也向右上方倾斜。

2. 生产者剩余和供给曲线

现在，我们从另一个角度去探讨供给曲线。生产者提供产品并不是积德行善，而是要获得利润，所以经济学才常说生产者的目标是利润最大化。利润是通过总收益减去总成本来计算的，如果想要获得最大的利润，最起码总收益要大于总成本。我们暂时不去细致讨论总收益、总成本、平均收益和平均成本之类的概念，简单用收益和成本去表述，同时收益的来源本质是商品的价格，那么利润便是价格和成本的差额。如果利润是负的，则没有生产者愿意供给产品；如果利润是正的且越来越大，生产者便会越来越多，这就是一个宽泛且朴素的规律。因此，基于利润的可获得性，一个生产者是否会提供产品，取决于这个产品的价格以及生产者提供该产品的成本（准确说就是平均总成本）。

借用曼昆教材的例子[1]，如图 6-3，假设在生产手机壳的行业里，能制作手机壳的生产者有 4 人，分别是蕴蕴、苎苎、丁丁和瓜瓜，但是她们生产手机壳的成本不相同，蕴蕴所用成本最低，为 50 元，苎苎的成本要 60 元，丁丁的成本要 80 元，瓜瓜的成本最高，为 90 元。如果手机壳的价格是 50 元，那么只有蕴蕴

---

〔1〕〔美〕曼昆著，梁小民、梁砾译：《经济学原理：微观经济学分册》（第 6 版），北京大学出版社 2012 年版，第 146—147 页。

会考虑一下，但大概率她不会接这个活儿，因为她的成本也是 50 元，虽然不会赔本，但干了也白干。其他三个人肯定不会接这个活儿，因为 50 元的价格低于她们三个人的成本，干就是赔本买卖。那么，在 50 元的价格下，手机壳市场上的供给量就为 0。如果手机壳的价格上涨至 60 元，蕴蕴马上就会开工，因为她能赚到 10 元的利润，现在感到纠结的人换成了苧苧。如果价格继续上涨到 80 元，蕴蕴的利润将会再增加 20 元，而苧苧则会满心欢喜地开工，因为她也将获得 20 元的利润，现在换成丁丁开始纠结了。

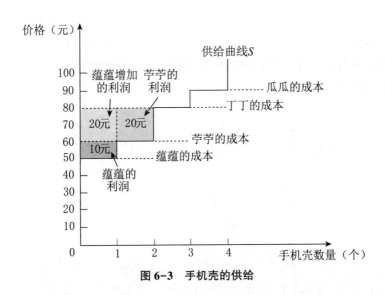

图 6-3　手机壳的供给

以此类推，随着手机壳的价格上升，能接这个活儿的生产者也会越来越多，只要价格上升到某一个生产者的成本之上，这个生产者就愿意开工投产。并且，价格越高，那个成本最低、最先能够投产的生产者（比如蕴蕴）所获得的利润就越大。如果价格上涨到 100 元，那么蕴蕴、苧苧、丁丁、瓜瓜都愿意供给，她们的差异无非就是蕴蕴赚得最多，瓜瓜赚得最少。因此，从成本角度去看整个市场的供给就能发现，价格越高，供给者就越多，供给量也就越大。同时，这也证明了生产者为什么如此在意成本问题：在价格不变的条件下，成本越低，他们赚的利润就越多。

如果手机壳市场的生产者数量从 4 人开始增加到更多，图 6-3 中不断弯折的折线将会变得越来越平滑，变成图 6-4 中的样子。从这条线的由来可知，它就是众多生产者的成本所构成的，它就是一条成本线。这条曲线的横坐标是量，纵坐标是价格。没错，它就是供给曲线，供给曲线就是厂商的成本线。而利润是生产者在获得收益之后，去掉生产成本后的剩余部分，因此利润也叫生产者剩余（Producer Surplus）。那么，在图 6-4 中的价格 P_0 以下、供给曲线 S 以上，即 $\triangle P_0 AB$ 的面积，就是生产者剩余，也是生产者的利润。

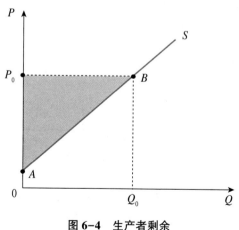

图 6-4 生产者剩余

3. 供给定理

在供给的方面也存在供给定理（Law of Supply），也叫供给规律，是指在其他条件不变的情况下，一种商品的价格越高，生产者对该商品的供给量就越大；反之，商品的价格越低，供给量就越小[1]。供给定理中也会提到那句"其他条件不变"，这个同样十分重要，脱离了这个假设条件，供给定理就不是定理了。所以，我们也常会看到其他所谓供给曲线的特例，比如是一条垂直的直线的供给曲线，或是一条水平的直线的供给曲线，甚至是向右下方倾斜的供给曲线（完全竞争条件下，若产品价格上升导致要素价格下降，长期供给曲线就向右下方倾斜[2]），这些例子要么不是真正的供给曲线，要么本质上依旧违反了"其他条件不变"。所以，我们用对待需求定理的态度看待供给定理即可。

（三）供给量的变动与供给的变动

与需求相同，供给也会对供给量的变动和供给的变动做概念区分：供给量的变动就是一个点沿着供给曲线的移动，而供给的变动就是整条供给曲线的移动。

1. 沿着供给曲线的移动

供给定理中说的"其他条件不变"，就是在表述供给量的变动是在其他条件不变的情况下，供给量相对于价格的反应，也是供给定理的具体体现（见图6-5）。

---

〔1〕《西方经济学》编写组编：《西方经济学》（第二版，上册），高等教育出版社、人民出版社 2012 年版，第 54 页。

〔2〕《西方经济学》编写组编：《西方经济学》（第二版，上册），高等教育出版社、人民出版社 2012 年版，第 223 页。

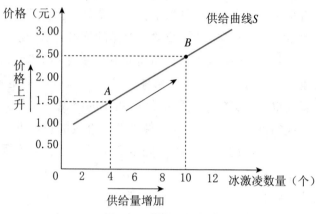

图6-5　供给量的变动

从图中可知，当价格上升时，生产者对这种商品的供给量将增加，即从 A 点沿着供给曲线向右上方移动到 B 点。这就是供给函数中自变量 P 的变动导致的因变量 Q 的变动情况。所以，供给量的变动就是点沿着供给曲线的移动，是在其他影响供给量的因素都保持不变时，单独讨论价格对供给量的影响而已，是函数内部的映射变化，而不是函数自身的变化。此处和需求的部分很相似，如果需求的地方理解得很透彻，学习供给将会很容易。

2. 供给曲线自身的移动

如果供给曲线发生移动，那就是供给的变动，即供给定理中提到的"其他条件不变"当中的其他影响供给量的因素发生了变动。现在的影响因素是"其他条件"中的一个，所以轮到价格保持不变了，如图6-6所示：

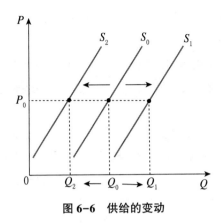

图 6-6　供给的变动

在价格 P_0 保持不变时，一种影响供给量的因素发生了变化，其他影响供给量的因素依旧不变，这样供给曲线就会向左或向右移动，即供给会变化。具体原理和需求变动的原理一样，这里就不再赘述。那些"其他因素"一般而言包括但不限于如下几个：

（1）生产成本。厂商最在意的就是成本。由于价格往往是市场力量所定，为了达到利润最大化的目标，控制成本就成了主要手段。如果生产成本上升，比如面包店发现高筋粉这种投入要素的价格上涨，该面包店的各种成本曲线就会整体上移，在价格既定条件下（其实是非垄断厂商改变不了价格），就会出现边际收益小于边际成本的现象（总收益增量小于总成本增量），此时这个面包店唯有降低产量才能降低成本。回顾成本理论部分的图 5-5，在边际成本超过平均总成本后，产量越大，平均总成本越大，但如果降低产量，则会降低平均总成本，也会降低边际成本。所以，以利润最大化为目标的厂商，在生产成本上升的情况下会选择减少供给量，由于商品价格没变化，在坐标系中就表现为供给曲线左移。反之，如果生产成本降低了，成本曲线会整体下移，此时的边际收益很可能会大于边际成本（总收益增量大于总成本增量），厂商增产会更加有利可图，增产的产量目标即是边际收益与边际成本的新的均衡点（这个知识点在完全竞争市场的章节会着重讲），在商品价格没变化的前提下，坐标系中表现为供给曲线右移。因此，生产成本是影响供给曲线移动的重要因素之一。

（2）生产技术水平。这里的生产技术水平指的就是生产理论中提到的生产函数 $Q = Af(L, K, N, E...)$ 中的 A。当然，正如前文提到的，这个代表技术水平的 A 可以放在整个函数的前面，也可以放在各种投入因素的前面，比如 $Q = f(AL, K, N, E...)$ 或 $Q = f(L, AK, N, E...)$，等等。生产技术的提高会使得厂商在成本固定时的产出增加，或产出固定时的成本减少，无论如何对厂商都是利好的。结合上文对供给曲线的形状的讨论可知，生产技术进步带来的效果都会使得厂商在商品价格不变的情况下增加产品的供给量，供给曲线将向右移动。生产技术水平一旦提高，几乎不会再下降，除非如战乱之类的不可抗力使得技术佚失，因此，生产技术导致供给曲线向左移动的现象在现代社会几乎不会发生。

（3）生产者的预期。和消费者一样，厂商也会对商品的价格走势做出预期判断。如果厂商预测自己生产的产品价格会上涨，他们现在会增加产量还是减少产量呢？这要看预期的结果是什么了。如果预期的价格上涨是短期的，这个价格可能还会回落，那么厂商的短期行为就会是囤货，减少当期产品供给，等到涨价时再将囤货售出，获得额外利润，这样就会使得当期供给曲线向左移动。如果预期的价格上涨是长期的，价格涨上去之后将会维持住，那么厂商将会选择扩大生产规模，提高产量，以便在未来有充足的产品供给，这样就会使得当期供给曲线向右移动。

（4）政府政策。政府政策会影响厂商的供给决策。比如政府施行新的产业政策，在某一产业内进行补贴、减税、提供土地、审批流程简化等鼓励刺激政策，那么该产业内的供给量将会增加，供给曲线将会向右移动。反之，如果政府觉得某一产业过热，则会提高税收或取消一些鼓励政策等，该产业内的厂商就会减少供给量，供给曲线将会向左移动。

（5）生产者可生产的其他相关产品的价格。有些厂商会同时生产 A 和 B 两种产品[1]，如果两种产品在生产过程中都需要投入同一种资源，二者形成了对资源投入的竞争关系，那么 A 商品价格的提高会导致 B 商品的供给减少。比如，一家皮革厂商同时生产皮夹克和皮包，如果皮夹克的价格上升，该厂商就会将皮料更多用在生产皮夹克上，皮夹克的供给量会上升（注意皮夹克属于沿着供给曲线的移动，而不是供给曲线自身的移动），而皮包的供给将下降（皮包价格并没变），皮包的供给曲线会向左移动，反之亦然。

如果两种产品的生产过程对某一资源是共享关系，生产 A 商品时同时生产 B 商品，那么 A 商品价格的提高会导致 B 商品的供给增加。比如，北方有些面馆会在面条中放香菜，香菜的余料香菜根会被制作成咸菜出售，那么如果面条的价格上升，面馆会增加面条的供给量（也是沿着供给曲线的移动），同时也会增加香菜根咸菜的供给量（咸菜价格并没有变），香菜根咸菜的供给曲线会向右移动，反之亦然。

（6）生产者的目标。前文经常提及，一个厂商的目标就是利润最大化。但严格说来，这叫终极目标，为了达成这个目标，前期可以有若干子目标。所以，在不同的经营时期，厂商的子目标

---

〔1〕《西方经济学》编写组编：《西方经济学》（第二版，上册），高等教育出版社、人民出版社 2012 年版，第 55 页。

会调整，比如在经营初期，厂商可能需要迅速占领局部市场[1]，那么在价格并未变化的情况下，厂商会大量供给商品，该商品的供给曲线就会向右移动。随着经营逐渐步入正轨，该商品的供给也会回落，供给曲线就会慢慢向左移动。在这个变动过程中，供给量的变动因素都不是价格（但是会导致价格变动，下一章将会讨论）。

（7）生产者的数量。这一条主要针对的是市场的供给曲线，而市场的供给曲线就是众多单个厂商供给曲线的横向加总。因此，如果厂商的数量增加，在价格没有变化的条件下，供给曲线就将向右移动，反之亦然。比如，流感初期，口罩市场已有的厂商供给不能满足百姓迅速增加的口罩需求，口罩供给出现短缺，但随着其他行业的一些厂商引入口罩生产线，也开始生产口罩，口罩的供给就开始增加，供给曲线向右移动，口罩的短缺问题得到了解决。

（四）供给弹性

与讨论需求时一样，现在该介绍供给弹性了。弹性的含义是一种变量对于另一种变量的敏感程度，因此影响某种商品的供给量的因素可以构建出若干供给弹性，不过一般而言对供给量影响最大的莫过于价格，所以我们在提到供给弹性时往往指的是供给价格弹性，简称供给弹性。供给价格弹性（Price Elasticity of Supply）表示在一定时期内某种商品的供给量对于其价格变动的敏感程度。

---

[1] 《西方经济学》编写组编：《西方经济学》（第二版，上册），高等教育出版社、人民出版社 2012 年版，第 55 页。

1. 供给弹性的公式与计算

$$E_s = \frac{\Delta Q^s / Q^s}{\Delta p / p} = \frac{\Delta Q^s}{\Delta p} \cdot \frac{p}{Q^s}$$

公式中的 s 表示计算的是供给弹性，与前文中的需求价格弹性比较可以发现，除需求价格弹性公式中有一个负号外（其实这个负号有没有都行），其他都是相同的。供给弹性也存在弧弹性的出发点不同导致计算结果不同的问题，因此供给弹性也可以使用中点公式来计算，公式形式与需求弹性的公式一样（没有负号而已），这里就不再列出了。

2. 供给的弧弹性

和需求一样，供给也有弧弹性和点弹性的区别，这里先介绍供给弧弹性的五种情况：完全无弹性、缺乏弹性、单位弹性、富有弹性和完全弹性。这里再次借用曼昆教材中的五种典型供给曲线的实例，如图6-7所示[1]：

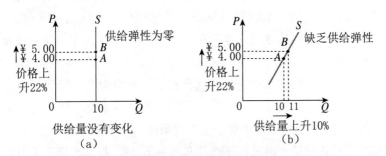

图6-7 五种弹性情况的供给曲线

〔1〕 ［美］曼昆著，梁小民、梁砾译：《经济学原理：微观经济学分册》（第6版），北京大学出版社2012年版，第106页。

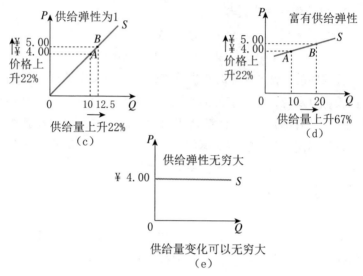

图6-7　五种弹性情况的供给曲线（续）

图6-7中的（a）图表示的是完全无弹性的供给，此时的供给曲线是垂直的，也就是说价格无论如何变化，供给量都不变，供给量对于价格的敏感程度为0，即供给弹性为0。在短期内很容易变质腐败的商品，比如新鲜蔬菜等，无论当天价格涨到多少，菜贩手中的菜就那么多，卖完就没有了，菜贩也没有任何能力当场增加新鲜蔬菜的供应，此时蔬菜的供给量对于价格变动的敏感程度就是0。当然，这个例子发生的条件一定是"短期内"，就是某一天的特殊情况而已，不然信息传播开来，未来的若干天内新鲜蔬菜会大量向这个菜市场集结，供给量必然会增加。再比如毕加索的画作，无论价格涨多少，供给量就是那些，不可能再增加了[1]。

〔1〕　［美］蒂莫西·泰勒著，林隆全译：《斯坦福极简经济学：如何果断地权衡利益得失》，湖南人民出版社2015年版，第30页。

（b）图中的供给曲线顺时针倾斜了一个比较小的角度，整条供给曲线看起来比较陡峭，所以价格即使有比较明显的变动，供给量的变动也不会很大，这表明此时供给缺乏弹性，供给弹性小于1，短期内没办法增加产量的商品都符合这种情况。（c）图的供给曲线继续顺时针转动至倾斜45°的位置，此时价格变动率是多少，供给量的变动率就是多少，这是单位弹性，供给弹性正好是1。（d）图中的供给曲线倾斜角度继续变大，整条曲线开始变得较为平坦，说明价格有比较小的变动就会导致供给量有较大的变动，这表示供给富有弹性，供给弹性大于1，短期内可以快速改变产量的商品都符合这种情况。（e）图中的供给曲线是一条水平的直线，表明如果价格上升一点点，供给量就会提高到无穷大，价格下降一点点，供给量就都下降到0。这种现象一般发生在个体厂商对市场的供给行为中，比如某个农户供给粮食，整个粮食市场的价格如果提高一点点，这个农户就会把自己手中的余粮全部供给出去，如果市场价格下降一点点，这个农户就不打算"便宜卖"了，余粮留下自己吃。

3. 供给的点弹性

与需求价格弹性一样，供给弧弹性计算的是供给曲线上一段弧之间的价格弹性，如果这段弧的长度无限缩小至一个点，即价格存在非常微小的变动，供给弹性就是供给的点弹性，其公式为：

$$E_s = \lim_{\Delta P \to 0} \frac{\Delta Q^s}{\Delta p} \cdot \frac{p}{Q^s} = \frac{d Q^s}{d P} \cdot \frac{P}{Q^s}$$

在点弹性的计算上，我们也通常用点弹性的几何意义来表示点弹性，并且先假设供给曲线是线性的。如图6-8：

一读就懂的微观经济学

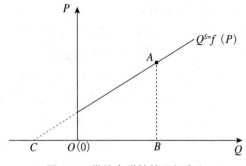

图 6-8　供给点弹性的几何意义

如果想求出 A 点的供给点弹性，那么可以这样计算：

$$E_s^A = \frac{CB}{OB}$$

这样算的原理是什么呢？参考需求价格点弹性的几何意义的计算可以很快得出答案。从 $E_s = \frac{dQ^s}{dP} \cdot \frac{P}{Q^s}$ 出发来看，P 是 AB，Q^s 是 OB，而 $\frac{dQ^s}{dP}$ 是供给函数对应的曲线的斜率，其与实际的供给曲线的斜率是互为倒数的。实际的供给曲线的斜率是 $\frac{AB}{CB}$（$\angle ACB$ 的正切值），那么供给函数对应的曲线的斜率 $\frac{dQ^s}{dP}$ 就应该是 $\frac{CB}{AB}$。于是，$E_s = \frac{dQ^s}{dP} \cdot \frac{P}{Q^s} = \frac{CB}{AB} \cdot \frac{AB}{OB} = \frac{CB}{OB}$。这就是供给点弹性的几何意义。将所有供给点弹性的情况都总结起来，如图 6-9 所示[1]：

〔1〕　高鸿业主编：《西方经济学》（第五版），中国人民大学出版社 2011 年版，第 41 页。

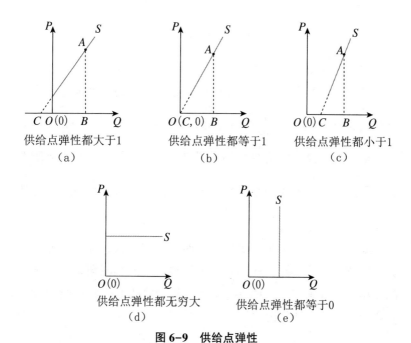

图 6-9　供给点弹性

从图 6-9 可以发现一个规律，即只要供给曲线向下的延长线落到横轴原点的左侧，那么在这条供给曲线上的 A 点无论在什么位置，它的供给点弹性都会大于 1，因为在这样类型的供给曲线上，所有点对应的 CB 永远都大于 OB，即 $\dfrac{CB}{OB}$ 永远大于 1，比如（a）图。如果供给曲线向下的延长线穿过原点，那么在这条供给曲线上的 A 点无论在什么位置，它的供给点弹性都会等于 1，因为在这样类型的供给曲线上，所有点对应的 CB 永远都等于 OB，即 $\dfrac{CB}{OB}$ 永远等于 1，比如（b）图。如果供给曲线向下的延长线落到横轴原点的右侧，那么在这条供给曲线上的 A 点无论在什么位置，它的供给点弹性都会小于 1，因为在这样类型的供给曲线上，

所有点对应的 CB 永远都小于 OB，即 $\dfrac{CB}{OB}$ 永远小于 1，比如（c）

图。如果供给曲线是水平的，说明供给曲线的弧弹性为无穷大，

该条供给曲线上所有点的点弹性也都是无穷大的，因为这相当于

所有点的 OB 都为 0，$\dfrac{CB}{OB}$ 必然无穷大，比如（d）图。如果供给曲

线是垂直的，说明供给曲线的弧弹性为 0，该条供给曲线上所有

点的点弹性也都为 0，因为这相当于所有点的 CB 都为 0，$\dfrac{CB}{OB}$ 必然

是 0，比如（e）图。

　　如果供给曲线不是直线形式，而是曲线形式，那么和需求点

弹性的测算方法一样，取某一点的切线，构建出三角形，点弹性

的类型就很好确定了。图 6-10 就说明了曲线形式的供给曲线上

点弹性类型的变化情况：

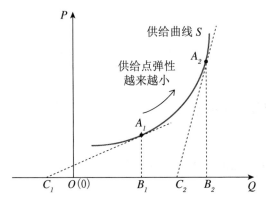

图 6-10　非线性供给曲线上点弹性的确定

　　可以看到，如果供给曲线是非线性的，那么点弹性将从下端

开始沿着供给曲线向上逐渐变小，因为在供给曲线下端做切线，

比如在 A_1 点，切线的延长线定会落在横轴原点的左侧，C_1B_1 一定大于 OB_1。如果在供给曲线上端做切线，比如在 A_2 点，切线的延长线定会落在横轴原点的右侧，C_2B_2 一定小于 OB_2。因此，沿着非线性供给曲线向上，供给点弹性会越来越小，因为 CB 在逐渐变小，而 OB 在逐渐变大，$\dfrac{CB}{OB}$ 必然越来越小。

4. 供给弹性的影响因素

如果说影响需求价格弹性大小的因素主要是该商品可以被替代的程度，那么影响供给价格弹性大小的因素就是厂商改变产量的能力，即厂商越能够快速地改变产量，供给价格弹性就越大，反之供给弹性就越小。下面具体总结了三个影响供给弹性大小的因素[1]，不过本质上都是在衡量厂商改变产量的能力：

（1）改变生产能力的灵活性。如果一个厂商并没有超负荷生产，在它所生产的商品价格上涨时，该厂商就可以临时开启空闲的产能，在短时间内迅速提高产量，从而快速增加商品供给。因此，很多工业商品的供给价格弹性都比较大。但是，类似"美丽的海滩"这种商品，短时间内不可能出现额外增量供给，只有在长时间内才可能有新的海滩被开发出来，这种商品的供给弹性就很小。

（2）厂商调整供给能力的时间。与需求弹性一样，时间的长短也可以影响供给弹性的大小。一般情况下，供给在长期中的弹性都会大于在短期中的弹性，因为在长期中厂商有更为充足的时间调整自己的生产规模、提高产能，进而在长期中提高供给量，长期中供给弹性会变大。

---

〔1〕《西方经济学》编写组编：《西方经济学》（第二版，上册），高等教育出版社、人民出版社 2012 年版，第 78 页。

（3）厂商在生产中使用的技术类型。这一条是从生产技术的复杂性角度去阐释厂商的供给能力。如果厂商在生产过程中使用的技术很复杂，生产周期就会比较长，在短期之内就很难具备改变产量的灵活性，供给弹性就会比较小。反之，如果生产技术不太复杂，生产周期比较短，短期之内改变产量的能力就比较强，供给弹性也就会比较大。

以上就是关于供给的内容。现在，需求和供给都已经从头到尾论述过，是时候把它们放在一起说一说了。二者共同构成了市场，市场的力量也通过需求和供给得以发挥，整个经济体也由此运转起来。

七、谈市场

——一场需求与供给的邂逅

大部分经济学教科书都会将市场的内容放在最前面，然后再分开解构。但本书没有这样做，而是先从效用和偏好谈到需求，又从生产和成本谈到供给，铺垫了这么多而始终不触及市场这个经济学的主题，就是为了在最终谈到市场时让读者可以更好地理解这个概念，也希望这种在内容结构上的调整确有其意义与价值。

（一）什么是市场

什么是市场？几乎每个人心中都有一个似是而非的答案。居民区之间由菜贩地摊构成的菜市场是吗？恒隆广场或万象汇商场是吗？网络上的淘宝和京东是吗？用闲暇时间去干非工作单位的私活算吗？当然，这些都算。菜市场和商场是组织健全的市场，有特定的时间和地点聚集交易；淘宝和京东也是组织比较健全的市场，只是它们把交易地点搬到了虚拟的网络且交易时间范围更加宽泛灵活；干私活就不是健全的市场，因为没有特定的时间和地点聚集在一起交易，但依旧是这个"活儿"的市场。

经济学毕竟是一门社会科学，讲究从现实世界抽象出概念和模型进行分析研究，只抓住核心要素并尽量排除掉可有可无的对象。从前面几个小例子可以看出，要达成交易是不必要有特定的时间和地点的。那么什么是必要的呢？有人买、有人卖、有买卖的东西，这三个因素是不可或缺的。买的一方叫消费者，是需求方；卖的一方叫厂商，是供给方；买卖的东西叫商品或劳务，每一次对商品的买卖都是一次需求和供给的碰撞，也就是我们已经学习过的需求曲线与供给曲线的对接。

所以，经济学研究的市场（Market）就是由某种商品或劳务的买者和卖者所组成的群体[1]。这个市场是无组织的市场，是一个没有人去组织和规定何时何地买卖何物的抽象的模型概念，因此买卖的商品也可以抽象出来，比如手机市场、橘子市场、汽车市场、圆珠笔市场、洗浴市场等，但并非具体到某一种确定的商品上，比如华为 P40 手机。当然，非要研究华为 P40 手机市场也没有问题，只不过在经济学研究上要尽量让模型具有更加一般化的功能。这里需要强调的是，买卖的东西不仅仅指实体的商品，还包括劳务（Service），比如理发、诊疗、上课等。

（二）市场均衡

无论是需求曲线还是供给曲线（或说无论是需求函数还是供给函数），都是量和价格的组合，并且其中的量都是基于价格来确定的，比如需求量是在某一价格下消费者对一种商品的需求计划量，供给量是在某一价格下厂商愿意生产这种商品的数量，这些都与价格有关。那么问题来了，价格是谁定的？

1. 静态分析

古典经济学家们从生产成本入手，认为价格是以生产成本为基础的，一个厂商索要的价格必须大于等于其生产的成本，不然

---

[1] ［美］曼昆著，梁小民、梁砾译：《经济学原理：微观经济学分册》（第 6 版），北京大学出版社 2012 年版，第 69 页。

不会有产品生产出来。这一思路推演出了供给曲线，所以从某种意义上说，古典经济学认为价格是由供给方决定的，这就是劳动成本价值理论，代表人物是李嘉图。但是，随着边际学派的诞生，边际效用的概念逐渐走进人们的视野。边际学派否定了古典经济学的劳动成本价值理论，认为价格不是由劳动成本决定的，而是由边际效用决定的，人们会根据某一商品带来的边际效用的大小而支付相应的价格。这一思路推导出了需求曲线，所以可以说边际学派认为价格是由需求方决定的，这就是边际效用价值理论，代表人物是杰文斯。此时，关于价格如何确定的争论，陷入了公说公有理，婆说婆有理的泥潭。

科学巨匠之所以是巨匠，就是因为他们能够从更高的维度看待事物的运行规律，马歇尔就是这种人，他从物理学中借鉴了"均衡"这一概念，提出价格既不是单纯由需求决定的，也不是单纯由供给决定的，而是需求和供给共同决定的一个均衡解，是在需求与供给两个经济力量的相互制约下形成的稳定状态的价格。在这个均衡状态下，价格被确定，价格又同时确定了需求量和供给量，且二者相等，即在这个价格下，消费者想要的商品的计划数量正好等于厂商生产的商品数量，这种状态叫市场均衡（Market Equilibrium），也叫市场出清（Market Clearing）或供求均衡。在这样的状态下，需求和供给都不再有变动的趋势，二者的稳定使得商品数量和价格都不再变动，从而达到一种稳定状态，此时的价格叫均衡价格（Equilibrium Price）或市场出清价格，商品的数量叫均衡数量（Equilibrium Quantity）。这是一个伟大的发明。市场均衡代表了一种理论的综合，即将需求曲线代表的边际效用价值理论与供给曲线代表的劳动成本价值理论这两个对立的理论综合在了一个均衡关系中，这是世界观、价值论以及研究方法三重意义上的综合[1]。但需要注意的是，这种均衡思想虽源于物理学，但与物理学有本质不同，经济学的均衡只是一个概念，并不是事实[2]。

在图7-1中，某一商品的需求曲线与供给曲线相交于 E 点，确定了均衡价格 P_E 和均衡数量 Q_E，表明此时这种商品的价格是 P_E，在这个价格下消费者想购买的商品计划数量和厂商生产的商品数量都是 Q_E，该商品市场达到了均衡状态，如果其他条件都不变，即没有任何让需求曲线和供给曲线移动的因素出现，这个均衡将一直保持稳定。需要强调的是，这种均衡下的均衡数量只表明消费者和厂商的意愿交易量是相等的（因为需求量就是计划量，不是实际购买量），不代表双方实际交易量相等[3]（因为无论何时实际交易量都必定相等，买了多少就必定卖了多少），均衡价格下的均衡数量只是双方的意愿。不仅如此，从严格意义上说，整个坐标系中的数量都是意愿性的。结合图7-1，我们可以用线性的需求函数和供给函数来表示市场的均衡[4]：

$$
\begin{cases}
Q^d = \alpha - \beta P \\
Q^s = -\delta + \gamma P \\
Q^d = Q^s
\end{cases}
$$

---

[1] 引自喜马拉雅 APP 节目"北大宏观经济学 48 讲"的第 3 讲。

[2] 张五常：《经济解释》（二〇一四增订版），中信出版社 2015 年版，第 728 页。

[3] 《西方经济学》编写组编：《西方经济学》（第二版，上册），高等教育出版社、人民出版社 2012 年版，第 60 页。

[4] 高鸿业主编：《西方经济学》（第五版），中国人民大学出版社 2011 年版，第 26 页。

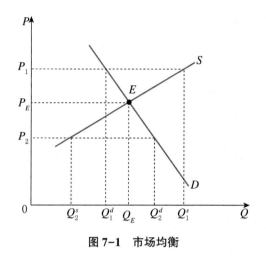

图7-1 市场均衡

这个方程组中的 α、β、δ、γ 是两个函数中的外生系数，方程组求出来的价格就是均衡价格 P_E，求出来的商品数量就是均衡数量 Q_E。

不过，这只是需求和供给两个力量相互制约下的最终结果，市场并非一开始就是这个样子。比如在价格 P_1 下（高于均衡价格），需求量 Q_1^d 就小于供给量 Q_1^s，因为 P_1 过高使得消费者不愿过多购买该商品，但如此高的价格却激励着厂商多生产该商品，于是在这个价格下出现了供过于求的现象。厂商的产品卖不出去，于是开始减产降价，价格的降低又刺激消费者的购买意愿，这种市场力量会使得价格奔向均衡价格 P_E。反之，如果在价格 P_2 下（低于均衡价格），需求量 Q_2^d 大于供给量 Q_2^s，消费者自然更愿意多购买该商品，但厂商却不愿意为这么低的价格而生产，于是一些特别想要该商品的消费者就会提价（这就是拍卖会的原理），价格上升刺激生产者增加产品供给，市场力量还是会使得价格奔向均衡价格 P_E。所以，新古典经济学理论认为市场机制会自发调节价格，最终使市场从非均衡状态向均衡状态靠拢，这也就是斯密说过的"看不见的手"（invisible hand）。这种忽略掉时间和运行过程，根据既定外生变量（需求函数和供给函数形式已给定）求内生变量（函数中的价格和量）的分析均衡状态的方法被称为静态分析方法。

2. 比较静态分析

上文的均衡是一种静态的均衡，"其他条件不变"是前提。但生活中怎可能事事都一成不变呢？变化才是常态。这些事物的变化、事件的发生或政策的实施都是"其他条件"，它们的发生与改变将如何影响市场呢？原来稳定的均衡会变成什么样？在回答这些问题之前，你应该先考虑这些条件的改变将如何影响需求和供给。曼昆在教材中总结了应对该类问题的三步骤分析方法[1]：首先，这种改变影响的是需求曲线还是供给曲线？其次，这种改变让这条曲线如何移动？最后，移动后的均衡和原来的均衡有什么差异？下面我们举例来分析。

（1）需求变动对市场均衡的影响。如果在某个时间段内，消费者的收入普遍上升，在水果市场上会有怎样的影响呢？首先我们要思考消费者收入增加这个事实会影响需求曲线还是供给曲线。影响需求变动的因素中有"消费者的收入"，所以，消费者收入的普遍上升会影响需求曲线。然后考虑需求曲线向哪个方向移动。水果一般情况下都是正常商品，在收入普遍上升时，消费者愿意增加对水果的购买，因此在价格不变的条件下，水果的需求量增加了，这会使得需求曲线向右移动。接下来回答最后一个问题，即需求曲线移动之后的均衡和原来的均衡有什么差异。见图7-2：

---

〔1〕〔美〕曼昆著，梁小民、梁砾译：《经济学原理：微观经济学分册》（第6版），北京大学出版社2012年版，第84页。

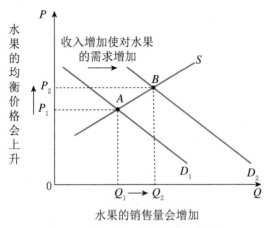

图 7-2 需求变动对市场均衡的影响

在图 7-2 中，由于需求曲线的右移，水果市场的均衡点从 A 点变动成 B 点，将两个均衡点的横纵坐标进行比较就会发现均衡价格上升了，均衡数量也上升了。所以，在水果的供给保持不变的前提下（这一点很重要），消费者收入的增加会使得水果的均衡价格和均衡数量都上升。

（2）供给变动对市场均衡的影响。如果水果主产区遭遇了意外的自然灾害，使得水果减产，将会造成什么结果呢？首先判断该事件影响需求还是供给。影响供给曲线移动的因素中有"生产者的数量"，自然灾害使得部分生产者无法提供水果，所以这个事件会影响供给曲线。然后，由于部分生产者无法提供水果而退出水果市场，整个水果市场的生产者数量减少，这会使供给曲线向左移动。供给曲线向左移动会如何影响市场均衡呢？见图 7-3：

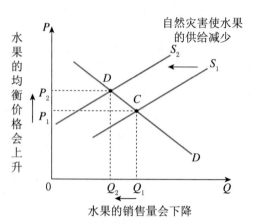

图 7-3 供给变动对市场均衡的影响

在图 7-3 中，由于供给曲线向左移动，水果市场的均衡点从 C 点变动到 D 点，将两个均衡点的横纵坐标进行比较会发现均衡价格上升了，但均衡数量减少了。所以，在水果的需求保持不变的前提下（这一点很重要），水果主产区遭遇自然灾害的事件会使得水果的均衡价格上升、均衡数量减少。

（3）需求和供给同时变动对市场均衡的影响。以上两个例子都是需求或供给一方变动对市场均衡的影响，如果需求和供给同时发生变动，会有怎样的结果呢？我们假设消费者收入增加的同时，水果主产区遭到了自然灾害的侵袭，这会如何影响水果市场的均衡呢？见图 7-4：

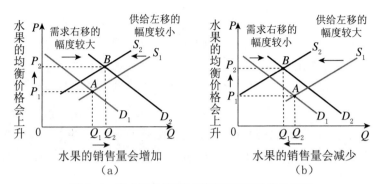

图7-4 需求和供给同时变动对市场均衡的影响

从以上两个例子的分析可知，消费者收入增加会使需求曲线向右移动，水果主产区遭受自然灾害会使供给曲线向左移动，两个事件同时发生，在水果市场上会造成两种可能的结果：如果需求曲线右移的幅度大于供给曲线左移的幅度，均衡价格会上升，均衡数量会增加，见图7-4的（a）图；如果供给曲线左移的幅度大于需求曲线右移的幅度，均衡价格会上升，均衡数量会减少，见图7-4的（b）图。因此，两个事件同时发生时，能够确定的是均衡价格一定会上升，但均衡数量无法确定，均衡数量的确定取决于两条曲线各自移动的幅度大小。

从这个例子中我们可以发现，需求曲线和供给曲线的移动方式共有四种组合：需求曲线和供给曲线同时向右、需求曲线和供给曲线同时向左、需求曲线向左时供给曲线向右、需求曲线向右时供给曲线向左。对这四种组合再总结，就可以简化成需求曲线和供给曲线同方向变动、需求曲线和供给曲线反方向变动这两种情况。如果需求曲线和供给曲线同方向变动，那么均衡数量的增加或减少可以确定，但均衡价格无法确定（可能会上升、不变、下降）；如果需求曲线和供给曲线反方向变动，那么均衡价格的上升或下降可以确定，但均衡数量无法确定（可能会增加、不变、减少）。这些"无法确定"产生的原因是需求曲线和供给曲线的移动幅度可能不同，只有确定二者位移的幅度，才能对这些"不确定"做出具体判断。本书篇幅有限，对此不再赘述，感兴趣的朋友可以自己画图观察四种形式，看看结果是不是这样。这种改变外生变量（需求函数和供给函数中系数的改变）再比较分析内生变量（求出新的价格和量）的变化的分析方法（即将后来的均衡与原来的均衡进行比较分析的方法）被称为比较静态分析。

3. 动态分析

上面内容介绍的是经济学中的静态分析和比较静态分析，二者都称为"静态"是因为两种分析方法都没有把时间进程考虑在内，没有对未来经济发展趋势的预测分析（都没考虑时间发展，当然无法预测）。动态分析就弥补了静态分析的不足，将时间发展考虑在内，比如随着时间的推移，某一参数会继续变化成什么样，均衡将会由此变动成什么状态等，常见的是将某一变量对时间求导，得出其随时间变化的变动率（对时间求导，即时间有很小的变动时该变量的变动量）。由于分析过程比较复杂，目前在微观经济学教学中依旧是静态分析和比较静态分析方法占主导地位，动态分析则经常用于宏观经济学对经济周期和经济增长的研究中。蛛网理论模型被认为是在微观经济学教学中最接近动态分析的模型，本书在此不做分析，感兴趣的朋友可以参考高鸿业先生主编的《西方经济学》教材[1]。

4. 案例分析：美国页岩油产量与国际油价

欧佩克组织（Organization of the Petroleum Exporting Countries,

---

〔1〕 高鸿业主编：《西方经济学》（第五版），中国人民大学出版社 2011 年版，第 48 页。

OPEC）是世界上最主要的石油输出组织，其在国际原油市场上能够通过调整原油产量实现对原油价格的控制。然而，大约在2006年，美国北达科他州和得克萨斯州的几家能源公司开始使用改进了的"水力压裂法"技术，将从前难以开采出来的、存在于大量坚硬的页岩中的油气开采出来。经过多年的开采及产能调整，这种"页岩油"使得美国的石油产量急剧上升，冲击了全球石油市场的石油价格，迫使国际原油价格从2014年6月起一路走低，布伦特原油指数从接近114美元跌至70美元，5个月内下跌了38.6%。面对美国"页岩油"的冲击，以沙特阿拉伯为首的欧佩克组织没有选择控制价格，而是为了保住市场，与美国"死磕"，放任油价继续下落。利用比较静态分析方法就可以看出，这是国际原油市场的供给曲线向右移动的结果，欧佩克组织没有限产措施，结果就是国际原油市场的均衡价格下降，同时均衡原油数量增加。

（三） 市场效率

经济学理论一般认为市场均衡的结果会使得整个市场的参与者都获得好处，参与其中的消费者和生产者的总利益可以达到最大化，整个市场的产量也会达到最大，即市场均衡的结果是有效率的。我们可以从消费者剩余、生产者剩余、总剩余的概念去探讨。

1. 消费者剩余

某一概念如果跟消费者或者需求相关，你就应该想到它八成和主观性脱不了干系。消费者剩余就是这样的。我们经常会遇到类似这样的事情：你打算买某一类型的手机壳（这只是个例子，买什么都行），在路上你会简单盘算一下，如果手机壳超过25元，你就不会买。到了一家小清新的手机壳门店，你一眼看中了一款手机壳，询问价钱后发现它只卖 15 元。你看了又看，觉得这款手机壳的样式、做工、设计都很满意，不是以次充好的劣质品，于是你满心欢喜地扫码支付了 15 元。你现在的快乐仅仅是因为买到了心仪的手机壳吗？除了这个因素（当然，这是此行的目的），你的快乐还缘于只花 15 元就买到了你本以为会卖 25 元的东西，你感觉占了好大一个便宜。这种占便宜的快感就是消费者剩余。除了这种现实例子，还有很多情况是你并没有一个明确的心理价位，觉得价格合理也就买了。比如口渴的时候，你发现一家饮品店，看看价位选了一款 20 元的饮料，然后付款。但你仔细想想，像这种情况，如果价格再高一点点（比如 22 元），是不是你也照样会买？你付 20 元买下这杯饮料的事实证明了 20 元这个价格并没有超过你的心理价位，虽然你可能从来没有考虑过自己买一杯饮料的心理价位究竟是多少。此时，你其实也获得了消费者剩余，但你自己没有察觉到，你没发现这杯饮料卖 22 元时你也会买，你在不知不觉中"占了两元钱便宜"。说来说去，这些都和主观评价有关，这个主观评价是你对某一商品的最高评价，简单解释就是你愿意为这个商品支付的最高价格。马歇尔认为你愿意支付的价格越高，这个商品对于你的价值越大，也就是你在用愿意支付的最高价格去衡量该商品给你带来的效用，这个思想在讲效用的部分已经陈述过了。

　　你愿意为某一商品支付的最高价格就叫作支付意愿（willingness to pay），它也是你买某一商品的心理价位。既然是心理价位，那必然是"想要并能够"的，这些熟悉的经济学词语再次扑面而来。消费者剩余（Consumer Surplus）就是消费者的支付意愿减去商品的价格，简而言之，你愿意为某一商品支付的最高价格与你实际购买该商品时支付的价格的差额就是消费者剩余，它用来从消费者的角度衡量经济福利。我们看图 7-5：

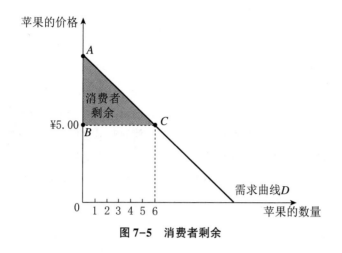

图 7-5 消费者剩余

图中这个需求曲线是单个消费者对苹果的需求曲线，需求曲
线以下、购买价格以上的部分，即△ABC，就是消费者剩余。该
消费者在 5 元的价格下买了 6 个苹果，除了第 6 个苹果没有消费
者剩余，其他的 5 个都有消费者剩余，且第 1 个苹果的消费者剩
余最大。因为第 1 个苹果的边际效用最大，所以消费者对第 1 个
苹果的评价、愿意支付的价格也最高（回忆基数效用论推导的需
求曲线），但他只需支付 5 元（毕竟 6 个苹果是在 5 元的价格下
一起买入的），消费者剩余自然最大。从第 2 个到第 5 个苹果的
消费者剩余依次递减，到第 6 个苹果时消费者的评价下降至 5 元，
价格也正好是 5 元，于是第 6 个苹果就没有消费者剩余了。也可以
说，消费者用与第 6 个苹果的支付意愿相等的价格购买了全部 6 个
苹果。如果图中的需求曲线换成整个苹果市场的需求曲线，也就是
许多消费者个人需求曲线的横向加总，只要某个消费者对苹果的评
价大于 5 元，他就会得到消费者剩余，市场的消费者剩余也就是众
多消费者的消费者剩余的加总。

消费者剩余这个现象最早是由杜普伊特在 1844 年构建他的

需求曲线时发现的，他称之为"超过支出的多余效用"，后来马歇尔强调了杜普伊特关于消费者剩余的这一发现，并将其命名为"消费者剩余"并进行了系统性的研究[1]。

2. 总剩余

消费者剩余介绍完毕，你还记不记得讲供给曲线时提到过的生产者剩余？当时我们说生产者剩余就是厂商的利润，在这里我们认为生产者剩余是从厂商的角度衡量经济福利的。现在，消费者和生产者带着他们的福利到齐了，我们将他们的福利合并在一起，称之为市场的总剩余（Total Surplus），见图 7-6：

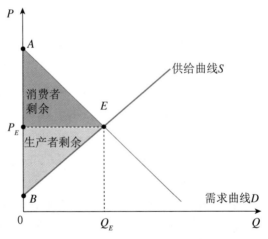

图 7-6　消费者剩余、生产者剩余和总剩余

在图 7-6 中，某一商品市场上的需求曲线和供给曲线相交于 E 点，确定了均衡价格 P_E 和均衡数量 Q_E，整个市场处于均衡状态。那么，需求曲线 D 以下，均衡价格 P_E 以上，即 $\triangle AEP_E$，就

〔1〕　[美]斯坦利·L. 布鲁、兰迪·R. 格兰特著，邸晓燕等译：《经济思想史》（第 8 版），北京大学出版社 2014 年版，第 199、253 页。

是消费者剩余；均衡价格 P_E 以下，供给曲线 S 以上，即 $\triangle EBP_E$，就是生产者剩余。两个剩余加起来，即 $\triangle AEB$，就是总剩余。所以，我们也可以说，需求曲线以下，供给曲线以上的区域就是总剩余，它表示整个市场的经济福利。整个市场生产出其所能生产的最大产量，消费者得到商品和额外的效用，生产者卖出商品并赚到了利润，整个市场是合意的（desirable），整个市场处于有效率的状态。

学习了需求、供给、市场和总剩余的内容，我们现在可以对效率做出如下论述：如果资源配置可以使总剩余最大化，这种配置就是有效率的；如果一种商品不是由对这种商品评价最高的人买到的，说明市场的资源配置是无效率的，若该商品从评价低的人转到评价高的人，消费者剩余会增加，总剩余也会增加；如果一种商品不是由成本最低的厂商生产的，市场的资源配置就是无效率的，若产量从高成本的厂商流向低成本的厂商，生产者剩余会增加，总剩余也会增加[1]。

3. 再谈效率与平等

所以，整体来看，一个社会或市场是否达到了有效率的状态，就看其是否能够充分利用生产能力而将产量最大化、是否可以使总剩余最大化。如果能够实现，它就是有效率的；如果不能实现，它就是无效率的。经济学目前一般认为自由市场可以实现效率，"让人们做他们喜欢做的事吧"（laissez faire）成为一句久唱不衰的口号。然而，市场也会存在失灵问题（第十一章会讨论），政府也将据此介入经济以提高效率，同时政府的介入也要顾及平等的问题。

---

〔1〕 〔美〕曼昆著，梁小民、梁砾译：《经济学原理：微观经济学分册》（第6版），北京大学出版社 2012 年版，第 150 页。

这一部分讲效率，但并不是忘记了平等。即使是在我国高速发展的经济阶段，政府也经常提及"提高效率，兼顾公平"的原则。西方经济学教材总会给人带来某种错觉，即提出效率是首要的、市场经济就是提高效率、政府介入就是牺牲效率等论调；某某经济学类的网红在分析时事时，多是开出提高效率的经济学药方，却忽视了效率提升必是以牺牲平等为代价的。西方经济学教材不是不提平等问题，而是很少提平等问题，也不着重强调平等的价值与意义，"市场竞争""优胜劣汰""提高效率"等词语就是在潜移默化地宣传社会达尔文主义。请读者朋友们记住一点，过分强调效率而轻视平等的经济学不是真正的经济学。

4. 案例分析："黄牛"与效率

我们习惯将医院门口兜售诊号的人、车站前兜售车票的人称为"黄牛"。很多人憎恶他们，但又有很多人找他们买诊号或买票。这些"票贩子"的存在有什么经济学意义呢？答案不太容易让人接受——"黄牛"们提高了市场效率。

先不提看病、春运这样的话题，我们拿歌手演唱会的"黄牛票"举例子。比如，周杰伦要开一场演唱会，不出意外的话，演唱会当日的会场门口，"黄牛"们就会"若隐若现"。假定周杰伦演唱会的门票只有一种价格（现实中当然不是这样），比如500元，已经卖光，"黄牛"们手里积攒了若干。蕴蕴和苈苈没有购买到500元的门票，于是打算找"黄牛"买票。蕴蕴的心理价位是700元，苈苈的心理价位是900元。如果"黄牛"的票价是700元，那么二人都能看上演唱会，只是苈苈觉得更开心一些，因为她获得了蕴蕴没能得到的200元的消费者剩余。如果"黄牛"的票价是800元或900元，那蕴蕴肯定会扭头回家，苈苈则依旧会看上偶像的演唱会，只是她可能获得100元的消费者剩余或者没有消费者剩余。如果"黄牛"的票价是1000元，那么蕴蕴和苧苧就都扭头回家了，这 1000 元的票可能会卖给为了见周杰伦而情愿付出 1000 元的丁丁。

所以，"黄牛票"的本质就是消费者的竞价过程：谁对这张演唱会门票的评价最高，谁就将获得这张门票，因为谁评价更高就说明谁更爱周杰伦，他也就更有资格得到这张门票。最终结果就是愿意花 1000 元的丁丁得到了这张票，并且用她的实际行动证明了她比蕴蕴和苧苧更爱周杰伦。"黄牛"将演唱会门票配置给了对门票评价最高的丁丁，实现了市场效率的最大化（即商品卖给了评价最高的人或商品由成本最低的厂商生产）。此时，如果丁丁的心理价位正好是 1000 元，那么丁丁所有的消费者剩余都转变成了"黄牛"的利润；如果丁丁的心理价位是 1200 元，那么她将获得 200 元的消费者剩余，而"黄牛"依旧获得 500 元的利润。因此，"黄牛"就是通过"竞价拍卖"演唱会的门票来尽可能多地"侵占"消费者的消费者剩余，但"黄牛"客观上也确实将门票配置给了对门票评价最高的那个人，从而实现了效率的提升。不然，这张门票可能会在售票处以 500 元的价格卖给对周杰伦的喜爱程度还不及蕴蕴的瓜瓜（瓜瓜的心理价位可能就是 500 元）。"黄牛"将门票从评价最低的瓜瓜那里转移到评价最高的丁丁手中，实现了效率的提升，如此一来，市场的总剩余将会增加，只不过增加的总剩余全都是"黄牛"的利润，而没有成为丁丁的消费者剩余。

演唱会门票有"黄牛"其实影响并不大，无非是看不看得到歌手的问题。但如果把蕴蕴、苧苧、丁丁换成想看病的病人，换成春节想回家的打工者，性质就完全变了。本质上，"黄牛"倒卖诊号和车票依旧会提高医院和铁路的运营效率，问题出在"想要并能够"上。1000 元的诊号，蕴蕴和苧苧可能会"想要但不能够"，只有丁丁是"想要并能够"。直击灵魂的一问就是：蕴蕴和苧苧买不起 1000 元的诊号就该不治病吗？蕴蕴和苧苧买不起 1000 元的车票春节就该不回家吗？在讨论医疗、春运这样的民生话题时，只提效率就是纯纯的社会达尔文主义，是极不负责任的言论。所以，国家对医院的"号贩子"和车站的"票贩子"予以严厉打击，为的不是效率，而是平等，是牺牲效率换取平等。即使在没有"黄牛"的票价下，有些农民工依旧没有消费者剩余可言，但政府至少尽其所能维护了老百姓的平等。

（四）价格控制

在理想状态下，市场可以使效率最大化，但市场往往顾及不到平等。政府觉得市场的均衡价格对消费者或者生产者不公平时，会通过行政权力对价格施加干预。我们很容易想到政府对价格进行干预的原因：要么价格太高，不利于消费者；要么价格太低，不利于生产者。所以，从政府的视角看（价格高或低是政府认为的），价格太高的要压下去，价格太低的要抬上来，这就是价格上限和价格下限。

1. 价格上限

政府觉得当前的市场均衡价格过高，损害了消费者的利益或造成了某种形式的不公平时，就会制定一个低于市场均衡价格的价格，这个价格叫作价格上限（Price Ceiling），也叫限制价格。只需记住一点，价格上限是为了压低价格。低于哪个价格？低于均衡价格。见图 7-7：

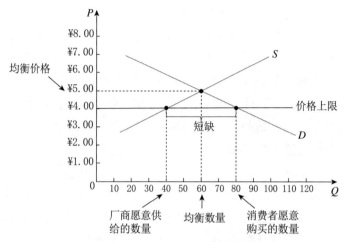

图7-7 价格上限与供给短缺

如图7-7所示，市场的均衡价格是5元，均衡数量是60个单位。但政府觉得这么高的价格不利于消费者，于是制定了一个低于均衡价格的价格，比如4元，这样由于政府的行政权力，市场上的厂商就都必须以4元的价格出售产品。但这样会出现一个新问题：在需求曲线上，4元的价格着实吸引人，消费者的需求量从60个单位增加到80个单位。但看供给曲线就会发现，4元的价格对于生产者来说没什么吸引力，厂商们只愿意在4元的价格下提供40个单位的商品，比均衡数量少了20个单位。如此，价格上限人为制造了供不应求，使得原本均衡的市场出现了商品的短缺（Shortage）现象。如果我们假设每个消费者只能买1件商品，那么现在横轴的数量也可以代表消费者人数，原来均衡时正好60个消费者能买到商品，现在由于价格上限压低了价格，消费者人数多了20个，而供给的商品却少了20个单位，这就说明曾经能买到商品的20个消费者现在买不到商品了（均衡时60个消费者能买到，现在供给量只有40个单位）。政府本意是降低价格使更多的消费者能够买到商品，结果却事与愿违。

需要注意的是，市场价格时常浮动，而价格上限很少那样灵活。所以价格上限可能会有一个"提前量"，即价格上限设置在当前的均衡价格以上。这样，当下的均衡价格没有超过价格上限，价格上限就暂时不起作用。但是在市场作用下，均衡价格会浮动变化，均衡价格上升到价格上限，价格上限才会开始起作用，短缺现象才会出现。

现实生活中，短缺现象（即供不应求）会造成一些新的问题，比如排长队。排长队会让消费者觉得浪费时间，所以我们经常看到有些人会坚持排队，而有些人会因队伍太长而放弃购买。其实排队行为本身就是一种付费行为，因为排队需要比较长的时间，而时间有机会成本，时间的机会成本越大的人越不愿意排队。那些放弃排队的人就是时间的机会成本较高的人，他们放弃排队是因为他们觉得为了这件商品既付出金钱又付出这么长的时间成本是不划算的。那些坚持排队的人则认为他们付出这么大的时间成本是值得的，因为他们对该商品的评价很高，高到至少与限制价格和时间成本之和一样甚至更高。看到这里你发现什么了吗？如果把时间成本折合成价格加在这个限制价格上构成一个"总价格"，认为这个"总价格"高的人就不会排队了（不买了，"想要但不能够"），而认为"总价格"可以接受的人会继续排队（决定买，依旧"想要并能够"）。这个"总价格"是不是高过价格上限了？价格上限真的起作用了吗？这个新的价格以融入时间价值的方式突破了价格上限。这的确是一件值得思考的事情。

短缺还会造成生产者根据个人偏好售卖商品的问题，用朴素的语言讲，就是会出现舞弊、腐败等问题。设想一下，你卖的这种商品处于供不应求的状态，会不会有你的亲戚、朋友、朋友的朋友以各种方式联络你呢？他们为了得到你销售的商品，会情愿在你身上付出更多，他们的付出都是他们自己的成本，加上限制的价格，构成了一个"总价格"，这个"总价格"必然高于现在的价格上限。换句话说，价格上限还是没能限制住价格，新的价格以吸纳其他成本的方式突破了价格上限。这或许遵循了经济规律，至少你把商品卖给了出价最高的人，但这样做公平吗？这个问题就很难回答了。除此之外，你也会依据你的偏好售卖，比如你就是看某人顺眼，就愿意卖给他，或者这个人你认识，或者你单纯打算卖个人情，这样的理由简直太好了。总而言之，在供不应求的状态下，你的讨价还价能力很强，主导权很大，你会依据你的喜好选择卖给谁，这样的行为导致你没有把有限的商品卖给评价最高的人，这是一种效率损失，同时也不够公平。这也是一件值得思考的事情。

现在，排除掉你仅仅凭借偏好卖东西的情况，只讨论"排长队"和"行贿"（这里用"行贿"来代表所有类似的不正当竞争行为）这两个现象，这两个现象都增加了消费者的成本，使得消费者实际支付的价格超过了价格上限。既然超过了价格上限，那是回到原来没有价格上限时的均衡价格了吗？见图7-8：

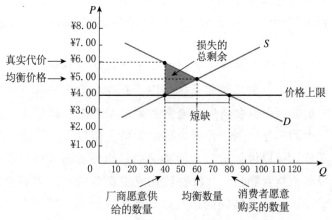

图7-8　存在价格上限时消费者的真实代价

现在供给数量只有 40 个单位，消费者们在排队或者在"行贿"。上文已经分析过，继续排队的人或"行贿"的人都是在增加自己的真实代价，这个真实代价一定会超过价格上限。他们为什么会排队或"行贿"呢？因为他们想在打算购买该商品的 80 个消费者中"脱颖而出"，最终成为拥有这 40 个单位商品的"胜利者"。消费者之间的这个"竞争"过程本质上是一个竞价过程，它决定了 80 个人中哪 40 个人有资格得到这 40 个单位商品。这个现象背后的逻辑依旧是需求定理，这 80 个人通过竞价，沿着需求曲线将价格不断抬高，在抬高的过程中逐渐淘汰支付意愿相对较低的消费者，最终使价格停留在需求量为 40 个单位的位置，而这个位置的价格就是价格上限+时间成本或价格上限+贿款，得到商品的 40 个"胜利者"并没有如政府希望的那样少花钱，反而花了更多的钱。因此，就算政府打算干预市场，最终的结果依旧逃脱不了市场中那只"看不见的手"的摆布。在政府的"骚扰"下，原来没有价格上限时的市场上的总剩余损失掉一个三角形的部分，整个市场的福利下降了。福利下降的原因就是市场上产量的下降：从原本的 60 个单位下降到 40 个单位，本来应该生产出来的 20 个单位产量永远消失了。

至于剩下的总剩余中消费者和生产者如何分配，则需要看具体的情况了。如果是排队的情况，总剩余会进一步变少，三角形左边的矩形也会消失，消费者剩余是需求曲线以下、真实代价以上的部分；生产者剩余则是价格上限以下、供给曲线以上的部分。可以说，消费者因排队而付出的时间代价，或者说损失掉的消费者剩余，并没有转化成生产者的生产者剩余，因此矩形面积是双方共同的损失。如果是"行贿"的情况，总剩余不会进一步减小，消费者剩余依旧是需求曲线以下、真实代价以上的部分，但生产者剩余是真实代价以下、供给曲线以上的部分，三角形左边的矩形面积全部成为生产者剩余。因为生产者不仅得到了价格上限的价格，还得到了"贿款"，生产者在产量为40个单位时增加了"利润"（没增产却获得了更多的利润）。可以说，消费者的"行贿"行为是将自己本来拥有的消费者剩余拱手让给了生产者，目的是获得产品以及余下的消费者剩余。其实，黑市也是这样的道理，黑市里的价格更接近短缺商品的真实价格。

因此，纵观整个过程，我们可以认为，政府那个设置价格上限的政令人为压低了价格，造成了产品的短缺，出现供不应求的现象，但市场的力量通过供求关系自行调节，依旧实践了"物以稀为贵"的真理，把价格调了上去，让这个"高价格"匹配了"供不应求"的现实，市场自动淘汰了多余的消费者。这再一次验证了，当供给有限时，必是出价高者得之，所以黑市里的价格才是最接近真正价格的价格，而政府制定的价格是一个被扭曲了的价格，失去了价格作为市场信号的意义。

2. 价格下限

当政府觉得当前的市场价格过低，不能刺激厂商的生产或不能保证厂商的利润时，政府就会制定一个高于市场均衡价格的价格，这个价格叫作价格下限（Price Floor），也叫支持价格。需要记住的是，价格下限是为了抬高价格。高于哪个价格？高于均衡价格。见图7-9：

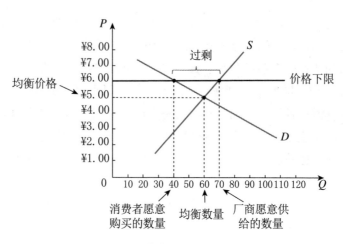

图 7-9　价格下限与供给过剩

如图 7-9 所示，市场的均衡价格是 5 元，均衡数量是 60 个单位，但政府认为这个价格过低，导致厂商的利润受损，于是就制定了一个高于均衡价格的价格，比如 6 元，这样政府通过行政权力使市场上的厂商都必须按照 6 元的价格出售产品。这样会造成新问题：供给曲线上，6 元的价格激励厂商把产量从 60 个单位提高到 70 个单位。需求曲线的反应却是另一番景象，6 元的价格对于消费者而言太高了，消费者们只愿意在 6 元的价格下购买 40 个单位的商品，比均衡数量少 20 个单位。如此，价格下限人为制造了供过于求，使得原本均衡的市场出现了商品过剩（Surplus）现象。和原来的均衡状态相比，厂商本来能出售 60 个单位的商品，现在只能卖出 40 个单位（因为消费者在 6 元的价格下只愿意买 40 个），政府设定的价格下限不但没有使厂商获得更多的利润，反而使厂商少卖出 20 个单位的商品。政府本来是认为价格太低，想通过抬高价格增加厂商的利润，却依旧没得到好结果。

仍需注意的是，由于市场价格时常浮动，价格下限也不灵活，价格下限和价格上限一样可能会有一个"提前量"，即价格下限设置在当前的均衡价格的下方。这样，只要均衡价格没有低于价格下限，价格下限就暂时不起作用。只有均衡价格在市场作用下浮动变化到价格下限之下，价格下限才发挥作用，过剩现象才会出现。

现实生活中，过剩现象（即供过于求）也会造成新问题。由于供过于求，消费者的讨价还价能力增强，是供不应求状态的翻转，也会出现某种形式的不公平或腐败问题。比如在劳动力市场上，劳动者相对过剩时，其寻求工作岗位的方式可能会更依赖于人际关系，即"托关系"找工作等。又或者，卖者通过"贿赂"买者的方式让买者购买其产品，比如一些公司的采购部门就很容易碰到类似的事情。设想一下，一些厂商的"贿赂"行为本身就是压低了自己的收益。因此，价格下限真的起到作用了吗？未必，这同样是一件值得思考的事情。

经济学教科书中在价格下限造成商品过剩问题上经常举的例子就是劳动力市场上的"最低工资法"。政府为了保证劳动者的收入，制定最低工资标准。在雇主为需求者、劳动者为供给者的劳动力市场上，最低工资标准就是一种价格下限。最低工资标准高于劳动力市场的均衡工资水平，会造成劳动力市场上的过剩，即高于均衡工资水平的最低工资标准会吸引更多的劳动者提供劳动力，但高于均衡工资水平的最低工资标准会抑制雇主对劳动力的需求量。所以，最低工资法反而会造成劳动力的供过于求，出现非自愿失业现象。最低工资会帮助已经有工作的人获得更高的收入，但会伤害还没有找到工作的人，使失业的人更难找工作。不过，这只是黑板经济学的推理，已经有许多研究表明，最低工资如果上升10%，只会使得青少年的就业量下降1%—3%，对成年人的就业市场影响很小；还有些研究表明，最低工资法对成年人的就业影响几乎为零，甚至还有就业增加的现象〔1〕。总而言之，最低工资法会造成什么样的影响，是个见仁见智的问题，目前还是很难得出最终的定论。

现在我们再细致分析一下厂商"贿赂"买者的例子。假设每个厂商只能出售一件商品，那么横轴上的量在表示供给量的同时也可以代表厂商数量。厂商"贿赂"买者，也就相当于自己压低了售价，价格能降到原来的均衡价格处吗？我们看图7-10：

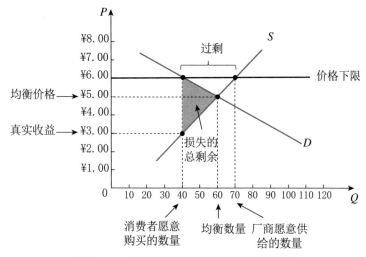

图7-10　存在价格下限时厂商的真实收益

由于政府制定价格下限，消费者愿意购买的数量只有40个单位，但厂商却有70个，有30个单位的过剩产能，这就说明这70个厂商中只有40个能卖出自己的产品，另外30个只能"喝西北风"。于是，70个厂商开始争夺这40个买者，比如对买者"行

---

〔1〕［美］保罗·萨缪尔森、威廉·诺德豪斯著，萧琛主译：《微观经济学》（第19版），人民邮电出版社2012年版，第70页。

贿"。在价格已经确定的情况下，"行贿"行为就是降低厂商的收益，但不要忘记，供给曲线的本质是厂商的成本线（回忆第六章中生产者剩余和供给曲线的部分），如果收益下降，成本高的厂商将会亏损。竞争越激烈，则"行贿"行为越猖狂，厂商的真实收益就被压得越低，最后就是成本相对高的厂商被迫离开市场，留下了 40 个成本最低、"行贿"金额最高的厂商。因此，真实的价格并没有回落到原来均衡价格的位置，而是进一步下降到足以淘汰 30 个生产成本较高的厂商的位置。可以说，即使政府制定价格下限，只要市场机制不失灵，市场就会自动调节，一步一步地淘汰掉没有成本优势的生产者。与价格上限的结果一样，图 7-10 中的三角形面积就是损失掉的总剩余，因为最终成交的只有 40 个单位的产品，而不是 70 个。与原来均衡时的 60 个单位产品相比，有 20 个单位产品没有卖出去，无法"变现"成消费者剩余和生产者剩余。不过，在这种厂商对买者"行贿"的例子中，三角形左边的矩形面积却由生产者剩余变成了消费者剩余，也就是"贿款"揣进了买者的口袋里。比如，厂商确实是按照政府的要求以 6 元的价格将产品卖给了买者，但厂商是用额外给买者 3 元的"贿款"才实现这笔交易的，买者支付的价格与厂商得到的真实收益只有 3 元而已。

厂商对买者"行贿"的例子有点极端，他们还有其他的方式竞争，但其本质都是一样的——淘汰多余的竞争者，成本高的先出局。市场机制依旧按其规律将生产产品的机会交给了生产成本最低的厂商们，就像市场把产品交给了对产品评价最高的消费者们一样。

3. 对价格控制的总结

主流经济学教材中只要讲到价格控制，最终的结论必然是政府"好心办坏事"：为了让消费者享受低廉的价格而设置价格上限，结果却造成了短缺，反而让一些消费者买不到货了；为了让生产者获得高一些的报酬而设置价格下限，结果却造成了过剩，反而让一些生产者卖不出货了。结论就是政府不应干预经济，如果干预经济，就是对市场机制的破坏，就会造成市场效率的损失。这的确是典型的新古典经济学结论。

我们在第一章讨论效率与公平时谈过这个问题，即政府到底要不要干预经济。说实话，这个问题到现在都没有令所有人信服的答案。主流经济学一直秉承"政府应该是守夜人"这样的思想，认为自由市场能够自发调节，从而将资源分配到最佳的地方，实现效率的最大化等，政府就应该像"守夜人"一样老老实实打更去，不要多管闲事。但是没有哪个国家的政府是"守夜人"。在探讨宏观经济学问题时我们会发现，宏观经济调控在现实世界有重要的地位，不管新自由主义怎样标榜"市场能自发调节"，各国政府没有一个老老实实当"守夜人"。"用脚投票"现象在这里表现得淋漓尽致。关于宏观经济话题的探讨在这里不展开，只是在微观经济学视域下，要探讨政府的行为，我们更多地应该从"平等"维度去论述——政府干预经济首先是为了平等。市场机制在解决效率问题方面没有争议，但市场从不考虑平等，任由市场机制主宰经济的结果必然是崇尚丛林法则的社会达尔文主义。政府干预经济就是要解决市场解决不了的平等问题。因此，本节中的价格上限也好，价格下限也罢，都是政府认为当前市场的均衡价格对消费者或生产者不公平，于是政府要干预。图例说有短缺和过剩，但在劳动力市场中却发现最低工资法的影响远没图中显示的那么大，所以政府的干预起到了一定的作用，并没有必然地"好心办坏事"。

在我国，大学的学费就是一种典型的价格上限。与每年都要用通胀指标校正学分费的美国高校相比，中国高校的学费标准十几年都没有变动。如果把人民币学费都折合成美元计算，那在中国上大学的学费成本简直太便宜了。中国为什么控制读大学的价格？为了平等，为了不让有能力考上大学的学子因学费高昂而失去接受高等教育的机会。设想一下，如果读大学的价格随行就市，高考难的问题早就解决了——读不起的孩子不高考就行了，或者资本介入，把高等教育当成生意做就行了。但这样做就真的解决问题了吗？以上文对消费者向厂商"行贿"以获得产品的分析为基础，我们会发现，由我国政府财政支持的公立大学的学费偏低，即使是政府支持也会存在供给不足，那这有限的上大学资格该给谁呢？给最勤奋（或最聪明）的高中生。高中生废寝忘食的勤奋（或天资过人）与例子中的"行贿"行为本质一样，都是提高消费者自己的代价，通过"竞价"来获得上大学的资格。但这就是拼努力与拼天赋，比"行贿"公平得多。这就是政府创造的平等。

另一个例子就是医疗。现在人人都说看病贵，这的确不假，但这也是在政府的价格控制之下的，老百姓不用花太多的钱（虽然老百姓依旧觉得好贵）就能让一位资深医学教授给他们看病。设想一下，如果上医院看病的价格也随行就市，就医难的问题也早就解决了——看不起病的患者不看就行了。从市场经济的角度看，随行就市才是提高效率，但这平等吗？在这个例子中，市场依旧发挥了作用，我们看到的就是医院里患者们排的长队，但至少这也是一种公平——不愿意排队说明还没那么紧急，把机会让给那些愿意排队的危重患者。

可以简单地总结一句，政府干预经济的过程就是牺牲效率挽回平等的过程，面对效率和平等不可兼得的选择题，政府的首要选择往往都是平等，因为效率不需要刻意去选择，它会由市场机制自动实现。

（五）税收与市场效率损失

众所周知，税收是政府财政收入的主要来源，也是政府参与国民收入分配的手段，但是税收也会造成市场效率的损失，改变市场的均衡。本部分即将探讨税收是如何影响市场均衡，导致效率损失的。市场是由需求方和供给方共同构成的，因此政府既可以对消费者征税，也可以对生产者征税。我们先讨论政府对消费者征税的情况。为了使分析过程更好理解，这里征收的是从量税，这样征税改变的就是需求或供给曲线的截距，而不像从价税那样会改变曲线的斜率。

1. 对消费者征税的情况

假设某一商品市场已经达到了均衡，需求曲线为 D_1，供给曲线为 S，二者相交于均衡点 E_1。需求函数为 $Q_D = 12-2P$，供给函数为 $Q_S = 2P$，均衡价格为 3 元，均衡数量为 6 个单位（数据例子来源于张维迎的教材）[1]。如图 7-11 所示：

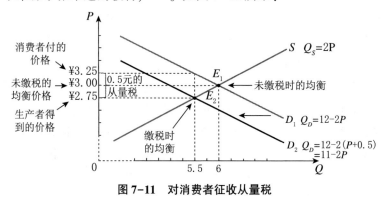

图 7-11　对消费者征收从量税

此时，政府对消费者征收 0.5 元的从量税。因为是对消费者

---

〔1〕　张维迎：《经济学原理》，西北大学出版社 2015 年版，第 179—181 页。

征税，所以影响的是需求曲线，那此时需求曲线会变成什么样子呢？0.5 元的从量税，意味着每买一个单位的该商品就要交 0.5 元的税，也就是消费者此时付出的价格要比正常价格多 0.5 元。将这多付出的 0.5 元代入需求函数就是 $Q_D = 12-2(P+0.5) = 11-2P$，该需求函数反映在图像中就是需求曲线 D_1 的横截距减少了 1 个单位，D_1 于是向左移动变成了需求曲线 D_2，这是因为不交税变成了要交税，在商品价格不变的情况下需求曲线移动了（回忆需求曲线移动的原因）。此时，新的需求曲线 D_2 与未变动的供给曲线 S 相交在新的均衡点 E_2 处。此时均衡价格是 2.75 元，均衡数量是 5.5 个单位。这里要注意的是，现在的需求曲线和供给曲线都还是该商品的需求曲线和供给曲线，所以 2.75 元和 5.5 个单位都是单纯的市场均衡的结果，这个结果不包括 0.5 元的税。所以，依据这个结果，消费者要支付 2.75 元的价格，厂商得到 2.75 元的价格。但毕竟是对消费者征税，消费者除了支付 2.75 元的价格，还要再支付 0.5 元的税。这样，消费者的总支出就可以计算出来了：2.75 元加 0.5 元为 3.25 元，而生产者揣进兜里的只是 2.75 元。

如图 7-11 所示，3.25 元正好落在需求曲线 D_1 上。我们可以这样理解：若依旧按照原来的需求曲线 D_1 来分析，那么消费者要花费 3.25 元才会得到 5.5 个单位的商品，但消费者支出的 3.25 元不会都到厂商手里，厂商只能得到 2.75 元，消费者支出的另外 0.5 元变成税进入政府的账户里了。与原来没征税时的均衡价格 3 元相比，消费者多支付了 0.25 元，生产者少得到了 0.25 元，这一多一少加起来共 0.5 元，变成了税收。

2. 对生产者征税的情况

我们依旧使用这个市场举例，此时需求曲线为 D，供给曲线为 S_1，二者相交于均衡点 E_1。需求函数为 $Q_D = 12-2P$，供给函

数为 $Q_S = 2P$，均衡价格为 3 元，均衡数量为 6 个单位（数据例子依旧来源于张维迎的教材）。如图 7-12 所示：

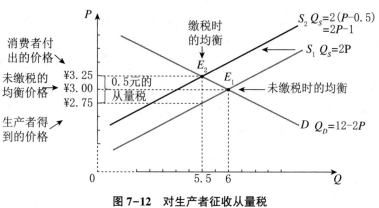

图 7-12　对生产者征收从量税

此时，政府对生产者征收 0.5 元的从量税。由于是对生产者征税，受到影响的应是供给曲线。0.5 元的从量税，意味着生产者每卖出 1 个单位的该商品就要交 0.5 元的税，也就是说生产者赚到的钱并不是消费者支付的市场价格，而是在这个价格基础上少了 0.5 元，即生产者少赚了 0.5 元。将这少赚到的 0.5 元代入供给曲线中就是 $Q_S = 2 (P-0.5) = 2P-1$，这个新的供给函数反映在图像中就是供给曲线 S_1 的横截距减少 1 个单位，S_1 向左移动变成了供给曲线 S_2，这是因为不交税变成了要交税，在商品价格不变的情况下供给曲线移动了（回忆供给曲线移动的原因）。此时，新的供给曲线 S_2 与没变的需求曲线 D 相交在新的均衡点 E_2 处。现在的均衡价格是 3.25 元，均衡数量是 5.5 个单位。与上面的例子一样，现在的结果就是该商品的需求曲线 D 与供给曲线 S_2 相结合的均衡结果，均衡价格就是消费者付出的 3.25 元，同时也是生产者收到的 3.25 元（注意这只是生产者收到的，并不是生产者能揣自己兜里的）。但政府是在对生产者征税，生产者收到的这3.25元要拿出0.5元给政府，因此生产者实际揣进自己兜里的并不是3.25元，而是2.75元。此时，消费者支付了3.25元，生产者得到了2.75元，中间的差额0.5元是从量税，进入了国库。

再看图7-12，2.75元正好落在供给曲线S_1上。如果依旧按照供给曲线S_1来分析，那么生产者只要得到2.75元就愿意出售5.5个单位的商品，但消费者想得到这5.5个单位的商品却必须花3.25元才行，这多出来的0.5元是税。与原来的均衡价格3元相比，消费者多支付了0.25元，生产者少得到了0.25元，这一多一少加起来共0.5元，变成了税收。

我们由此可以发现，政府无论对消费者征税，还是对生产者征税，结果都是一样的：消费者多支付0.25元，生产者少得到0.25元，而政府得到0.5元的税收。总而言之，这税钱，政府是收定了，至于是消费者交还是生产者交，其结果都是一样的。套用一下仓央嘉措的名句：消费者交，或者生产者交，税就在那里，不增不减。

在这个例子中，消费者和生产者各自承担了0.5元税收的一半，但并不是说每次政府收税，消费者和生产者都是五五分。什么因素会决定哪一方承担的税负更多呢？理论上讲，哪一方也不愿意交税，但这不是谁愿意不愿意的事情，总会有一方多交一些，一方少交一些。既然如此，哪一方对价格不那么敏感，哪一方就多交点。所以，答案是价格弹性。

3. 税收归宿与弹性

税收归宿（Tax Incidence）是指税负最终的承担者。消费者和生产者究竟哪一方会承担更多的税负，取决于他们各自对价格的敏感程度——谁对价格不敏感谁就多交一些，谁对价格敏感谁就少交一些。具体可见图 7–13：

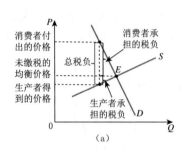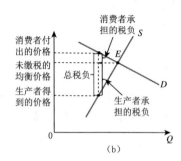

图 7–13　税收归宿与需求、供给价格弹性

在（a）图中，需求曲线 D 比供给曲线 S 更为陡峭，表明消费者的需求价格弹性小于生产者的供给价格弹性，意味着消费者对价格的变化更加不敏感，于是消费者承担了更多的税负，即与未缴税时的均衡价格相比，消费者多支付的要大于生产者少得到的，税负大部分是由消费者承担的。再看（b）图，此时是供给曲线 S 比需求曲线 D 更为陡峭，表明生产者的供给价格弹性要小于消费者的需求价格弹性，生产者对价格的变化更加不敏感，于是供给者就承担了更多的税负，即与未缴税时的均衡价格相比，生产者少得到的大于消费者多支付的，税负大部分是由生产者承担的。

4. 税收与效率损失

细心的朋友可能早已发现，在这个征税的例子中，无论是对消费者征税还是对生产者征税，征税的结果都一样，但市场中的产量却和征税之前不一样：整个市场的产量从 6 个单位下降到 5.5 个单位，整个市场的产量减少了，或者说这个市场未能生产出它的最大产量。这种情况即是市场效率的净损失（也叫税收的社会成本），因为损失的这 0.5 个单位的产量本可以生产出来，但是因缴税而没能生产出来。主流经济学一向以能够实现产量最大化为效率的基本，从这个角度去看，税收确实会造成市场效率的损失。为何会出现产量的下降呢？一般的解释是消费者和生产者双方为了避免多缴税而减少了产量。

我们再结合总剩余的知识分析一下税收造成的市场效率损失，见图 7-14[1]。总剩余由消费者剩余和生产者剩余组成，消费者剩余是需求曲线以下、均衡价格以上的部分，生产者剩余是均衡价格以下、供给曲线以上的部分。所以，A 和 B 的区域属于消费者剩余，C 和 D 的区域属于生产者剩余。现在由于政府征税，产量从 6 个单位下降到 5.5 个单位，A 和 C 的部分被政府取走了（5.5 个单位产量乘以 0.5 元的税收），而 B 和 D 构成的三角形对应没有生产出来的 0.5 个单位的产量，这个三角形区域就此消失。这个消失的三角形被称为"哈伯格三角形"，是为了纪念芝加哥大学经济学家阿诺德·C. 哈伯格（Arnold C. Harberger，1924—）而命名的。这个三角形一般用于市场效率的损失，在垄断的章节我们还会用它来表示垄断市场的效率损失。现在 A 和 C 的部分被政府获得，B 和 D 的部分永久消失，即使政府完全"取之于民，用之于民"，将全部税收用于造福百姓，即把 A 和 C 的部分再全部以公共服务的方式返还给消费者和生产者，B 和 D 的部分也永远消失了，这就是税收导致的市场效率净损失。但是，税收是政府的主要收入来源，也是政府提供公共服务的资金源泉，所以即便会造成市场效率损失，税负也不可能不交，就像美国政治家本杰明·C. 富兰克林（Benjamin Franklin）的名言说的那样：世界上只有两件事是不可避免的，那就是税收和死亡。

---

〔1〕 ［美］哈尔·R. 范里安著，费方域等译：《微观经济学：现代观点》（第七版），格致出版社、上海三联书店、上海人民出版社 2009 年版，第 245 页。

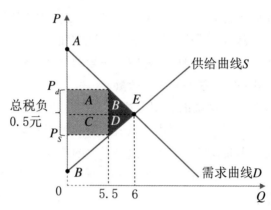

图7-14 税收造成的市场效率损失

（六）竞争与市场类型

1. 竞争的含义

我们时常会见到这样一种表述："引入市场竞争机制"。"市场"和"竞争"似乎天生就绑定在一起，也如生产和成本一样，像是一枚硬币的两面。市场是由消费者和厂商构成的群体，一般而言，无论是消费者还是厂商，都不会只有一个（的确有垄断问题，下文再谈）。既然不止一个，竞争就不可避免：厂商生产的商品数量有限，若消费者很多，消费者之间就会存在为了得到该商品的竞争；消费者数量有限，厂商之间就会存在为了卖出商品的竞争。这些都是十分朴素的道理。只要买卖双方的数量不止一个，竞争就不可避免，唯一的差别在于竞争的程度，而这也是一个朴素的道理：人越多，跟你抢的人就越多，竞争就越激烈，反之竞争就不激烈。因此，竞争行为的本质就是市场参与者为了获得稀缺资源而倾其所有的争夺行为。

2. 市场类型

在商品市场上，由于人口存在成千上万的规模现象，需求在一般情况下是充足的（严格说来，市场划分太细或偏好太特殊会存在需求不足，在生产要素市场上也会存在需求不足）。所以，经济学在探讨竞争问题时，往往是从供给方的角度出发，即厂商之间的供给竞争。竞争是否激烈主要取决于供给者的数量，所以经济学按照供给者的数量确定竞争的程度，比较便利地将市场划分为四种类型，即完全竞争市场、垄断竞争市场、寡头市场、垄断市场，其中完全竞争市场和垄断竞争市场可以统称为竞争市场。这种划分方式的前提是需求要充足。

（1）竞争市场。竞争市场上供给者众多，所以竞争也最激烈。完全竞争市场上出售的产品是同质的；垄断竞争市场上出售的产品是有些许差异的，供给者是利用各自拥有的差异来获得竞争优势的。为什么这类市场上的供给者会众多呢？因为这类市场上卖的商品比较容易生产且不需要特许经营权，即不存在进入壁垒，所以这类市场是"想进就进，想走就走"，供给者比较多。

（2）寡头市场。这类市场上的供给者屈指可数，但毕竟不是只有一个供给者，所以它们之间依旧存在竞争关系，只是竞争不够激烈；产品可以是同质的，也可以是异质的，但都属于同类产品。供给者数量少的原因是该市场上的商品需要一定资质或需要特许经营权才能生产，不是随便哪个企业想生产就生产的，即存在进入壁垒。由于竞争不够激烈，除了竞争问题，寡头厂商还会思考是否与竞争对手合作。

（3）垄断市场。这类市场上的供给者只有一个，不存在当下的竞争问题，这也是许多厂商梦寐以求的。垄断的存在就是因为垄断厂商有某种形式的进入壁垒，而其他厂商都无法获得，因而无法进入市场与垄断厂商竞争。所以，垄断厂商思考的是如何保持这种垄断地位。其实，垄断厂商也面临竞争问题，只是这种竞争是与未来的自己（继续保持垄断）或现在没有露面的潜在对手

（假想敌）的竞争，是一种维持垄断的自我竞争。

以上虽然是依据供给者数量导致的竞争程度差异划分的市场类型，但供给者数量的多寡还会使这些市场类型产生其他若干差异，见表7-1：

表7-1　各种市场类型间的差异

	完全竞争市场	垄断竞争市场	寡头市场	垄断市场
厂商数量	非常多	很多	若干	只有一个
市场份额	微不足道	很少	很多	独占
商品差异	毫无差异	少许差异	同质/差异	同质
进出市场难度	容易	一般	很难	非常难

关于这几种市场形式的具体分析在接下来的第八章至第十章进行。

3. 市场中厂商的利润最大化

前文已经探讨过，不论是何种市场形式中的厂商，它们的目标都是利润最大化，这是毫无例外的。利润由总收益减去总成本得到，所以要达到利润最大化，就必须将目光投向总收益和总成本。总成本的相关内容在成本理论部分已经介绍完毕，这里着重介绍总收益的内容。

（1）总收益。顾名思义，总收益（Total Revenue）就是厂商收益的总和，再直白一点说，就是厂商的总收入，而厂商的总收入即是厂商卖出产品后得到的回报。一般情况下，厂商是按照市场价格出售商品的，在这个均衡价格下，卖出多少商品，厂商就相应赚到多少收入，这就是总收益，也叫总收入或毛利润，用公式表述就是：

$$TR = P \cdot Q = P(Q) \cdot Q$$

此处，TR 就是总收益，P 为价格，Q 为商品的出售量（即产量，见生产理论部分）。$P（Q）$ 表示 P 同时也是 Q 的函数。因为这个 P 是均衡价格，而均衡价格是由市场上的需求和供给共同决定的，需求曲线和供给曲线都是用 $P=f（Q）$ 表示的，所以这个 P 必然和 Q 有关。整体来看，总收益 TR 也是 Q 的函数，即 $TR=f（Q）$。与总成本函数类似，另外两个概念也呼之欲出了，那就是平均收益和边际收益。

（2）平均收益。平均收益（Average Revenue）是平均每个卖出的商品为厂商带来的收益，计算的方法是用总收益除以总产量：

$$AR = \frac{TR}{Q} = \frac{P(Q) \cdot Q}{Q} = P（Q）$$

很容易发现，平均收益 AR 等于价格 P，且这和厂商属于什么市场类型无关，只要是商品的供给者，其获得的平均收益就等于价格。

（3）边际收益。又一个边际量，这回它叫边际收益（Marginal Revenue）。有了前面所学内容的基础，边际收益的概念就很好理解了，既然总收益 TR 是 Q 的函数，边际收益自然就是产量 Q 增加一个单位时所引起的总收益 TR 的增加量：

$$MR = \frac{dTR}{dQ} = \frac{dP(Q)}{dQ}Q + P（Q）$$

（4）厂商利润最大化的条件。在分析了厂商的收益后，我们会发现厂商的总收益 TR 和总成本 TC 都是 Q 的函数，也就是说厂商产量 Q 的变化会导致其总收益和总成本都发生变化，同时厂商心心念念的利润又是由总收益减去总成本得到的，现在摆在厂商面前的问题就变成：产量 Q 是多少的时候，总收益 TR 减去总成本 TC 的差最大？此时的产量 Q 就是利润最大化时的产量 Q^*。

我们先看一下计算利润的公式：

$$\pi\ (Q) = TR\ (Q) - TC\ (Q)$$

运用数学方法，比如拉格朗日方程，对上式中的利润 π 求极值并不难，算出利润最大化时的产量 Q^* 也是举手之劳，这里就不过多介绍数学方法的计算过程了。

我们还可以从另一种角度去思考厂商利润最大化的问题，那就是用边际的思维（其实上面的数学方法本身也是这个逻辑），回忆一下曼昆教授的经济学十大原理第三条吧。利润是总收益与总成本的差额，同时总收益和总成本都是产量 Q 的函数，所以产量的变动必然会导致二者都变动，二者跟着变动的数量就是边际收益和边际成本。设想一下，如果产量 Q 变动一个单位后，边际收益 MR 大于边际成本 MC，总收益的增量大于总成本的增量，即总收益比总成本增加得多，此时是利润最大化的时刻吗？显然不是，这表明利润还有上升空间。随着产量 Q 一单位一单位地增加，只要总收益的增量（MR）大于总成本的增量（MC），利润的增量就会一直伴随产量 Q 的增加而存在。利润增量一直存在，就说明利润一直没能达到最大值。

但这种现象不可能一直持续，因为边际收益 MR 是递减的，而边际成本 MC 最终是递增的。随着产量 Q 的增加，MR 必定是越来越小的，同时 MC 也必定是越来越大的，虽然上面的例子是 MR 大于 MC，但按照趋势，MR 终将和 MC 相等，然后 MR 就会开始小于 MC。当 MR 小于 MC 时，利润最大化了吗？当然没有，这时总收益增量小于总成本增量，利润增量已经开始为负（利润都开始下降了），怎么会是利润最大化的时刻呢？如此说来，答案就明朗了，利润最大化的时刻就是 MR 等于 MC 的时刻：

$$MR\ (Q) = MC\ (Q)$$

这时总收益的增量正好等于总成本的增量，如果产量 Q 增加

1个单位，则 MR 会小于 MC（利润开始减少），如果产量减少 1个单位，则 MR 会大于 MC（利润还有上升空间），正好在 MR 等于 MC 时利润最大化，此时的产量 Q 就是利润最大化时的产量 Q^*。$MR(Q) = MC(Q)$ 就是任何一个厂商利润最大化的条件，与何种市场类型无关。安东尼·奥古斯丁·古诺（Antoine Augustin Cournot，1801—1877 年）被认为是第一个提出这个利润最大化条件的经济学家，他也是最早将数学运用于经济学分析的经济学家[1]。

从效用、偏好到需求，从生产、成本到供给，从需求、供给到市场均衡，我们已经完成了对微观经济市场的基本描述。接下来我们将更为细致地分析每个具体的市场类型，第一个就是完全竞争市场。

---

〔1〕 ［美］斯坦利·L. 布鲁、兰迪·R. 格兰特著，邸晓燕等译：《经济思想史》（第 8 版），北京大学出版社 2014 年版，第 192 页。

八、完全竞争市场
——理想中的完美竞争

主流经济学对市场的划分依据是供给方的竞争程度，供给者越多竞争就越激烈，而竞争越激烈，这种竞争的状态就越"完美"，符合这种竞争状态的市场类型就是完全竞争市场（Perfectly Competitive Market）。从英文中的"perfectly"，我们可以看出一些端倪，那就是这种市场的竞争激烈程度近乎完美，称其为"完美竞争市场"也没什么不对。

（一）完全竞争市场的特征

完全竞争市场的特征，与其说是特征，不如说是经济学家们为完全竞争市场制定的限制条件，符合这些条件的才是完全竞争市场。一般来说，这些特征共有四个[1]：

第一，市场上有非常多的买者和卖者。

对买者和卖者的数量做"非常多"这个限制是为了说明，在这样的市场类型下，任何一个单独的买者或卖者都没有办法对市场价格产生哪怕一点点的影响。换句话说，他们每一个个体都是价格的被动接受者（price taker），而不是价格制定者（price maker），哪怕影响者都不算。比如在冰激凌市场上，均衡价格是3

---

〔1〕　高鸿业主编：《西方经济学》（第五版），中国人民大学出版社 2011 年版，第 151—152 页。

元，如果一个消费者非要用 2.9 元买冰激凌，那他是不可能买到的，因为满大街都是愿意用 3 元买冰激凌的消费者，卖者也不差他这一个消费者，不卖给他也没什么损失，况且广大的消费者中也没有人会响应他那 "2.9 元的呼吁"；如果他用 3.1 元买，那他瞬间就可以买到，但作为消费者的他要多花 0.1 元买冰激凌的行为是不理性、不合乎逻辑的。再从厂商的角度看，如果一个厂商打算卖 3.1 元，那他绝对卖不出去，因为满大街都是卖 3 元的厂商，他一个 "孤独者" 怎么可能凭一己之力把冰激凌价格抬高 0.1 元呢？如果他打算卖 2.9 元，那他马上就会把冰激凌都卖出去，但他卖一个就赔 0.1 元，是赔本赚吆喝的不理智行为。因此，无论是消费者还是厂商，单独一个个体不可能改变市场价格。

但话也不能说得太绝对，如果这个消费者真能联合很多其他消费者，把价格降到 2.9 元也是有可能的，只是他联合这么多人一起行动要花费很大的成本（成本即代价），如此声势浩荡就为了自己少花 0.1 元？看另一边，如果那个厂商真能联合很多其他厂商，把价格抬高到 3.1 元也是有可能的，但他同样要付出很大的成本才能做到这么宏大的事情，最后结局就是多卖 0.1 元，这在成本上也划不来。你可能会说，把价格抬高很多，弥补成本不也行吗？估计你是忘了需求定理：价格提高得太明显，还会有大量消费者购买吗？他们早都跑去买替代品了！剩下的 "忠实粉丝" 的数量能不能撑住高价格呢？供给方联合起来抬高的价格是很难维持的，结果要么是价格回落到原来的位置（产品卖不出，只好降价），要么大批卖者破产退出市场（供给大量减少），才有可能维持这种高价格。

因此，非常多的买者和卖者的限制就是在说明，在这个市场上的任何单个消费者和厂商的任何经济行为，对这个市场的影响都是微不足道的，他们都只能被动地接受市场为他们安排好的一切。

第二，非常多的卖者提供的商品完全相同。

一般来说，当我们听到商贩很多的时候，就会认为他们提供的商品也是丰富多样的。但是，那都是现实生活。在完全竞争市场中，即使卖者的数量多到数不清，他们提供的商品也都是一样的，即没有任何差别。如果这是个铅笔市场，那么所有的铅笔都是一样的，不论长短、颜色、带不带橡皮头，统统都一模一样；如果这是个西瓜市场，那么所有的西瓜都是一样的，不论大小、花纹、口感，统统都一模一样。看到这里你会觉得这真是胡说八道，铅笔一模一样还有可能，连西瓜也能一模一样？对，这就是对完全竞争市场进行限制的第二个条件，即这个市场上出售的商品不允许有任何不同。

为何要有这样的限制呢？只有这样限制了，这些数量众多的卖者才不会有丝毫影响商品价格的能力。设想一下，整个市场都卖红色的铅笔，只有你家有蓝色的铅笔，你觉得你会用红色铅笔的价格去卖蓝色铅笔吗？当然不可能，蓝铅笔一定会更贵，而贵的程度将取决于消费者对蓝色的执着程度：消费者越是想得到一支颜色不同的铅笔，就越会付出更高的价格，你也就越会把蓝色铅笔的价格调得更高。当然，蓝色铅笔也不会贵到离谱，毕竟红色铅笔是蓝色铅笔几乎完全的替代品。这个例子旨在说明，你提供的商品和其他人提供的商品哪怕有一点点不一样，你都可以依托这个差异来提高手中商品的价格，此时你不再是那个弱势的价格接受者，而是摇身一变，成了或多或少有些议价能力的卖者。但我们都知道，完全竞争市场要求单个买者或卖者是没有任何讨价还价能力（bargaining power）的价格接受者，因此只有在这个市场上售卖的商品是一模一样的，才能确保买者和卖者都是价格接受者，而那种既能卖红铅笔也能卖蓝铅笔的市场叫作垄断竞争市场。

第三，厂商可以自由进入和退出该市场。

这一点也可以解释为资源能够在不同市场之间自由流动，即是说，如果这个市场上出现了超额利润，那么在市场之外的厂商将可以没有任何阻碍地进入这个市场来分一杯羹；如果这个市场上出现整体亏损状况，那么市场之内的厂商也可以没有任何顾忌地带着资源离开该市场。你可能又有疑问了，既然这个市场有赚大钱的机会，大家一窝蜂涌进去赚钱不是一件很自然的事吗？事实并非如此。比如，2020年美国正式开始对中国华为公司断供芯片，这对于国内的芯片市场来说是一个很大的契机，谁能研发出国产芯片，谁就能一飞冲天。这个芯片市场是只要有钱就能进的吗？答案显然是否定的。除了要有雄厚的资金，还要有坚实的技术研发基础等其他条件，可不是单单靠钱就能轻松登顶的领域。所以，完全竞争市场的这第三个限制说明，在这种市场上，任何一个厂商想进就能进，想出就能出，资源可以在不同市场之间自由流动，而不存在任何形式的进入壁垒（垄断市场之所以能垄断，就是因为有进入壁垒）。这么限制的目的在于让这个市场上的竞争达到极致，任何一个厂商都没有统治该市场的能力和手段，或者说这个市场是一个没有门槛的市场，任谁都能来，所以竞争必然十分激烈，这样的市场才是一个完全竞争的市场。

第四，信息是完备的（perfect，或译为完全的）。

在这个市场上，信息是完备的，即是说不存在信息上的隐瞒（经济学术语为信息不对称，将在第十一章介绍）。买者知道市场上的所有信息，卖者骗不了他们；卖者也知道市场上的所有信息，所以买者也骗不了他们。比如，卖者想以3.1元的价格出售冰激凌，买者自然不会买，因为买者知道整个市场的价格都是3元；买者想以2.9元的价格买入冰激凌，卖者自然也不会卖，因为卖者知道整个市场的价格都是3元，且消费者很多，他没有任何必要少赚 0.1 元。

但如果信息不通畅，结果就会不一样，占有更多信息的一方将具有控制价格的能力。比如，改革开放初期，有一些自由职业者到南方以较低的价格进货牛仔裤，再到北方抬价兜售，借着改革春风赚得盆满钵满，他们除了赚取运输牛仔裤的辛苦钱，还赚到了信息差带来的利润——北方好多消费者并不知道牛仔裤在南方的批发价会那样便宜。因此，假定完全竞争市场上的信息是完备的，意在让每一个买者或卖者都是价格的接受者，他们不会因信息不对称而获得控制价格的能力。

在了解完全竞争市场的四个特征之后，我们会发现一个问题，那就是符合这四个限制条件的市场在现实生活中不存在。即便"非常多的买者和卖者"可以实现，同质的商品又如何实现呢？如果非要强调商品是完全一样的，我们可以假定为某一个品牌的某款产品，这样商品肯定没有任何差异，但如此会使得商品受众范围变小，进而未必会符合"非常多的买者和卖者"这个限制。另外，现实中几乎任何行业都存在或大或小的进入壁垒，一个门外汉想随便进入一个行业赚钱，风险是极大的。并且，信息是完备的这个假设在现实中几乎不可能发生，正所谓"买家不如卖家精"，消费者天然地处于信息劣势地位。这样看来，四个限制条件都满足的市场只能出现在理论中了。没错，完全竞争市场本质上是个极端模型，与垄断市场一样都是一个极端边界，而现实中的市场形式就在这两个边界之间的某个位置。比如，我们都知道黄色和蓝色可以调和成绿色，但绿色其实有很多种，黄色成分越多，越偏向黄绿，蓝色成分越多，越偏向蓝绿。我们可以认为黄色就是完全竞争市场，蓝色就是垄断市场，而现实中的各种市场形式就是各种各样的绿色，就看是完全竞争因素多一点，还是垄断因素多一点。

这就是边界的意义，它不能够真正达到，就是一个标志，它告诉你，无论如何，事物的发展只能到此为止了。完全竞争市场就是这样一个标志性的理论模型，现实中永远无法达到，但它可以告诉你，竞争再激烈，无非就是这种程度了，这就是激烈竞争的边界。垄断市场同理，它也可以告诉你，一点竞争都没有，一家独大的状态也就是这样了，没有比垄断更一手遮天的市场类型了。一般认为，现实生活中的小麦市场、铅笔市场等可以算作接近完全竞争市场的市场。

（二）完全竞争厂商的需求曲线

完全竞争市场上的需求曲线就是我们经常分析的那条向右下方倾斜的需求曲线，它是整个市场的需求曲线。但是，完全竞争市场上有很多厂商，单独一个完全竞争厂商所面对的并不是这一整条需求曲线。换句话说，完全竞争市场上的需求曲线是所有完全竞争厂商共同面对的，单独从一个完全竞争厂商的视角去观察的需求曲线是一条水平的直线，如图 8-1 所示：

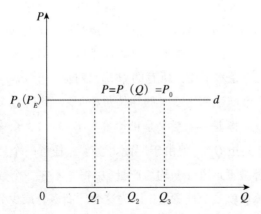

图 8-1　单个完全竞争厂商面对的需求曲线

为什么会是这样的呢？我们首先要回忆完全竞争市场的特征，其中一个特征就是有非常多的买者和卖者，以至于任何一个买者或卖者都无法单独影响市场的价格，他们都是价格的接受者。所以，原因就出在"价格的接受者"这里。图 8-1 中的价格 P_0 就是完全竞争市场上的需求曲线和供给曲线共同确定的均衡价格 P_E，单独一个完全竞争厂商只能被动接受这个由市场确定好的均衡价格 P_0（P_E），因为它没有任何控制或影响价格的能力。

我们还可以从需求价格弹性的角度再解释一下：如果市场上只有一个厂商，它就是一个垄断厂商，它面对的就是向右下方倾斜的市场的需求曲线。如果此时增加一个竞争者厂商，竞争者的产品就是这个垄断厂商的替代品。倘若竞争者不断涌现，越来越多，那么替代品也越来越多；替代品越多，单个厂商（原来那个垄断厂商）的需求曲线的价格弹性就越大（回忆需求弹性的内容），曲线也就越平坦。在完全竞争市场上，竞争者无穷多，单个厂商面对的需求曲线的弹性无穷大，其所面对的需求曲线自然就变成水平的了。因此，单独一个完全竞争厂商是没有必要去看整个市场的需求曲线的，它能且只能看那条由市场决定好了的价格 P_0 所形成的需求曲线 d，且被动地接受这条水平线。

在这条水平需求曲线上的产量 Q 则可以是任意量。看图就能理解，这是一条水平线，所有的 Q 都只对应一个 P_0，而这个 P_0 是完全竞争市场达到均衡时的均衡价格 P_E，此时整个市场的均衡产量是 Q_E（既是需求量又是供给量）。Q_E 巨大，众多完全竞争厂商都是在共担 Q_E，但由于厂商太多了，任意一个厂商分到的需求量 Q 都微不足道（与均衡产量 Q_E 根本不在一个数量级上）。这个需求量 Q 就是个任意量，因为这个厂商多分或少分到一个单位的产量份额都不会对整个市场的量与价产生任何影响。

（三） 完全竞争厂商的收益及利润最大化的条件

1. 完全竞争厂商的收益

上一章的结尾处已经介绍过，无论是什么类型市场上的厂商，其总收益都是价格乘以产量，完全竞争厂商的总收益也是如此，只不过此处的价格是由市场供求确定的均衡价格 P_0（即 P_E，下不赘述），所以有等式：

$$TR = P \cdot Q = P_0 \cdot Q$$

平均收益也是一样，无论何种类型市场上的厂商，其平均收益都等于价格，只是此价格也为均衡价格 P_0，所以有等式：

$$AR = \frac{TR}{Q} = \frac{P_0 \cdot Q}{Q} = P_0$$

边际收益却因不同市场类型而有所不同。一般情况下，无论何种厂商，其边际收益都会是：

$$MR = \frac{dTR}{dQ} = \frac{dP}{dQ}Q + P$$

但完全竞争厂商面对的需求曲线是一条水平的直线 d，其斜率 $\frac{dP}{dQ}$ 是 0，所以完全竞争厂商的边际收益等式会变为：

$$MR = \frac{dTR}{dQ} = \frac{dP}{dQ}Q + P_0 = P_0$$

所以，一个完全竞争厂商的边际收益、平均收益及价格都是相等的：

$$P_0 = AR = MR$$

从另一角度理解，总收益是产量 Q 乘以价格 P，边际收益是卖出一个产量后总收益的增加量，由于价格一直是不变的 P_0，多卖出一个单位产量（别忘了，销售量即是生产量），总收益就

增加一个 P_0，价格等于边际收益。这是完全竞争厂商与其他类型厂商之间最大的差别之一，即价格等于边际收益（$P = MR$），而其他类型厂商的情况则是价格大于边际收益（$P_0 > MR$）。这也决定了完全竞争厂商没有办法获得经济利润，而其他类型的厂商因价格大于边际收益而可以得到经济利润（后面垄断的章节会解释）。需要注意的是，完全竞争厂商面临的需求曲线 d，同时与 AR 曲线和 MR 曲线重合，因为需求曲线 d 本身就是 P_0。

2. 完全竞争厂商利润最大化的条件

上一章已经提到，无论什么样的厂商，其利润最大化的条件都是边际收益等于边际成本（$MR = MC$），完全竞争厂商也不例外，只是完全竞争厂商有其特殊性，即它的边际收益同时还等于价格（$P = MR$），所以完全竞争厂商的利润最大化条件就可以改写成：

$$P = MR = MC$$

或直接写成：

$$P = MC$$

这里需要注意的是，并不是完全竞争厂商的利润最大化条件和其他类型厂商的利润最大化条件有什么不同，而是完全竞争厂商的价格 P 正好等于边际收益 MR，其利润最大化的条件依旧是 $MR = MC$，这一点依旧没有任何问题。万万不可有"完全竞争厂商的利润最大化条件是特殊的"这种想法，这不是特殊，只是凑巧。

正如前文所言，总收益与总成本都是产量 Q 的函数，即便知道了利润最大化的条件是 $MR = MC$，最终也要先算出产量 Q 才能知道最大利润是多少。如果通过代数的方法求极值来计算利润最大时的产量，那么有可能算出两个 Q 来，但只有一个 Q 是利润最大时的产量，而另一个是利润最小时的产量[1]，见图 8-2：

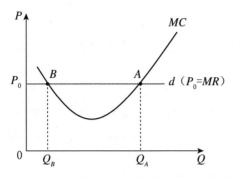

图 8-2 完全竞争企业利润最大与最小时的产量

通过前文对成本理论的学习，我们已经知道了一个厂商的边际成本曲线往往是 U 型的，即有一个先下降再上升的过程。所以，如图 8-2 所示，当价格 P_0 在一定范围时，就会出现这种需求曲线 d（就是 P_0 和 MR）与厂商边际成本 MC 曲线有两个交点的情况（都是 $P=MC$）。Q_B 就是利润最小时的产量，而 Q_A 则是利润最大时的产量。我们可以这样理解：产量在 Q_B 左边时，边际成本 MC 都是大于 P_0（就是 MR）的，这就是说从 0 到 Q_B 之间的这些产量对应的边际收益 MR 都是小于边际成本 MC 的，也必然都是亏损的。但在这个过程中，产量是从 0 开始逐渐增加的，也就是每多生产一个就赔一个，一直到 Q_B 时，这种赔本状况终止（P 即 MR 终于不再小于 MC，而是等于 MC 了），达到了赔本总量的峰值。赔本总量达到峰值不就是利润最小的时刻吗？因此，Q_B 是利润最小时的产量。同样的道理，从 Q_B 开始到 Q_A 的这段产量中，P 即边际收益 MR 都是大于边际成本 MC 的，所以随着产量

---

〔1〕《西方经济学》编写组编：《西方经济学》（第二版，上册），高等教育出版社、人民出版社 2012 年版，第 201 页。

增加，利润也在不断上升，一直到 Q_A 时，P 即 MR 不再大于 MC，而是等于 MC，说明利润的增长已经停止，且从此刻起，MR 就又要开始小于 MC 了。这不就是利润最大的时刻吗？所以，Q_A 就是利润最大时的产量了。这里再唠叨一句，这些产量都是在一定时间范围内的产量。

3. 利润最大化与盈亏

由于利润是总收益减去总成本，总收益 TR 是价格 P 乘以产量 Q，总成本 TC 是平均总成本 ATC 乘以产量 Q，那么计算利润 π 的等式可以是：

$$\pi = TR - TC$$
$$= P \times Q - ATC \times Q$$
$$= (P - ATC) \times Q$$

所以，无论哪种类型的厂商，其是否可以获得利润，就是看在一段时间内某一产量 Q 下的价格 P 是否高于此处的平均总成本 ATC，而这个产量 Q 则是通过 $MR = MC$ 计算得出的。完全竞争厂商也是如此，通过边际收益等于边际成本这个利润最大化的条件求出利润最大化时刻的产量，再依据该产量确定此时的价格和平均总成本，进而通过比较价格和平均总成本的大小来确定该厂商是盈利（此时 $P>ATC$），还是利润为零（此时 $P=ATC$），抑或亏损（此时 $P<ATC$）。

但你有没有发现，无论是盈利，还是利润为零，抑或亏损，这三种结果都是通过 $MR=MC$ 算出来的。$MR = MC$ 不是利润最大化的条件吗？利润最大化怎么还算出亏损来了？盈利好理解，赚钱了，利润自然最大化了，算出亏损又是怎么回事？回答这些问题之前，我们先考虑一下，厂商进行生产一定会盈利吗？答案自然是否定的。盈利、不盈不亏、亏损这三种情况都会发生，谁也不能保证自己创办了企业就肯定盈利，不盈不亏和亏损也是正常的结果。$MR = MC$ 只是表示在此时此刻的产量 Q 下，总收益的增量等于总成本的增量，但此时的 Q 对应的价格未必高于平均总成本，价格还可能等于或小于平均总成本，这也都是正常的现象。盈利时是利润最大化的，不盈不亏时也是利润最大化的，亏损时亦是利润最大化的。亏损时的利润最大化是厂商亏损最少，这不也是"利润最大化"吗？所以，经济学中的"利润最大化"与"盈亏"的概念并不等同。这里的"利润"可正可负，如果是正的，那就是盈利了，自然越大越好；如果是负的，那就是亏损了，自然越小越好，亏损最少就是胜利，亏损最少就是"利润最大化"了的。

了解了利润最大化和盈亏的关系，我们现在近距离看看一个完全竞争厂商可能会面对的五个"利润最大化"的时刻。这几个时刻中，只有一个是盈利的，其他的时刻不是不盈不亏就是亏损，但即使是亏损，也是亏得最少的时刻。这些时刻都是一个完全竞争厂商做出的短期生产决策，因此也可以称之为完全竞争厂商的短期均衡。

（四）完全竞争厂商的短期均衡

完全竞争厂商的生产决策会出现五种结果，每一个结果都是在 $MR = MC$ 这个条件下完成的，所以这五个结果都是完全竞争厂商的均衡结果。由于完全竞争厂商在做出这些生产决策的时候不能改变其生产规模，各条成本曲线的位置不变，这些均衡都是短期均衡。市场的供求关系会决定均衡价格 P_0，我们将按照 P_0 由高到低的顺序，逐个探讨完全竞争厂商的五个短期均衡。再次强调，这五个短期均衡都是利润最大化的时刻，P_0 都是市场的均衡价格，Q^* 都是利润最大化时的产量，ATC 和 AVC 都是 Q^* 时的平均总成本和平均可变成本。由于已经确定好是短期均衡，为了简便起见，图中的曲线名称都省略表示短期的字母 S，而只标明 MC、ATC 和 AVC。见图 8-3 [1]：

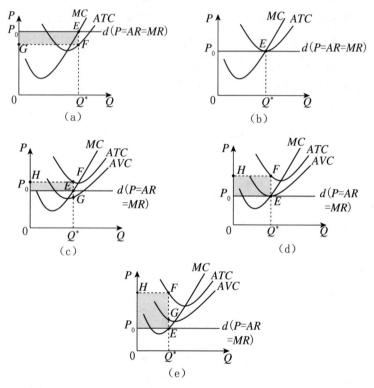

图 8-3　完全竞争厂商生产决策的短期均衡

先看（a）图，均衡价格 P_0 即为边际收益 MR，根据利润最大化的条件 $P_0 = MC$（就是 $MR = MC$），需求曲线 d 与 MC 曲线相交于 E 点，此时可以确定利润最大化时的产量 Q^*。总成本 TC

----

〔1〕　高鸿业主编：《西方经济学》（第五版），中国人民大学出版社 2011 年版，第 158 页。

是 Q 的函数，所以平均总成本 ATC 也是 Q 的函数，依据利润最大化时的产量 Q^* 即可确定此时的 ATC 在 ATC 曲线的 F 点处。在产量 Q^* 下，$P_0 > ATC$（E 点在 F 点之上），依据 $\pi = (P - ATC) \times Q$ 可以确定区域 $P_0 EFG$ 就是该完全竞争厂商的利润。此时该厂商是盈利的，也是五种情况中唯一获得经济利润的情况。

只要在利润最大化的产量 Q^* 下的 P_0 大于 ATC，完全竞争厂商就会获得利润，这种情况的需求曲线 d 也往往会和 ATC 曲线存在交点。现在我们把 P_0 下调至一个特殊的地方，让 P_0 与 ATC 曲线的最低点相切于 E 点，这样 P_0 就不再大于而是等于 ATC，见（b）图。依据 $P_0 = MC$ 可以找到 Q^*，进而确定平均总成本 AVC。但此时我们会发现，由于 P_0 与 ATC 曲线的最低点相切，边际成本 MC 又穿过 ATC 曲线的最低点（回忆成本理论部分），此时 $P_0 = MC$（即 $MR = MC$）所确定的 Q^* 就是 ATC 曲线最低点对应的 Q。换句话说，在此时的 Q^* 下，$P_0 = MC = ATC$。既然价格和平均总成本相等，利润自然就是零，这个均衡点 E 点就是零利润点（zero-profit point）。这就是利润为零，或说不盈不亏的情况。此时厂商虽然没有获得经济利润，但可以得到会计利润，还是会继续生产。

现在将 P_0 继续下调至低于 ATC 曲线最低点的地方，此时即便不用 $P_0 = MC$ 来算，我们也能一眼看出来，厂商肯定亏损了，见（c）图。我们还是用 $P_0 = MC$ 算出二者交点 E 点处的 Q^*，用 Q^* 回去找 ATC，发现 F 点处的 ATC 大于 P_0，厂商亏定了，亏损的部分是 $P_0 EFH$。但这个完全竞争厂商会因此倒闭停产吗？当我们发现 P_0 小于 ATC 时，就需要启用另一条成本曲线——平均可变成本曲线 AVC。通过 Q^* 去找 AVC 会发现这时 G 点的 AVC 小于 P_0，即现在虽然 P_0 不能弥补平均总成本，但 P_0 可以弥补平均可变成本，也就是说，在不考虑固定成本的前提下，每多卖出一个商品，其价格（也就是平均收益 AR）可以弥补生产这个商品所付出的平均可变成本。举个例子，如果一杯柠檬水卖 5 元，生产柠檬水的平均总成本是 7 元（其中包括平均固定成本和平均可变成本），卖一杯就赔一杯这是确定的，但生产一杯柠檬水的可变投入是柠檬片、糖和一些劳动（不生产就不用投入，所以是可变成本，但门店租金和设备就是固定成本，即使不生产柠檬水，固定成本也已经投入了），这些可变投入的成本是 4 元，柠檬水的 5 元价格依旧可以弥补这 4 元的可变成本，所以厂商还是愿意继续生产的。

不是亏损了吗？怎么还干呢？首先我们要明确的是，这里的产量 Q 不是从建厂伊始到此刻的总产量，而是在一个固定时期内的产量，比如一年、一个月、一周的产量（本身就是个短期问题）。以一个月为例，该完全竞争厂商在这一个月之内肯定是亏损的，但主要的亏损在固定成本，而不是可变成本（毕竟 P_0 大于 AVC，所以亏损来自无法弥补的固定成本）。如果此时停产，这一个月的固定成本就都亏进去了。但如果继续生产，由于 P_0 还是大于 AVC，卖出一个商品就赚回一点，这赚回的一点就可以弥补一点固定成本（比如柠檬水每卖出一杯还能赚回 1 元钱，这 1 元钱就可以弥补其固定成本的损失）。换句话说，价格 P_0 如果大于平均总成本 ATC，价格就能弥补整个平均成本，但现在价格 P_0 只大于 AVC，说明价格只能弥补平均可变成本，而无法弥补平均固定成本（平均固定成本＋平均可变成本＝平均总成本）。然而，毕竟从可变成本的角度看，P_0 比 AVC 大，多少还能"赚"点，这多少能"赚"到的钱还是可以弥补一些平均固定成本的。所以，虽然最终依旧是亏损，但多多少少弥补了一部分固定成本，继续生产比停产要好。

可能你还有疑问，以柠檬水为例，如果该厂商就这样一元一元地慢慢"赚"，且固定成本保持一成不变，总有一天可以弥补固定成本，弥补了所有固定成本之后，剩下的时间里继续一元一元地"赚"，不都是利润了吗？怎么说是亏损呢？回答这个问题之前，我们还是要明确一件事——现在是在讨论短期问题。既然是短期问题，比如规定了这个短期是一个月，那在这一个月之内，无论如何都无法弥补固定成本，顶多弥补一部分（毕竟还有 Q^* 个 1 元钱），因为这个 Q^* 就是一个月之内利润最大化时的产量。要是没完没了地"一元一元"赚，这个总数量不就早超过 Q^* 了吗？那还是一个月之内的事吗？如果这样拖到下一个月，那就是下一个月的短期问题了，无论固定成本还是可变成本都要推倒重来，只要现状不改变，在下一个月的重新测算中，依旧还是亏损，且每个新的月份中都会这样亏下去。

只要价格 P_0 还大于 AVC，厂商的生产就不会停。现在我们继续把 P_0 下调至另一个特殊的地方——与平均可变成本 AVC 曲线最低点相切的 E 点，见 (d) 图。我们依旧用 $P_0 = MC$ 算出 Q^*，然后用 Q^* 回去找 F 点处的 ATC。结果不出意料，P_0 离 ATC 更远了，亏损是一定的，亏损部分是 $P_0 EFH$。那 P_0 和 AVC 呢？还能不能弥补一点点平均固定成本了？结果是令人失望的，P_0 与 AVC 曲线相切在 AVC 曲线的最低点 E 点处，MC 也与 AVC 相交在 AVC 曲线的最低点（也是 E 点处），P_0 又等于 MC，所以此时 $P_0 = AVC$。在 (c) 图中，P_0 尚且可以大于 AVC，多出来的钱还能弥补一些平均固定成本，可现在这多出来的一点点钱也没有了，P_0 只能全部弥补 AVC，已经没有"余粮"给平均固定成本了。这说明，现在厂商即便继续生产，每生产一个商品所赚取的 P_0 也只能弥补为了生产这个商品所付出的 AVC，没有多余部分去弥补平均固定成本。也就是说，如果不生产，固定成本是一丁点也弥补不上；继续生产，固定成本还是一丁点也弥补不上。所以现在生产与不生产结果是一样的。此时厂商处于停止营业点，它可以考虑关门停产了（shut down）。

如（e）图所示，如果现在继续将 P_0 下调至 AVC 曲线的最低点之下，我们依旧用 $P_0 = MC$ 算出二者交点 E 点处的 Q^*，用 Q^* 回去找 F 点处的 ATC 和 G 点处的 AVC，结果可想而知，P_0 连 AVC 都无法弥补了：一杯柠檬水的出售价格比杯里的柠檬片和糖（还有投入的劳动）的成本还低。现在如果继续生产，就是妥妥地赔本赚吆喝，亏损部分已经扩大到 P_0EFH。此时厂商应该果断地停产，及时停止亏损的过程。停止亏损也是利润最大化，或者说现在的情况是不生产比生产要好。

但要注意的是，停产是停止生产的短期决策，并不是退出市场。退出市场也是一个决策，但并不是短期决策，而是长期决策。停产的下一步是不是退出市场呢？也不是这样的，因为一个是短期决策，一个是长期决策，二者并没有必然的先后顺序，万不可认为一个厂商停产决策的下一步就是退出市场。不过，如果停产了很长一段时间，短期问题已经转化为长期问题，该厂商的确要考虑是否退出市场，但如果在停产期间，均衡价格 P_0 又再度上升至 AVC 以上，甚至是 ATC，该厂商就会立马重新开张营业。所以，停产是停产，退出是退出，二者并没有必然的先后关系。

（五）完全竞争厂商和市场的短期供给曲线

1. 完全竞争厂商的短期供给曲线

现在完全竞争厂商短期内的各种生产决策已经分析完毕，这些决策对应着各种不同的利润最大化时的产量 Q^*，而各种不同的 Q^* 同时又对应着不同的均衡价格 P_0，这样我们再一次发现了 Q 和 P 之间一一对应的函数关系，它就是一个完全竞争厂商的短期供给曲线，见图 8-4：

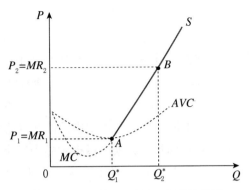

图 8-4 完全竞争厂商的短期供给曲线

可以设想一下，坐标系纵轴上有无数个 P，每个 P 其实都是一条水平的需求曲线 d，同时每个 P 也都是边际收益 MR，这个坐标系中也就有无数个边际收益 MR 的曲线（就是 d，所以也是水平的），比如图 8-4 中纵轴上的 $P_1 = MR_1$ 和 $P_2 = MR_2$。既然有无数条 MR 曲线，就一定会和边际成本曲线 MC 有无数个交点（即无数个符合利润最大化的情况），或者说边际成本曲线 MC 与无数个 MR 曲线相交在无数个点上，而这些交点都在 MC 曲线上，比如 A 点和 B 点。这些交点表示的都是利润最大化的时刻（$P_0 = MR = MC$），也就对应着无数个利润最大化的产量 Q^*，比如 Q_1^* 和 Q_2^*。这么看来，这些 P_0 和 Q^* 一一对应的关系（即供给曲线）就是边际成本曲线 MC 本身。

但有一点，这个一一对应的关系并不是 MC 曲线的全部，因为价格 P_0 虽无上限，却有下限—— P_0 不能低于平均可变成本 AVC 最低点（即 A 点），最低只能与 AVC 曲线最低点相切（即停止营业点）。如果 P_0 低于停止营业点，厂商肯定停产，何来供给？所以，一个完全竞争厂商的短期供给曲线就是该厂商的短期边际成本曲线（MC）大于等于平均可变成本曲线（AVC）的部分，即图 8-4 中的实线部分。回忆一下第六章中的供给表，价格是 0 元与价格是 0.5 元的时候，为什么对应的供给量都是 0？原因就在于此，价格即便上升到 0.5 元，却还是低于该厂商的平均可变成本 AVC，所以厂商还是停产状态，不可能有供给量。

2. 完全竞争市场的短期供给曲线

把完全竞争市场上所有厂商的短期供给曲线（也就是边际成本曲线的一部分）都横向加总，就可以得到整个完全竞争市场的短期供给曲线，这个过程和第六章中市场供给曲线的形成类似，这里就不再次分析了。不过有一点要指出，将各厂商边际成本曲线的一部分进行横向加总的方法是有前提条件的，那就是该市场的价格变化不影响生产要素市场价格。为什么提到生产要素市场价格呢？因为生产要素就是厂商的投入成本。生产要素价格变化，厂商的整套成本曲线就会变化。

如果生产要素价格不受影响，那么每个厂商的边际成本曲线都不会变，横向加总就没问题。如果生产要素价格受到影响会怎样呢？比如需求曲线右移导致均衡价格上升，同时也会使得均衡产量上升（均衡产量是市场上所有厂商共担的），所有的厂商就可能都增加产量，增加产量就会使生产要素的需求量增加，生产要素市场上的需求曲线就会右移，使得生产要素的价格上升，进而使得所有厂商的整套成本曲线上移，这自然也包括边际成本曲线上移。这样的话，厂商的短期供给曲线可就不是它的边际成本曲线的一部分了，因为在这样联动的情况下，每一个 P_0 就会对应产生一条新的边际成本曲线[1]，如图 8-5 所示：

---

［1］《西方经济学》编写组编：《西方经济学》（第二版，上册），高等教育出版社、人民出版社 2012 年版，第 210—211 页。

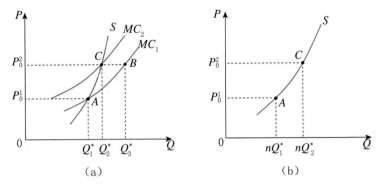

图 8-5　完全竞争厂商在生产要素价格改变条件下的短期供给曲线

如（a）图所示，某完全竞争厂商原来的边际成本曲线 MC_1 与原来的 P_0^1 相交在 A 点，此时是厂商利润最大化的时刻，其产量是 Q_1^*。现在市场力量使得 P_0 从 P_0^1 上升至 P_0^2，所有厂商都增加了供给，这一增加供给的行为造成生产要素市场上对生产要素需求的增加，从而导致生产要素价格上升（以上升为例，其实也可能下降或不变）。生产要素的价格是厂商的成本，因此该厂商的边际成本曲线就要从 MC_1 上升至 MC_2。在这个新情况下，该厂商依旧要遵循利润最大化的原则，于是根据 $P = MC$，新调整的边际成本曲线 MC_2 就要与新的 P_0^2 相交在 C 点，此时利润最大化的产量为 Q_2^*。如果生产要素市场价格不变，厂商的成本曲线就不会变，该厂商利润最大化的条件应该是 P_0^2 与原来的边际成本曲线 MC_1 相交在 B 点、产量是 Q_3^*（就是前面分析的内容），但现在却与 MC_2 相交在 C 点，利润最大化的产量减少至 Q_2^*。如此，现在情况下的厂商的短期供给曲线 S 就不再是 MC_1 的一部分，而是 A 点与 C 点的连线，且在这条连线上存在着无数个不同的 P_0 与不同的 MC 的交点。这就是说，每一个 P_0 的变化都会造成 MC 的一次调整，于是依据厂商利润最大化的条件，每一个新的 P_0 都会与

新的 MC 相交，这些交点共同构成了完全竞争厂商在生产要素价格改变条件下的短期供给曲线 S。如果市场上有 n 个完全竞争厂商，将每个厂商的此种短期供给曲线横向加总，就可以得到在生产要素价格改变条件下的完全竞争市场的短期供给曲线，如（b）图所示。

（六）完全竞争厂商和市场的长期均衡

1. 完全竞争厂商的长期均衡

我们在生产理论与成本理论部分讨论过短期与长期的问题，其本质就是生产要素投入是否可以改变的问题，且尤以资本投入的变化为判断标准。因为劳动投入比较容易改变，而资本投入不太容易改变，所以资本投入不能改变的为短期，可以改变的就为长期。资本投入一般都变成了厂房、设备、仪器等固定成本，所以在长期中资本的改变一般表现为生产规模的变化，在图线上的反映就是生产成本曲线的变化。因为在成本理论部分对这些内容已经做了分析，现在理解完全竞争厂商的长期均衡就很容易了（见图8-6）。

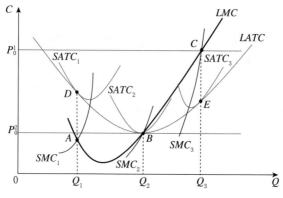

图8-6　完全竞争厂商的长期均衡 P_0^1

图中除了价格 P_0^1 和 P_0^2，其他部分与第五章图 5-8 中长期边际成本曲线完全一样，只是现在要讨论完全竞争厂商的决策问题，需要把价格 P_0^1 和 P_0^2 添上，用于完成 $P_0 = MC$ 这个利润最大化的条件。各个短期规模中的边际成本曲线共同构成了该厂商的长期边际成本曲线 LMC，长期中的利润最大化条件自然也就变成了 $P_0 = LMC$（L 表示长期，long-run），这很好理解。由于长期规模都是短期规模的叠加，$P_0 = LMC$ 的地方必定会对应一个短期的 $P_0 = SMC$（S 表示短期，short-run），在图 8-6 中这个短期规模是第三组，即 $P_0^1 = SMC_3$。可以说，当价格为 P_0^1 时，在图中所有短期规模的均衡中，第三组可以带来最大的经济利润。长期的利润最大化问题就是在所有的短期规模中选择一个"最佳"的短期均衡，在此图中，长期均衡就是选择第三组对应的短期规模并以 Q_3 的产量生产以达到利润最大化。一定要记住，长期是短期的叠加，长期均衡的决定其实就是在众多叠加的短期中找到那个最佳的短期，并保持这个短期状态，长期的均衡是依托某个最佳的短期均衡而实现的。

关于长期均衡和短期均衡，我们从另一个角度再解释一下。长期均衡是众多短期均衡的叠加，并不是长期均衡独立于短期均衡自成体系。所以，寻找长期的利润最大化本质上就是在组成长期的叠加的短期规模中找到利润最大的那一个短期规模。这个短期规模是所有短期规模中获得利润最高的一个，所以这个短期规模达到利润最大化的时候也是这个厂商在长期中达到利润最大化的时候，在长期中这个厂商将会选择此短期规模进行长时间生产以获得稳定的最大利润（当然，一定是在其他条件不变的前提下）。

和短期均衡时面对的情况一样，如果 P_0 发生变化，$P_0 = LMC$ 的交点位置也会发生变化，那该交点对应的短期规模自然也就变了（比如不再是第三组了），且此时的长期均衡会依托一个新的短期均衡，产量也将按照这个新的短期规模的利润最大化产量生产。因此，在长期中，完全竞争厂商也会面对盈利、不盈不亏、亏损的情况，分析方法与短期均衡是一样的，只是有一点区别：长期中没有平均可变成本曲线，因为长期中所有生产要素投入皆可变，长期中的平均可变成本曲线 $LAVC$ 就是长期平均总成本曲线 $LATC$ 自身，厂商是否盈利将取决于均衡价格 P_0 与长期平均总成本 $LATC$ 之间比较的结果。如果 $P_0 > LATC$，那么该完全竞争厂商将获得经济利润，但由于完全竞争市场可以自由进入和退出，此时会有大批新厂商进入市场来分蛋糕。如果 $P_0 = LATC$，那么该厂商的经济利润为 0，但它可获得会计利润，此时厂商处于不盈不亏的状态。如果 $P_0 < LATC$，那么该厂商会亏损，由于完全竞争市场是可以自由进入和退出的，该厂商将选择退出市场，而不是停产观望。在长期中只有退出，没有停产，停产是短期决策。

现在回到图 8-6，该厂商选择了 $SATC_3$ 的短期规模，在产量 Q_3 处生产，此时价格 P_0^1 高于长期平均总成本 $LATC$（也是 $SATC_3$，即 E 点），厂商会获得经济利润。但这种做梦都会笑醒的美事岂能长久？千万别忘了，我们是在讨论完全竞争市场，这个极端的市场模型有一个限制条件——厂商可以自由进入和退出该市场。如果这个市场存在经济利润，那么在市场外的资本会蜂拥而至分一杯羹，供给的增加会压低均衡价格，因此这个厂商的"好日子"过不了多久，市场的均衡价格就会从 P_0^1 开始下降，一直降到 P_0^2 的位置才会停止。在 P_0^2 的位置，这个厂商的短期生产规模是 $SATC_2$，它只能获得会计利润，经济利润为 0。所以，如果非要给这个厂商找长期供给的话，它的长期供给量就是 Q_2。

从上面的例子我们会发现，长期中完全竞争厂商的利润会受到整个市场供求关系的影响，进而会导致完全竞争厂商的进入或退出行为，这个具体的影响过程将在后面介绍。

2. 完全竞争市场的长期均衡

由于完全竞争厂商在长期中也会面临盈利、不盈不亏、亏损的情况，自然也会有相应的应对决策，这些应对决策导致了整个完全竞争市场的长期均衡[1]，首先见图 8-7：

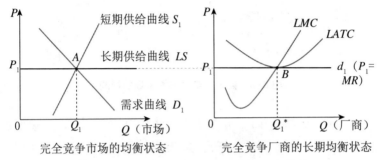

完全竞争市场的均衡状态　　　完全竞争厂商的长期均衡状态

图 8-7　完全竞争厂商与市场的原始均衡状态

图 8-7 中，左侧描述的是完全竞争市场的均衡状态，右侧是一个完全竞争厂商的长期均衡状态。市场上的需求曲线 D_1 与短期供给曲线 S_1 相交于 A 点，共同决定了市场的均衡价格 P_1 和均衡产量 Q_1，这个均衡价格 P_1 即是右图中单个完全竞争厂商被动接受的价格 P_1，也是它自己面对的需求曲线 d_1。假设现在厂商正处于不盈不亏的状态，由 P_1 决定的需求曲线 d_1 就与厂商的长期平均总成本曲线 $LATC$ 相切在 $LATC$ 的最低点 B 点处，该点同时也是长期边际成本 LMC 和 $LATC$ 的交点，此时厂商的产量是 Q_1^*，这都是前面学习过的内容，该厂商和市场都处于长期均衡状态。现在，突然有了新情况，比如某些刺激政策使得这个市场上的需

---

〔1〕〔美〕曼昆著，梁小民、梁砾译：《经济学原理：微观经济学分册》（第 6 版），北京大学出版社 2012 年版，第 298—299 页。

求曲线从 D_1 右移到了 D_2 的位置，情况会如何发展呢？见图 8-8：

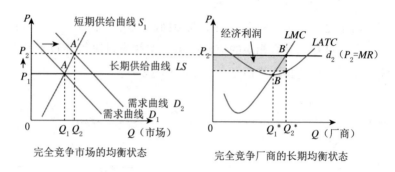

完全竞争市场的均衡状态　　　　完全竞争厂商的长期均衡状态

图 8-8　需求冲击对均衡市场的影响

在图 8-8 的左图中，市场需求曲线从 D_1 右移至 D_2，短期供给曲线 S_1 尚未受到影响，于是均衡价格从 P_1 上升至 P_2（即交点 A' 处），这个新的均衡价格也是单个厂商所要被动接受的，于是在右图中，厂商面对的需求曲线 d_1 自然就上升至 d_2 的位置。此时，这个厂商仅仅由于市场均衡价格上升就平白无故地获得了经济利润（即阴影部分），利润的提升也使得它把产量从 Q_1^* 增加到 Q_2^*，毕竟此时的利润最大化条件已经从 $P_1 = LMC$ 变成 $P_2 = LMC$ 了（即交点 B' 处），利润最大化的产量自然也改变了。这只是一个厂商的变化，在这个完全竞争市场上有很多个这样的厂商，每个厂商增加的那微不足道的产量汇集在一起是庞大的，反映在左图的市场上就是均衡产量从 Q_1 增加到 Q_2。现在，在这个市场上的每个微不足道的厂商都获得了经济利润，它们不再是不盈不亏，而是盈利了。

盈利是好事，这个市场能赚取经济利润的消息必然会不胫而走，因为完全竞争市场的特征之一就是信息是完备的（现在再去复习一下完全竞争市场的特征吧）。资本是嗜血的，这个市场以外的资本闻着血腥味儿就来了。由于完全竞争市场没有进入壁垒，且资源可以自由流动，这些资本便以新的完全竞争厂商的形态大批涌入这个存在经济利润的市场。接下来情况又会如何发展呢？见图8-9：

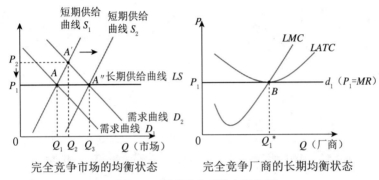

图8-9 需求冲击后的市场均衡

图8-9中，由于该市场中的利润诱使更多厂商加入，供给者的数量陡然增加，市场的短期供给曲线必然从 S_1 右移至 S_2 的位置，与需求曲线 D_2 相交于 A'' 点，均衡价格也从 P_2 逐渐回落至 P_1。但是由于厂商数量在增加，均衡产量从 Q_2 增加到了 Q_3。价格回落至 P_1，说明每个厂商（包括后进来分一杯羹的新厂商）的经济利润再次变为0，整个市场又回到当初没有经济利润的状态。既然这个市场再无多余的油水，市场外的资本也就不再涌入，整个市场达到了新的均衡。在这个新的均衡状态下，每个厂商的产量又回到了 Q_1^*，但由于在这个需求冲击的过程中新涌入了很多厂商，现在厂商们的总产量要大于原来的总产量（这个总产量就是市场均衡产量），反映在图线上就是均衡产量增加到 Q_3 的位置。每个厂商的利润最大化产量都相同（跟原来的产量也相同），Q_3 与 Q_1 的区别仅仅是厂商数量不同。在这次需求冲击的风

波结束后，我们会发现，价格还是那个价格，利润还是那个零利润，但在市场上生存的厂商数量以及均衡的产量都增加了。

现在，我们还可以把这个"故事"倒着讲一遍，上面三个图也可以倒着看一遍。为了方便，图例简化成一张图，见图 8-10：

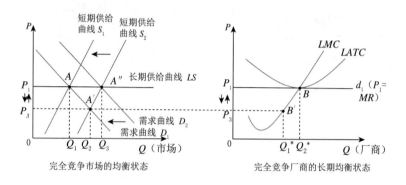

完全竞争市场的均衡状态　　　　　完全竞争厂商的长期均衡状态

图 8-10　需求反向冲击对市场均衡的影响

目前，整个市场处于长期均衡，厂商的经济利润是 0，市场的均衡点在 A'' 点，均衡价格是 P_1，均衡产量是 Q_3。这次的需求冲击不是需求增加，而是需求减少。这样的话，需求曲线 D_2 就将左移至 D_1 的位置，与短期供给曲线 S_2 相交于 A' 点，均衡价格变成了 P_3，均衡产量是 Q_2。从右图厂商的角度看，如果价格是 P_3（价格在 $LATC$ 以下，与 LMC 相交在 B' 点），所有的厂商都将从不盈不亏转变成亏损状态，利润最大化的产量也将从 Q_1^* 减少至 Q_2^*，反映在整个市场上就是产量从 Q_3 下降到 Q_2。由于厂商可以自由进入和退出完全竞争市场，现在所有厂商均处于亏本的状态，一部分厂商会立马撤资走人，绝不拖泥带水。这样造成供给者大量减少，短期供给曲线就会从 S_2 左移至 S_1，S_1 与需求曲线 D_1 相交于 A 点。由于供给者的大量退出，供给减少，均衡价格就再次回升至 P_1，均衡产量也由 Q_2 继续下降至 Q_1。现在，由于均

衡价格的回升，还留在市场中的厂商从亏损变回不盈不亏状态
（产量也恢复了），厂商的退出狂潮戛然而止，价格还是那个价
格，利润还是那个零利润。唯一的差别是，由于大量的厂商退
出，市场的均衡产量从 Q_3 减少到 Q_1，一切都恢复了往日的平静。

发现什么结论没有？在长期中，每一个完全竞争厂商的经济
利润都是零。由于完全竞争市场可以自由进入和退出，每当有经
济利润存在，就会有大量新厂商进入，从而把经济利润全部抹
平；每当出现亏损，就会有大量厂商退出，从而把经济利润恢复
成零。从长期看，整个完全竞争市场会自动调节行业规模，并一
直保证经济利润是零，也只有在经济利润是零的情况下，这个市
场才是稳定均衡的。

3. 完全竞争市场的长期供给曲线

图 8-9 和图 8-10 中的 A 点和 A'' 点的连线就构成了整个完全
竞争市场的长期供给曲线，那是一条从 P_1 出发的水平直线。从长
期看，无论市场出现怎样的波动，在一切恢复平静之后，价格依
旧会保持在 P_1，而产量在任何位置都有可能，所以在 P_1 下整个
市场的供给量可以是任意量。但是，这个结果是以生产要素市场
的价格不受影响为前提的，如果市场中厂商的进入和退出会导致
生产要素市场的价格上升或下降，完全竞争市场的长期供给曲线
就会向右上方倾斜。如果在生产要素市场上存在"外部经济"，
即生产要素卖得越多就越便宜，那么完全竞争市场的长期供给曲
线也会向右下方倾斜[1]。因此，完全竞争市场的长期供给曲线
是什么形状，取决于该市场的变动能否对其生产要素市场产生影
响，以及生产要素市场自己的规模经济情况，这些内容本书就不

---

[1]《西方经济学》编写组编:《西方经济学》（第二版，上册），高等教育出版
社、人民出版社 2012 年版，第 222—223 页。

继续分析了，感兴趣的朋友可以参看西方经济学的教科书。

（七）对完全竞争的质疑

通过对以上内容的学习，我们可以了解到，完全竞争市场上没有供给者数量的限制、没有进入与退出的限制、没有信息的限制，长期供给曲线可能是水平的，厂商竞争十分充分，因此完全竞争市场能够充分使用资源进行生产，该市场的产量也是最大的，传统经济学也因此将完全竞争市场视为最有效率的市场类型，而其他任何一种不符合完全竞争市场特质的市场形式都被视为存在效率损失。

但就如本章介绍完全竞争市场特征后讨论过的那样，这种"完美"的市场在现实中不存在。现在要讨论的不是其是否存在的问题，而是它是否名副其实的问题。北京大学张维迎教授曾多次阐述一个观点：完全竞争就是没有竞争！张教授认为，既然厂商生产的产品是完全同质的，出售价格也是完全一样的，那竞争何在呢？产品差异化是竞争十分关键的方式，但在完全竞争的模型中却不允许存在产品差异化，导致差异化的创新行为带来的经济发展与完全竞争是不相容的[1]。

虽然完全竞争市场只是一个表示研究边界的理论模型，我们不必苛求其多么符合现实世界，但张维迎教授的看法也不无道理。试想一下，你是一个完全竞争厂商，你卖的商品和其他人卖的没差别，且不允许你制造差别，你躺平就好了，反正消费者多得数不清，你努力不努力都能卖出去，结果都一样，如此还是竞争吗？厂商们相互竞争的目的就是抢占更多的市场以获得更大的利润，现实世界中厂商们最主要的竞争手段就是产品的差异化，

---

〔1〕 张维迎：《经济学原理》，西北大学出版社 2015 年版，第 265—266 页。

也即创新，但完全竞争市场上的利润都是零，并且不存在产品差异化的可能，你又何来动力去竞争创新呢？所以，完全竞争市场中的竞争并不"完美"，反而是在抹杀竞争。

当然，这只是从"完全竞争市场"这个名词出发的小小讨论，我们并不能因此就全面否定完全竞争市场模型的价值与意义，其分析框架中有很多可取之处，在传统经济学中依然有十分重要的地位。

九、垄断市场
——唯我独尊

完全竞争市场是理论模型的一个极端，那里的供给者数量非常多。现在我们开始讨论另一个极端，这里的供给者有且只有一个。毕竟这也是一个市场，所以买者依旧很多，但卖者只有一个，整个市场上的商品都是由这个卖者提供的，它的商品市场占有率达到100%。这个市场叫垄断市场，市场上的厂商叫垄断厂商。由于这个市场上的供给者只有垄断厂商一个，分析垄断市场基本就是在分析这个垄断厂商。需要注意的是，本章讨论的垄断是卖方垄断，不是买方垄断（卖者很多而买者只有一个的垄断市场）。

（一）什么是垄断市场

1. 垄断市场的三个特征

与完全竞争市场一样，垄断市场（Monopoly）的特征也是对它的限制条件，只有满足了这些条件，才是经济学中标准的垄断市场[1]。

第一，市场上只有一个卖者。

这个特征是显而易见的。如果一个厂商想具备控制整个市场

---

〔1〕〔美〕曼昆著，梁小民、梁砾译：《经济学原理：微观经济学分册》（第6版），北京大学出版社2012年版，第306页。

的能力，最好的办法就是变成这个市场上唯一的卖家，没有任何竞争对手，整个市场的消费者都买它的商品。这样，这个厂商面对的将是向右下方倾斜的整个市场的需求曲线，它可以通过控制产量来控制价格，变成一个价格制定者（Price Maker），而不像完全竞争厂商那样是价格的接受者，如此它便可以获得很高的垄断利润。因此，只有一个卖者，是该厂商能够持续获得较高经济利润的前提。但是，想法是美好的，能不能实现是另一回事，如果这个厂商的商品被其他厂商替代了呢？如果市场外的资本涌进来分一杯羹呢？所以，想安安稳稳地独占资源，这个厂商还需要其他两个条件。

第二，垄断市场上出售的商品没有近似替代品（close substitutes）。

替代品的概念我们已经十分熟悉了，"替代"主要是指功能或效用的替代。可几乎任何商品都有替代品，所以这个条件在"替代品"前面加上了"近似"二字，表明垄断厂商的产品依然是有替代品的，但是没有近似替代品，没有和垄断产品具有近似功能或效用的商品。换句话说，即使有替代品，也无法替代垄断商品的主要功能或大部分功能，如果消费者非要选择购买替代品，那么消费者必定以损失效用为代价，即他们无法通过替代品获得和垄断商品同等的效用。这一点十分重要，假如厂商出售的商品的功能或效用可以被替代，消费者自然就去买更便宜的替代品了，垄断厂商还怎么"垄断"？高价还怎么制定？垄断利润还怎么获得？当个垄断厂商还有什么意义？因此，没有近似替代品这个条件表明，如果消费者想得到某种效用，他们就必须购买垄断厂商的商品才行，购买其他产品都得不到想获得的效用。这个条件同时也保证了垄断厂商没有来自近似替代品的竞争威胁。

第三，垄断厂商拥有进入壁垒。

　　想一想，垄断厂商为什么拥有垄断地位？为什么只有它才能垄断市场？就因为它是唯一的生产者吗？唯一的生产者只是垄断的结果，并不是原因。真正能使一个厂商成为垄断厂商的，是它拥有进入壁垒（Barriers to Entry）。顾名思义，进入壁垒就是指进入一个行业的门槛很高，一般的厂商根本无法企及。垄断厂商就拥有进入壁垒，这个壁垒把其他潜在的竞争者全部挡在了行业之外，避免垄断厂商受到行业之外潜在进入者的竞争威胁。资本是闻风而动的，如果一个行业拥有超额利润，资本一定会蜂拥而至，钻进去分蛋糕，进入壁垒却可以像一堵高墙，阻挡行业外的所有资本力量，使其无法对行业内的垄断厂商产生竞争压力。所以，进入壁垒既是垄断厂商的特征，又是垄断厂商形成的根源，这个条件与"没有近似替代品"的条件共同排除掉了替代品和行业外进入者对垄断厂商造成的竞争威胁，从而造就了垄断市场上那唯一的生产者。

　　综合以上三个特征，我们可以发现垄断市场和完全竞争市场一样，是人为限定的极端的理论模型，在现实世界中根本找不到。首先，没有近似替代品的商品几乎不存在，不同品牌的同一种商品就是最近似的替代品。其次，进入壁垒也是相对的，在长期中只要资源到位，进入壁垒也是可以打破的。所以，真正完全符合三个特征的垄断市场在现实中几乎找不到，即使有，也是在特定条件下短期存在。在现实中对于垄断的判定，往往是看某一厂商的市场份额，当份额达到一定比例时，即被判定为垄断企业，比如大名鼎鼎的微软公司。按照经济学教科书上的学术定义，微软公司的操作系统 Windows 并不是垄断商品，因为苹果公司的 macOS 系统就是它的有力竞争者。可尽管如此，微软公司仍旧被进行了反垄断调查。因此，现实中虽然很难找到完全符合三个特征的垄断厂商，但的确存在反垄断法案，这两个现象其实并不矛盾，理论与现实是有差别的。接下来，我们可以看看在加拿大零售业中存在的一些近似垄断的现象。

2. 案例分析：加拿大零售业的行业垄断

在加拿大，没有华人不知道"大统华"这个连锁超市，因为只要想买中国食材，就必定要到那里去，其他的超市不是不卖，就是样式极少。如果你想买运动相关的产品，比如自行车、篮球、棒球棍等，首先想到的就是"Sport Chek"，那里的运动类商品十分齐全，同时你也想不到还有哪里可以去了。如果你想买书籍，那就是去"Chapters"。还有哪里卖书，你一时半会儿也想不起来。如果你想买办公用品，比如笔、打印纸、订书器，那么你一定会踏入"Staples"的大门，因为你不知道还能去哪里买这些东西。如果你想买电器，比如电视、冰箱、游戏机，那么"Best Buy"将是你的目的地，那里的电器商品一应俱全，你没有必要再寻他处了。如果你想在庭院里摆放几根罗马柱，再铺上一条石板路，你就去"The Home Depot"吧，那里有装饰你家庭院的一切。如果你想买一些家用工具，比如螺丝刀、扳手、电钻等，你不去"Canadian Tire"还能去哪里呢？对了，那里还有各种样式的汽车轮胎呢！这就是零售业在加拿大的现状，商品琳琅满目，你却总有种"无处可去"的感觉。

（二）垄断市场的进入壁垒

上文已经提到，进入壁垒是垄断形成的原因，也是垄断企业维持其垄断地位的手段。一般来说，进入壁垒分为四种类型：资源垄断、特许垄断、专利版权垄断、自然垄断[1]。

---

[1]《西方经济学》编写组编：《西方经济学》（第二版，上册），高等教育出版社、人民出版社2012年版，第228—229页。

1. 资源垄断

还记得《西游记》中女儿国的故事吗？唐僧和猪八戒喝了子母河的水，然后腹痛难忍要生娃娃，他们腹中的胎气只有解阳山聚仙庵中的井水可以解除，如果聚仙庵的主人如意真仙办一个专门解胎气的企业，就是一个典型的以垄断资源为手段的垄断企业。但话说回来，西游世界中法力无边的神仙菩萨数不胜数，解胎气的方法估计他们都能信手拈来，可以说都是如意真仙的替代品，如意真仙的垄断企业也不符合我们的垄断定义，他只在女儿国这个有限的地界上才是垄断。

小说归小说，让我们回归现实。以资源为依托的垄断在旅游行业中比较常见，各个闻名遐迩的旅游景点可以算是一定程度的资源垄断了。比如，西安兵马俑、北京故宫、杭州西湖、苏州拙政园等不胜枚举，这些景点久负盛名，驰名中外，如果你想参观，世界上没有它们的替代品，那么它们就是资源垄断。但如果你只是想看某一类景点，替代品就忽然多了起来，比如你想看古代俑，兵马俑就只是其中的一种；你想看帝王宫殿建筑群，除了北京故宫还有沈阳故宫；你想看湖光山色，除了杭州西湖，颍州西湖也挺美；你想看苏州园林，那么留园不逊于拙政园。这么看来，西安兵马俑、北京故宫、杭州西湖、苏州拙政园也不是那么不可取代了。

至于其他的用于制造业的生产类资源，比如石油、金属矿产等，则远远不能构成真正意义上的垄断。是石油只有沙特才能开采，还是铁矿石只有在澳大利亚才找得到？地域性的资源垄断的确存在，但人们可以去别处完成交易，许多资源都可以从国际贸易中获得，因此没有近似替代品的例子很少见。

一般认为，如果某个企业独自拥有某种关键性资源（key resource），那么它可以构成资源垄断，只是这个"关键性"也是相对的，因为随着时间的流逝、技术的进步及偏好的改变，人类总是能够找到这些"关键性资源"的替代品，真正以资源为依托的垄断很难长期持续。

2. 特许垄断

这种垄断的进入壁垒来自政府的行政权力，是政府将生产某种商品的权力赋予某厂商，其他厂商没有政府的批准不能参与该行业。特许垄断往往出现在公共事业领域，比如铁路、自来水、居民用电、煤气等与民生相关的行业。换个角度讲，只有跟民生相关（或国家安全相关）的公共事业领域才可能出现政府以行政权力来保障厂商垄断地位的现象，原因还是那个原因：政府一旦介入，就表明政府的目的不在于效率而在于平等。这种类型的垄断企业的确也是价格制定者，但不会以利润最大化为目标制定价格，而是以平等为目标制定价格（人人都能买得起），所以这类垄断价格并不高昂。

即便如此，这种垄断行业的商品也有近似替代品：长途客车、货车就能替代铁路运营，超市的瓶装水可以替代自来水，小型发电机可以替代国家电网提供的电，电磁炉可以替代煤气做饭，等等。人们之所以没有选择这些替代品，是因为它们的价格几乎都高过了垄断商品的价格，这也再次证明了这种类型的垄断商品的价格是大众都可以接受的。综合上述分析，的确有些商品是通过特许垄断的方式获得垄断地位的，但并不代表这些商品就没有替代品、价格就会多么高昂，"垄断"依旧是相对的。

3. 专利版权垄断

创新是一个经济体发展的原动力，因此政府对于那些对国家、社会、人民有推进作用的创新一直持鼓励态度。如果某个企业做出了有积极意义的创新，这个企业自然希望这种创新能够为它自己创造利润，获得较高的利润后，该企业便拥有足够的资金继续从事创新活动，以此来保持它自己在行业中的领导地位，如此正向地循环往复。但如果创新能够为该企业带来超额利润，其他企业便会竞相模仿，导致创新企业本该得到的市场份额被其他模仿企业抢占。比如，某一家公司有了新的发明创造，同时获得了不错的利润，其他企业就会对这个发明进行仿制，由于这些模仿企业并没有前期巨大的研发成本，它们反而可以在模仿之后用低于原创企业的价格出售，从而给原创企业造成巨大的经济损失；又如，一位作家辛苦数年创作了一部小说，出版后大受读者喜爱，但盗版书籍可以用十分低廉的价格抢夺读者，进而给作家带来收入损失。如果这样的事情频繁出现，就没有哪个企业愿意投资研发新产品，也没有哪个作家愿意绞尽脑汁创作新作品了，这都是整个社会的损失。

为了避免模仿者、盗版者不劳而获，给原创者造成经济损失，政府利用专利和版权对原创的发明和创作进行保护，保障原创者的基本经济利益。专利（patent）是某一种发明创造的原创者的利益独享权利，一般分为发明专利、实用新型专利和外观设计专利三种类型。2018 年给全国观众带来巨大冲击，甚至促进了我国医药改革的电影《我不是药神》讲述的故事就与药品的发明专利有关。新的药品发明需要前期的大量资金投入，且药品是对全社会有益的商品，因此政府会为新发明的药品提供专利保护，让该创新药企获得生产此药的唯一资格，从而获取垄断利润，该利润一是可以补偿研发成本，二是可以激励药企再次发明新的有疗效的好药。只是，药品专利存在有效年限的问题，因此药企需要在专利有效期内尽可能赚取利润（最起码也要弥补研发成本），这就导致了某些药品的价格奇高。版权（copyright）是对计算机程序、文学著作、音乐作品、照片、电影等的复制权利的合法所有权，以上作品的作者可以在作品的每一次复制中获得相应的利益，但也是有期限的。可以说，专利和版权的设置目的都是通过垄断的高利润来鼓励发明创造与科技进步。只要一个厂商或作者获得了专利或版权，垄断利润就可以在一段期限内被他们独享，这是政府赋予的垄断身份。因此，有一种观点认为专利和版权垄断可以归类到资源垄断或特许垄断中。

在此简单讨论一下反垄断的观点。一般我们提到垄断时，都认为垄断是不利于消费者的，应该进行反垄断。但具体情况要具体分析，像这种有益于国家、社会、人民的发明创新，政府反而会用专利和版权的方式予以支持，保障权利人的垄断利益。只有那种乱用市场力量进行不正当竞争的垄断，才是政府反垄断的对象。

4. 自然垄断

自然垄断（natural monopoly）可不是"大自然的垄断"，而是"自然而然"地形成了垄断。一个厂商生产效率很高，能够成功将自己的平均总成本压低（也就是说它能够达到规模经济），且是整个行业中平均总成本最低的，就可以通过价格战（价格战意味着并不是按照利润最大化条件生产）把市场中其他的竞争者全部排挤掉，直到整个市场份额被它独占，从而自然而然地形成垄断。成为垄断厂商后，它便可以通过利润最大化的条件重新确定自己的产量和价格，进而获得垄断的超额利润。可以说，自然垄断的进入壁垒本质上就是低成本。

现实生活中，没有哪一家企业真正做到了这一点，近似的企业确实有，比如可口可乐。可口可乐在中国长期保持3元一瓶的低价，用低价形成进入壁垒，在可乐这个饮料的细分市场中保持自己的垄断力量。但大家都清楚，可口可乐的近似替代品简直太多了，即使在"可乐"这个市场也有百事可乐这个虎视眈眈且随时准备上位的同行存在。

(三) 垄断厂商的收益

1. 总收益和平均收益

与完全竞争厂商有本质不同，由于垄断厂商是市场上唯一的供给者，所以它所面对的需求曲线就是整个市场的需求曲线 $P = \alpha - \beta Q$（假定需求曲线为线性的）。垄断厂商的总收益就表示为：

$$TR = P \cdot Q = (\alpha - \beta Q) \cdot Q = \alpha Q - \beta Q^2$$

可以看到，价格 P 不再如完全竞争厂商一样是不变的 P_0，而是市场需求曲线上的价格 P，这说明价格是可变的，也说明总收益 TR 不仅会随着产量 Q 变动，也会随着价格 P 变动。由 P 带来的影响叫价格效应，由 Q 带来的影响叫产量效应，但在需求曲线上 P 和 Q 是反向变动的，所以总收益（即 $P \times Q$）的变化并非如完全竞争厂商一样可以直观地判断。

前文讲过，无论何种市场类型，平均收益 AR 永远都等于价格 P：

$$AR = \frac{TR}{Q} = \frac{P \cdot Q}{Q} = P = \alpha - \beta Q$$

所以，在垄断市场上，需求曲线 D（其实是反需求函数）就是平均收益曲线 AR，价格 P 也在这条曲线上，三者是合一的。

2. 边际收益

完全竞争中的边际收益就是平均收益，同时也是价格，但在垄断市场上，边际收益并不稳定，因为价格会沿着需求曲线变化，每多卖出去的一单位产量对应的价格不一样，边际收益自然也就不一样了。并且，边际收益是总收益的增量，总收益 TR 又是 $P \cdot Q$，P 和 Q 还是反方向变动的，多卖产品使 Q 增加的同时，价格 P 又会被拉下来，所以边际收益其实是 P 与 Q 的乘积在 Q 增加一单位时的变化量。由此看来，垄断厂商的边际收益 MR 不会

是个定值。但不管怎么变,表达式要有,图线也要画出来,其本身也没多么复杂。如果需求曲线是线性的,那么边际收益的表达式是:

$$MR = \alpha - 2\beta Q$$

这个表达式就是总收益 TR 对产量 Q 求导数得来的。结合平均收益 AR 的表达式 $AR = \alpha - \beta Q$,我们可以轻易地发现,边际收益曲线的斜率是平均收益曲线斜率的 2 倍。这表明边际收益曲线在平均收益曲线(也就是需求曲线)的下方,而这又表明,在同一个产量 Q 下,边际收益 MR 一定小于平均收益 AR 和价格 P。如图 9-1 中,产量为 5 个单位时,边际收益为 2 元,小于 7 元的平均收益和价格:

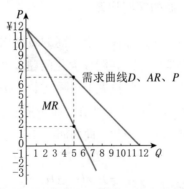

图 9-1 垄断厂商的边际收益曲线和平均收益曲线

边际收益曲线在平均收益曲线的下面,这个结果是可以通过数学公式推导出来的。边际收益 MR 表示为:

$$MR = \frac{dTR}{dQ} = \frac{dP}{dQ}Q + P$$

其中,$\frac{dP}{dQ}$ 就是需求曲线的斜率,而需求曲线是向右下方倾斜的，所以 $\dfrac{dP}{dQ}$ 必定为负，$\dfrac{dP}{dQ}Q$ 也必定为负（不必严格去探讨 $Q=0$ 的情况），这样边际收益 $\dfrac{dP}{dQ}Q+P$ 就一定小于价格 P，同时也小于平均收益 AR。因此，边际收益曲线就在平均收益曲线（也是需求曲线）的下方。我们也可以从另一个角度解释这个现象。在成本的章节讨论过，如果边际量在平均量的下面，边际量就会把平均量向下拽。现在，平均收益曲线是向右下方倾斜的（它就是需求曲线），说明 AR 的趋势是向下的，那必定是边际量把它拽下去的，所以边际收益曲线一定在平均收益曲线的下方，同一个产量 Q 下，价格 P 一定大于边际收益 MR。

（四）垄断厂商的短期均衡

现在我们已经知道，寻找一个厂商的短期均衡就是在探讨这个厂商在规模不变条件下的利润最大化问题。答案不言而喻，利润最大化的条件还是边际收益等于边际成本（$MR=MC$），只不过垄断厂商的边际收益就是边际收益，而不像完全竞争厂商那样，边际收益同时还是价格。垄断厂商利润的计算公式依旧是：

$$\begin{aligned}\pi &= TR-TC\\ &=P\times Q-ATC\times Q\\ &=(P-ATC)\times Q\end{aligned}$$

1. 垄断厂商的盈利

通过计算公式我们可以发现，垄断厂商和完全竞争厂商一样，想要求得最大化的利润，就必须知道价格 P、平均总成本 ATC 和利润最大化时的产量 Q^*。

整体思路如完全竞争一样，通过利润最大化的条件——边际收益等于边际成本（$MR=MC$），找到利润最大化时的产量 Q^*，

再通过这个产量 Q^* 到需求曲线上找价格 P、到平均总成本曲线上找平均总成本，进而计算出最大化的利润 π。如图 9-2 所示：

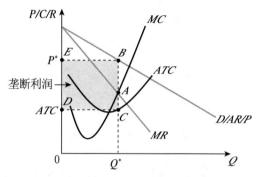

图 9-2 垄断厂商盈利的短期均衡

从图中可知，边际收益曲线 MR 与边际成本曲线 MC 相交于 A 点，这个 A 点就确定了利润最大化时的产量 Q^*。由于象限中所有曲线都是 Q 的函数，通过 Q^* 在需求曲线 D 上找到垄断价格 P^*（即 B 点），再通过 Q^* 在平均总成本曲线上找到平均总成本 ATC（即 C 点）。可以看出，垄断价格 P^* 大于平均总成本 ATC，根据 $\pi = (P - ATC) \times Q$，该垄断厂商可以获得正的经济利润（也就是它的垄断利润），这个垄断利润对应着图中的 $EBCD$ 区域，且此时的利润为最大化的利润。这就是垄断厂商获得垄断利润时的短期均衡。

2. 垄断厂商的亏损

乍一看这个标题，你会有疑问：都是垄断厂商了，市场全让它占了，它还会亏损？我们先看看图 9-3 吧。

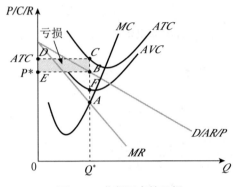

图9-3　垄断厂商的亏损

图中，边际收益曲线 MR 与边际成本曲线 MC 相交于 A 点，并确定了利润最大化时的产量 Q^*。通过 Q^* 可以在需求曲线 D 上找到垄断价格 P^*（即 B 点），在平均总成本曲线上找到平均总成本 ATC（即 C 点）。此时我们发现，C 点在 B 点的上面，也就是说此时 $ATC>P$，那么根据 $\pi = (P - ATC) \times Q$ 可知，现在的垄断厂商正处于亏损状态，亏损的部分在图上的 $EBCD$ 区域。所以你看，垄断厂商的确可以亏损。那么接下来的问题是，它为什么会亏损呢？

回答这个问题前，我们先观察一下图9-3。这么多条曲线密密麻麻的，初学者看到这里一般都是一头雾水，但是仔细思考一下，这些曲线也没那么难，无非就是两个阵营的曲线——收益曲线与成本曲线。图9-3中的收益曲线是平均收益曲线 AR（也就是需求曲线 D）和边际收益曲线 MR；成本曲线是平均总成本曲线 ATC、平均可变成本曲线 AVC 和边际成本曲线 MC。收益曲线是一组，成本曲线是一组，而计算利润 π 的底层逻辑就是收益减成本，垄断厂商会亏损的原因也就浮出水面了：要么收益曲线组太靠下，要么成本曲线组太靠上，要么兼而有之。

收益曲线组太靠下（也可以理解成太靠左下方）说明在垄断厂商的成本规模既定的条件下，收益太低，而平均收益曲线本身就是市场的需求曲线，所以这也说明需求曲线位置太低。需求曲线位置太低又能说明什么呢？说明这个市场规模太小或市场划分得太细，消费者数量不足，这些消费者养活不了目前这个成本规模的垄断厂商，该厂商必然存在亏损。成本曲线组太靠上（也可以理解成太靠右上方）说明在市场规模既定的条件下，垄断厂商的生产成本太高。虽然垄断厂商垄断了整个市场的商品供给，但是它自己的生产成本一直没能降下来，导致在现有规模的市场上赚到的收益不足以弥补自己生产商品的成本，亏损是必然的。在这两种情况下，垄断厂商都没法控制消费者，它只有制定价格的能力，却没有强迫消费者购买的能力，因此这种垄断厂商如果想获得垄断利润，唯一的出路就是降低自己的成本（或者等着某一天需求突然增加）。

当然，并不是说出现了亏损，垄断厂商就要关门。和完全竞争厂商一样，当 $P<ATC$ 即出现亏损时，垄断厂商也会继续将价格 P 与平均可变成本 AVC 进行比较，如果 $P>AVC$，说明可变成本的部分它能赚回来，依旧可以继续生产。只有当价格等于平均可变成本最低点（即停止营业点）的时候，垄断厂商才会考虑是否停产。这个过程和完全竞争厂商的逻辑一样，这里就不再分析一遍了。只需要记住，垄断厂商也存在盈利、不盈不亏、亏损、停止营业等多种短期均衡状态。在这一点上，垄断厂商和完全竞争厂商没有差别。

（五） 垄断厂商的供给曲线

回忆一下，随着价格的不断变化，完全竞争厂商利润最大化的产量也在发生变化，直到价格低于平均可变成本曲线的最低点时才会停止供给，所以完全竞争厂商的供给曲线是其边际成本曲线 *MC* 大于等于平均可变成本曲线 *AVC* 的部分。垄断厂商也存在盈利、不盈不亏、亏损、停止营业的情况，其供给曲线会不会也是其边际成本曲线 *MC* 大于等于平均可变成本曲线 *AVC* 的部分呢？现在开门见山地回答，垄断厂商没有供给曲线。见图 9-4[1]：

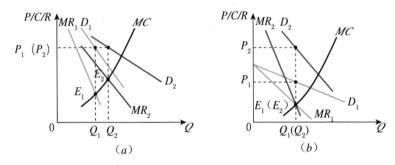

图 9-4　垄断厂商不存在供给曲线

完全竞争市场的需求曲线无论怎样移动，都会和同一条供给曲线相交，交点一直都在供给曲线上，说明交点一直都是供给曲线上的一点，价格和供给量永远是一一对应的函数关系。我们在学习供给曲线时也知道，供给曲线或供给函数上的价格和供给量都是一一对应的关系。但在图 9-4 中却找不到这种一一对应的关系。（a）图中，需求曲线 D_1（就是平均收益曲线 AR_1）下的边际收益曲线 MR_1 与边际成本曲线 *MC* 相交于 E_1 点，此时利润最大化的产量是 Q_1，价格是 P_1。当需求曲线移动到 D_2（就是平均收益曲线 AR_2）时，边际收益曲线 MR_2 与边际成本曲线 *MC* 相交于 E_2 点，此时利润最大化的产量是 Q_2，价格却还是 P_1（其实是 P_1 与

〔1〕 高鸿业主编：《西方经济学》（第五版），中国人民大学出版社 2011 年版，第 180 页。

P_2 重合了）。这就出现了一个价格对应两个供给产量的现象，或者说同一个垄断价格对应两个利润最大化的产量。

再看（b）图，需求曲线 D_1（就是平均收益曲线 AR_1）下的边际收益曲线 MR_1 与边际成本曲线 MC 相交于 E_1 点，此时利润最大化的产量是 Q_1，价格是 P_1。当需求曲线移动到 D_2（就是平均收益曲线 AR_2）时，边际收益曲线 MR_2 与边际成本曲线 MC 依旧可以相交于 E_1 点（其实是 E_1 点与 E_2 点重合了），此时利润最大化的产量还是 Q_1（其实是 Q_1 与 Q_2 重合了），价格却变成了 P_2。这就出现了一个供给产量对应两个垄断价格的现象。

供给曲线应该是反映厂商的供给行为的，即在什么样的价格下，供给者会提供多少产量，因此两个变量必须是一一对应的。但是在垄断市场上，一个价格会对应两个产量（其实远不止两个），一个产量也会对应两个价格（其实也远不止两个），所以垄断厂商制定的垄断价格和它的利润最大化的产量没办法保证一一对应，只要需求曲线移动，就有可能出现一个价格对应两个产量或一个产量对应两个价格的情况，因此我们没办法总结出一条价格和产量稳定对应的供给曲线。但完全竞争市场却可以，无论需求曲线怎样移动，均衡价格和均衡产量总是一一对应的（当然，像供给曲线水平或垂直的极端情况也会出现一对多现象，但供给曲线依旧可以画出）。

为什么会这样呢？原因在于需求曲线是水平的还是向右下方倾斜的。完全竞争厂商面对的需求曲线 d 是水平的，所以平均收益曲线（也就是需求曲线 d）与边际收益曲线重合，二者都是水平的，或者说 AR 与 MR 是一一对应的。而垄断厂商面对的需求曲线是向右下方倾斜的，这会同时使平均收益曲线也倾斜，从而导致边际收益曲线与平均收益曲线的分离（平均收益曲线向右下方倾斜是因为边际收益比平均收益低），这也就是把边际收益 MR

与价格 P 进行了分离，MR 与 P 不再相同，也就不再保证一一对应了。于是，当需求曲线移动时便有可能出现一个 P 对应两个不同的 MR，或者一个 MR 对应两个不同的 P（MR 通过和 MC 相等得到 Q^*，进而对应了 P）。我们是通过 MR 与 MC 的交点去找 Q 的，因此这种 P 与 MR 的关系也就传导到了 Q 身上，成了一个 P 对应两个不同的 Q，或者一个 Q 对应两个不同的 P。如此一来，就无法确定一条价格和产量一一对应的供给曲线了。

换一个角度看垄断厂商没有供给曲线的问题。回忆一下，供给曲线有什么意义？供给曲线是不是表示在某一个价格水平下，供给者想要并能够供给的商品数量？也就是说，供给者是被动地在某一个价格水平下确定自己的产量，这不就是完全竞争厂商做的吗？所以，完全竞争市场有供给曲线。但垄断厂商是价格的制定者，不是价格接受者，价格就是它定的，它无须被动地在某一价格下做出产量选择，因此垄断厂商根本不需要供给曲线。换句话说，由供给曲线和需求曲线共同决定的均衡价格是许多供给者和许多消费者相互博弈的结果，但垄断厂商是市场的唯一供给者，所以它具有极强的讨价还价能力，不需要和需求方博弈。

你可能要问，垄断厂商到底根据什么供给啊？答案当然是根据自己的利润最大化条件供给。垄断厂商是市场上唯一的供给者，它供给多少产量都是它自己说了算，它必定以自己的利润最大化为前提条件确定产量，市场上的供给量也就是这个产量 Q^*。或者说，垄断厂商在以利润最大化为目的制定垄断价格的时候，已经同时确定好了供给的产量，垄断的价格和产量是同时决定的。

在四种市场类型中，除了完全竞争厂商面对的是水平的需求曲线，其他三种类型（垄断、寡头、垄断竞争）厂商都面对着向右下方倾斜的需求曲线。以此类推，寡头厂商和垄断竞争厂商同垄断厂商一样，也没有供给曲线。从这一点我们也可以推出，在第七章学习过的那个具有需求曲线、供给曲线的市场均衡模型只适用于完全竞争市场，因为只有完全竞争市场才有真正的供给曲线。

（六）垄断厂商的长期均衡

接下来我们分析垄断厂商的长期均衡。和完全竞争厂商一样，讨论长期均衡就需要分析长期成本曲线，即长期平均总成本 $LATC$ 和长期边际成本 LMC。由于长期是短期的叠加，垄断厂商的长期成本曲线都是由无数个短期成本曲线共同叠加而成的，见图 9-5：

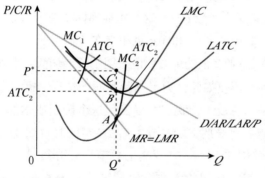

图 9-5　垄断厂商的长期规模调整

垄断厂商在长期中也会不断调整自己的生产规模，把平均总成本不断降低，逐步实现规模经济，这也是它实现自然垄断的过程。一个厂商的短期成本曲线和长期成本曲线的关系，我们在完全竞争市场的章节已经分析清楚了，这里就不再重复，只分析重点的地方。垄断厂商要在长期中达成均衡，其利润最大化的条件就变成长期边际收益等于长期边际成本（$LMR = LMC$）。如果在长期中市场需求没有变化，需求曲线 D 的位置就不会发生移动，长期平均收益曲线 LAR 也不会移动且和短期平均收益曲线 AR 重合，如此一来，长期边际收益也就和短期边际收益重合，所以 $LMR = MR$（此处的各短期变量名称都没有加上字母"S"，没有"L"即表示短期变量）。这样的话，利润最大化的条件 $LMR = LMC$ 也就是 $MR = LMC$。

图 9-5 中，MR 曲线与 LMC 曲线相交在 A 点，确定了长期利润最大化的产量 Q^*，通过 Q^* 回到需求曲线 D 处（即 C 点）可以得到垄断价格 P^*。我们在完全竞争的部分已经探讨过，长期均衡本质上就是在长期中众多叠加的短期规模里找到那个"利润最大"的短期均衡。所以在 $MR = LMC$ 的条件下找到的产量 Q^* 必定会对应一个短期的 $MR = MC$，或者说必定有一个短期的 $MR = MC$ 可以确定这个产量 Q^*。这个短期规模就是 MC_2 和 ATC_2 这一组成本线，其中的 MC_2 和 MR 也相交在 A 点。所以，A 点是 MR、LMC 和 MC_2 三者交汇的地方，既表明了长期均衡，也表明了此时的短期均衡。不仅如此，为了判断利润的情况，需要通过 Q^* 去找此时的平均总成本，我们可以发现这个确定成本的点是 B 点，且这个 B 点就是长期平均总成本 $LATC$ 与此时短期规模的短期平均总成本 ATC_2 的切点。在成本的章节已经介绍过，长期平均总成本曲线是与它相切的无数个短期平均总成本曲线的切点的连线，所以通过 Q^* 到 $LATC$ 上找到的 B 点上必然有一个短期的 ATC 在 B 点上与 $LATC$ 相切，而图中的这个短期规模就是 ATC_2。这便是如果一个垄断厂商在长期中达到长期均衡，那它也必然在某一个短期规模中同时达到了短期均衡。图 9-5 中的垄断厂商的长期均衡与短期均衡的条件就是 $LMR = LMC = MR = MC_2$。这样看来，MC_1 和 ATC_1 这一组图线对应的短期均衡就不是长期利润最大化的规模了。

由于是在长期中，所有投入要素数量都可变化，垄断厂商的长期平均总成本 LATC 就是长期平均可变成本 LAVC。在长期中，垄断厂商是否可以获得利润就取决于垄断价格 P 与长期平均总成本 LATC 之间比较的结果。如果 P>LATC，那么垄断厂商将获得垄断利润，由于市场存在进入壁垒，没有新进入者来分蛋糕，即不存在其他厂商进入市场的情况，垄断厂商可以长期获得垄断利润，比如图 9-5 中就是这种情况，垄断价格 P* 大于 LATC（即 C 点在 B 点之上）。如果 P=LATC，那么垄断厂商的经济利润为 0，但依旧可以获得会计利润，因此它也可以长期保持这种不盈不亏的状态。如果 P<LATC，在垄断厂商进行短期规模调整之后依旧没能摆脱亏损的状态，那么它将选择退出市场。总结一下就是，在长期中，垄断厂商可能长期获得经济利润（完全竞争厂商不能），也可能保持不盈不亏的零经济利润状态（完全竞争厂商就是这样），还可能出现亏损，从而退出市场（完全竞争厂商也会这样）。

（七）垄断市场的效率损失

1. 最有效率的产量

在前面税收的章节，我们探讨过什么是效率损失。在经济学教科书中，对效率损失最直观的描述就是产量没有达到最大值。这里先看一个均衡市场，了解这个最大产量指的是什么，见图 9-6[1]：

---

〔1〕 ［美］曼昆著，梁小民、梁砾译：《经济学原理：微观经济学分册》（第 6 版），北京大学出版社 2012 年版，第 317 页。

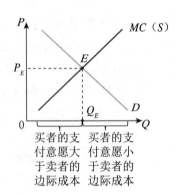

图 9-6　有效率的市场产量

在完全竞争市场的部分我们已经介绍过，短期内的市场供给曲线是所有厂商的短期边际成本曲线大于平均可变成本曲线部分的横向加总，因此图 9-6 中的供给曲线 S 临时用边际成本曲线 MC 替代。需求曲线 D 和边际成本曲线 MC 相交于 E 点，那么在 E 点的左边，需求曲线 D 永远在边际成本曲线 MC 的上方，这就意味着，在这个区域，买者对某商品的支付意愿会一直大于卖者的边际成本，所以在这个区域，只要产量增加，市场的总剩余就会增加，直到产量达到 E 点对应的均衡产量 Q_E 时，总剩余达到最大。回忆一下什么是总剩余，总剩余就是需求曲线以下，供给曲线以上的区域，表示整个市场的福利水平，总剩余最大也就是整个市场的福利水平最大。如果从 E 点起继续增加产量，需求曲线 D 将会在边际成本曲线 MC 的下方，即买者的支付意愿都小于卖者的边际成本，这样交易是无法达成的。只有当整个市场的产量达到 Q_E 时，市场的总剩余才达到最大，所以 Q_E 也就是市场上的最大产量，也是最有效率的产量，在这个产量上市场可以达到帕累托最优，这就是最大产量的意思。

现在，结合完全竞争的知识观察图 9-6。如果把边际成本曲

线 MC 再换回供给曲线 S，是不是完全竞争市场呢？垄断市场没有供给曲线呀！只有完全竞争市场才可以生产出最有效率的产量，其产量也是所有四种市场形式中最大的，完全竞争市场可以达到帕累托最优。完全竞争市场的利润最大化条件是 $P=AR=MC$，这个等式就反映在实现帕累托最优产量的 E 点上（P 就在需求曲线 D 上，需求曲线 D 本身就是平均收益曲线 AR，供给曲线 S 就是 MC）。所以，我们可以推断，一个市场达到帕累托最优的条件就是 $P=AR=MC$，而 $MR=MC$ 是利润最大化的条件，两个条件只是在完全竞争市场上才恰好等价而已。

2. 垄断市场的无谓损失

现在我们来看看垄断市场能不能生产出最大的产量，从而实现帕累托最优（见图9-7）。

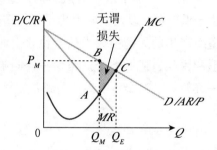

图9-7　垄断市场的效率损失

垄断厂商的产量 Q_M 是由利润最大化的条件 $MR=MC$ 确定的（即 A 点），并不是由帕累托最优的条件 $P=AR=MC$ 确定的（即 C 点）。由图9-7可知，垄断厂商利润最大化的产量 Q_M 必然小于最有效率的产量 Q_E，减少的产量就是市场效率的损失。再看图中 A、B、C 三点构成的三角形部分，在三角形中包含的所有产量（也就是减少的产量）对应的价格都高于边际成本，也就是说消费者的支付意愿高于垄断厂商的边际成本（垄断厂商生产商品不会亏），如果这些产量的交易能够达成，整个市场的总剩余将会得到提高。但是，三角形中的这些支付意愿（B 点到 C 点的需求曲线部分）都小于垄断厂商根据 $MR=MC$ 所制定的垄断价格 P_M，所以垄断厂商不会生产 B 点到 C 点这段需求曲线对应的产量，它要的是利润最大化，不是产量最大化，能恰巧同时达成这两个最大化的只有完全竞争。因此，这个三角形就是被损失掉的一部分市场总剩余，也叫无谓损失（Deadweight Loss），这也是效率损失的由来。

为什么会这样呢？垄断厂商以获得最大的垄断利润为目标提高了价格，因为高价格才有高利润，但提高价格就必然会减少产量，所以可以说垄断厂商为了利润最大化而放弃了一部分产量，从而导致垄断厂商的产量小于市场有效率的产量。从这个角度看，无效率产生于低产量，以及垄断者为了保持垄断地位而付出的额外成本。垄断产生的无谓损失类似于税收引起的无谓损失，因此这个三角形和税收造成的那个三角形一样叫哈伯格三角形，也叫"纯损"三角形。从这个角度讲，垄断者类似于一个私人收税者。

3. 垄断市场有效率的产量

如果要让垄断厂商生产出和完全竞争市场一样有效率的产量，则让它满足帕累托最优的条件 $P=AR=MC$ 即可，见图9-8：

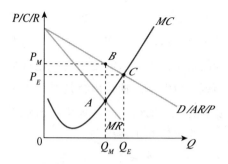

图 9-8 有效率的垄断市场

如图 9-8 所示，如果垄断厂商是在 $P=AR=MC$ 处生产（即 C 点），那么它的产量将从垄断产量 Q_M 增加到和完全竞争市场一样的产量 Q_E，这自然就是有效率的产量，哈伯格三角形也会消失，无谓损失也就不会存在，整个市场的总剩余将增加，此时垄断市场也可以实现帕累托最优。让我们在这里简单总结一下，如果让一个厂商的利润最大化，就要符合 $MC=MR$；如果让一个厂商达到帕累托最优，就要符合 $MC=AR=P$；如果让一个厂商利润为零，就要符合 $ATC=AR=P$。

垄断厂商能够做到在 $P=AR=MC$ 处生产以达到帕累托最优，最终构成一个有效率的市场吗？如果它能够实现一级价格歧视，它就能做到。

（八）价格歧视

想一想什么叫歧视？我们总听说"种族歧视"这个词，意思就是本该一视同仁的事情却根据种族的不同而区别对待了。价格歧视也可以用类似的思路去解释：本来是同一种商品，却因人而异地制定不同的价格卖出去了。所以，价格歧视（Price Discrimination）就是将相同成本的同一种商品以不同的价格卖给不同的消费者，从而赚取剩余的行为。一般来说，同样成本制造的商品都会按照同样的价格在市场上出售，价格歧视的做法却可以将同样的商品按不同的价格出售，这需要厂商有比较强的价格掌控能力，而垄断厂商就可以实现。杜普伊特是研究价格歧视的先驱之一，在这方面发表过重要的论文，他关于价格歧视的思想后来被庇古和罗宾逊进一步发展并正规化[1]。

1. 实现价格歧视的条件

第一，生产者之间不存在产品的竞争。这一点垄断厂商最为得心应手，垄断商品没有近似替代品，自然也就不存在产品的竞争问题，这也是垄断厂商能够实施价格歧视的重要原因。如果有其他产品的竞争，垄断厂商还如何制定高价卖出一部分商品呢？早就被其他竞争产品的竞价行为给打压下去了。

第二，市场上的消费者之间存在不同的偏好，且这些偏好较容易区分。只有这样，垄断厂商才能根据不同的偏好制定不同的价格，而偏好具体来说是通过需求价格弹性大小表现的：如果需求价格弹性小，证明消费者不那么在乎价格，对商品的偏好比较强烈；如果需求价格弹性大，证明消费者比较在乎价格，对商品的偏好就不那么强烈。简单讲就是，垄断厂商打算看人下菜碟儿，得先把不同的人分清才行。如此一来，垄断厂商就给对商品有强烈偏好的消费者制定高一些的价格，给对商品偏好不那么强烈的消费者制定低一些的价格，商品还是那个商品，价格却有了差异。

第三，不同的消费者群体是相互隔离的。单单将消费者按照偏好不同进行区分，再按照不同价格卖给他们就行了？那显然是

---

〔1〕［美］斯坦利·L. 布鲁、兰迪·R. 格兰特著，邸晓燕等译：《经济思想史》（第8版），北京大学出版社2014年版，第199—200页。

不够的。蕴蕴的支付意愿是 3 元,而苧苧的支付意愿是 8 元。蕴蕴用 3 元的价格买到了商品,然后转手以 5 元的价格卖给苧苧可不可以?这显然没问题。所以,垄断厂商要想实行价格歧视,还必须保证蕴蕴和苧苧之间无法交易,这样才能排除"中间商赚差价",保证苧苧永远按 8 元的价格购买商品。

满足这三个条件,垄断厂商就可以实现价格歧视了。但是,张五常先生的《卖桔者言》用实践证明了"销售市场必须相互隔离"和"买者的需求弹性不同"这两个条件是不必要的。在张老卖四季桔的实验过程中,市场没有被隔离,买者的偏好也没有差异,四季桔最后却是以不同价格出售的,依旧存在价格歧视现象,其原因是存在信息费用,是信息差异导致了价格歧视现象[1]。这个结论需要读者朋友们思考。

2. 价格歧视的三种类型

剑桥大学经济学教授、马歇尔的得意门生、福利经济学创始人庇古也是价格歧视研究的先驱,他将价格歧视具体分成了三个类型[2]:一级价格歧视(完全价格歧视)、二级价格歧视和三级价格歧视。

(1)一级价格歧视。一级价格歧视(First-degree Price Discrimination)也称完全价格歧视(Perfect Price Discrimination),指垄断者完全了解每一位消费者的支付意愿,并按照支付意愿对每一位消费者制定价格,见图 9-9:

---

〔1〕 张五常:《卖桔者言》,四川人民出版社 1988 年版,第 5—9 页。

〔2〕 [美]斯坦利·L. 布鲁、兰迪·R. 格兰特著,邸晓燕等译:《经济思想史》(第 8 版),北京大学出版社 2014 年版,第 364 页。

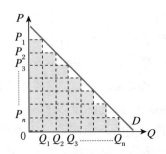

图 9-9　按照支付意愿收取价格

从图 9-9 中可以看见，如果消费者 1 的支付意愿是 P_1，垄断厂商就按 P_1 的价格卖给他，此时产量是 Q_1；如果消费者 2 的支付意愿是 P_2，垄断厂商就按 P_2 的价格卖给他，此时产量是 Q_2；如果消费者 3 的支付意愿是 P_3，垄断厂商就按 P_3 的价格卖给他，此时产量是 Q_3。依此类推，一直到消费者 n，价格和产量分别是 P_n 和 Q_n。也就是说，垄断厂商就像消费者肚子里的蛔虫一样精准了解每位消费者的支付意愿，并将价格制定在这些支付意愿上，以赚取每一位消费者的消费者剩余，将这些消费者剩余全部转变成垄断厂商的生产者剩余（即利润）。倘若消费者众多，图 9-9 中的空白小三角形就会趋于无穷小，每个直方柱就会无限贴近需求曲线，见图 9-10：

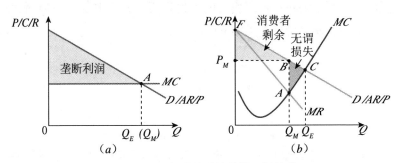

图 9-10　一级价格歧视的帕累托最优

在图 9-10 的（a）图中，为了研究方便，我们假定边际成本是常数，所以 MC 是一条水平的直线。垄断厂商可以精准地把价格定在所有消费者的支付意愿上，且支付意愿本身就在需求曲线上，这样相当于垄断厂商每多卖出一件商品就赚取一个支付意愿，每一次赚取的支付意愿也就是垄断厂商总收益的增量。总收益的增量不就是边际收益 MR 吗？所以，把关系捋顺就是：每一个商品对应的价格就是每一个消费者的支付意愿，也是每一个商品带给垄断厂商的边际收益。现在价格 P 再一次等于边际收益 MR，即 $P=MR$。于是，实行一级价格歧视的垄断厂商的利润最大化条件就是 $P=MR=MC$。这不就是完全竞争厂商的利润最大化条件吗？因为垄断厂商总是能把价格定在支付意愿上，它赚取的每一个支付意愿都是它的边际收益，所以垄断厂商的边际收益就会与需求曲线再次重合，而不再是低于需求曲线了[1]，这样边际收益等于边际成本时就和完全竞争厂商的利润最大化条件是一样的，都是 $P=MR=MC$。完全竞争市场的均衡结果是可以实现帕累托最优的，其产量是有效率的产量，那么与完全竞争市场一样实行一级价格歧视的垄断市场也可以实现帕累托最优，其产量是市场的最大产量 Q_E（其实是垄断产量 Q_M 与 Q_E 重合了），此时的垄断市场是有效率的，不存在无谓损失，且市场上的消费者剩余全部转化为生产者剩余，市场总剩余全是垄断厂商的利润（总剩余全是生产者剩余）。

这与不实行价格歧视的垄断市场有很大差别。在（b）图中，边际收益 MR 等于边际成本 MC 确定了垄断产量 Q_M 和垄断价格 P_M，这表示产量从第 1 个单位一直到第 Q_M 个单位都是按照垄断价格 P_M 出售的，而这些产量对应的支付意愿都大于垄断价格

---

[1]《西方经济学》编写组编：《西方经济学》（第二版，上册），高等教育出版社、人民出版社 2012 年版，第 239 页。

P_M，因此，虽然和完全竞争市场相比，此时消费者被垄断厂商占有了很多消费者剩余，但依旧能保住一部分消费者剩余，即△BFP_M的部分，同时市场无效率，存在无谓损失，即△ABC的部分。可一旦垄断厂商可以实现一级价格歧视，它就可以把每一个产品都卖到支付意愿那样高，而不是所有产品都按同一个价格P_M售卖，这样它就会增产到完全竞争的产量Q_M，目的是占有所有消费者剩余，同时无谓损失的三角形也会被填补，进而成为生产者剩余的一部分。所以，如果实行一级价格歧视，垄断市场将不再是无效率的，而是资源配置有效率的，其产量可以达到和完全竞争市场一样多，只是所有消费者剩余都变成了垄断厂商的利润。

当然，如此美事只是一种理想化的模型，垄断厂商无论如何都不可能对每一个消费者的支付意愿了如指掌，更何况消费者自己有时候都不确定自己的支付意愿。

（2）二级价格歧视。二级价格歧视（Second-degree Price Discrimination）不再是按照消费者支付意愿进行定价了，而是按照消费数量的差异来制定不同的价格，即买得多的话，多出的部分便宜点，说白了就是把消费数量进行分段定价，即"数量折扣"，见图9-11：

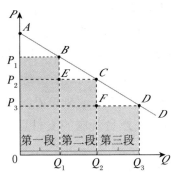

图9-11　二级价格歧视中的分段定价

比如，图中消费者打算购买商品的数量为 Q_3，垄断厂商就把 Q_3 的产量分成了三段：从 0 到 Q_1 的数量按 P_1 的价格出售，从 Q_1 到 Q_2 的数量按 P_2 的价格出售，从 Q_2 到 Q_3 的数量按 P_3 的价格出售。这样，图中的阴影部分就都成了垄断厂商的总收益（total revenue），如果垄断厂商成本为零，这些阴影部分就都是生产者剩余，也即利润。图 9–11 很像图 9–9 的放大版，背后的原理是一样的，只是在这样的二级价格歧视下，垄断厂商没有占据所有的消费者剩余，比如 $\triangle ABP_1$、$\triangle BCE$ 和 $\triangle CDF$ 都是留给消费者的消费者剩余。所以，实行二级价格歧视的垄断厂商无法将价格定在每一单位产量对应的消费者的支付意愿上，而只能定在分段产量的支付意愿上，如此，边际收益就无法和需求曲线重合，即边际收益不等于价格。这样，实行二级价格歧视的垄断市场无法达到帕累托最优。

（3）三级价格歧视。三级价格歧视（Third-degree Price Discrimination）是对具有不同需求价格弹性的消费群体制定不同的价格，即对需求价格弹性较大的群体制定较低的价格，对需求价格弹性较小的群体制定较高的价格。比如，学术刊物卖给大学的图书馆就比较昂贵，但卖给学生就会便宜；正常的公交车票就比学生票和老年票昂贵；我国车企比亚迪的一款"元 PLUS"车型在国外的售价要高于国内。

这些案例都有两个特点：第一，两个市场的需求价格弹性不同。图书馆对学术期刊的需求价格弹性要小于学生，普通人对公交车票的需求价格弹性要小于学生，国外消费者对我国汽车的需求价格弹性要小于国内消费者。第二，两个不同消费群体是相互隔离的，不存在相互转售的可能。学生买到学术刊物后没办法转卖给大学图书馆，学生和老人买到车票后不能转卖给普通人，国内消费者买到比亚迪的"元 PLUS"车后无法再转手卖给外国人。

结合前面张五常先生在《卖桔者言》中的实践结果，我们可以认为，"买者的需求弹性不同"和"销售市场必须相互隔离"只是厂商能够实行价格歧视的充分条件，不是必要条件。

需求价格弹性不同的消费者群体，必然对应着斜率不同的需求曲线，垄断厂商也就必然面对着两条边际收益曲线。但垄断厂商只有一个生产成本规模，该如何确定产量呢？答案比较容易理解，即在两个市场上同时实现边际收益等于边际成本这个利润最大化的条件，并把两个市场结合起来，用数学表述就是根据 $MR_1 = MR_2 = MC$ 的原则确定产量和价格。这样得出的较高的价格就用于需求价格弹性小的市场，较低的价格就用于需求价格弹性大的市场。

3. 小结与思考

讲到这里，我们多少发现了一点问题，那就是实行价格歧视的厂商并不一定是垄断厂商。在以上例子中，只有公交车系统比较接近垄断厂商，比亚迪不是垄断厂商，学术期刊也不是垄断厂商。日常生活中，我们总能看到麦当劳卖冰激凌甜筒时做的"买一个，第二个半价"的宣传广告，麦当劳也不是垄断厂商，而是垄断竞争厂商，下一章我们将会介绍。

所以，垄断厂商可以实行价格歧视，但实行价格歧视的不一定都是垄断厂商。从这些价格歧视的具体例子中我们可以总结出一个结论：价格歧视是基于垄断能力的，只要一个厂商具备一些垄断能力，它就可以实行价格歧视。垄断厂商、寡头厂商、垄断竞争厂商都或多或少具备一定的垄断能力，所以这三种厂商都可以实行价格歧视，只有完全竞争厂商做不到。

（九）政府应对垄断的举措

因垄断导致市场偏离了帕累托最优状态，出现了效率损失，且垄断自身不能通过市场行为弥补这个损失，无效率状态会持续存在，主流经济学便将垄断作为市场失灵的一种类型。市场失灵是政府介入经济的理由，所以面对垄断，政府会采取一些措施来限制或修正垄断厂商的生产行为，以降低其带来的效率损失。曼昆在其教材中总结了政府解决垄断问题的四种措施[1]，具体内容如下。

1. 通过法律增强行业竞争

这里的法律指的便是大名鼎鼎的反垄断法。美国的两个著名反垄断法案是1890年的《谢尔曼法》（Sherman Antitrust Act）和1914年的《克莱顿法》（Clayton Act）。《中华人民共和国反垄断法》于2007年8月30日由第十届全国人大常委会第二十九次会议通过，自2008年8月1日起施行，并于2022年修正。

反垄断法从两个方面对市场上的垄断力量予以抑制并增强市场的竞争程度。一方面是对具有垄断力量的企业进行拆分，比如美国历史上不可一世的标准石油公司（Standard Oil）在1911年被美国联邦最高法院拆解。另一方面是阻止企业间的合并，防止垄断形成，比如1994年美国法院阻止微软收购图文公司；2009年3月，我国商务部以对竞争产生不利影响为由正式否决可口可乐公司对汇源果汁集团有限公司的收购申请；2021年7月10日，中国国家市场监督管理总局宣布，对腾讯控股有限公司申报的虎牙公司与斗鱼国际控股有限公司合并案予以否决；等等。这些决定的目的都是禁止具有较强垄断能力的公司采取使市场竞争减弱的行动。

2. 管制垄断者的行为

前文已经分析过，垄断厂商是按照利润最大化而不是产量最大化生产的，所以它制定的价格会高，产量会低，这也是垄断市

---

〔1〕〔美〕曼昆著，梁小民、梁砾译：《经济学原理：微观经济学分册》（第6版），北京大学出版社2012年版，第325—330页。

场效率损失的原因。为了矫正这种情况、挽回效率，政府会强制垄断企业按照产量最大化生产，也就是按照 $P=MC$ 生产，这样垄断市场的产量将和完全竞争市场的产量一致，效率也不再有损失。这就是用政府权力对垄断厂商生产决策进行管制。

但政府这样做会出现一个问题，即自然垄断的垄断厂商会亏损。具有垄断资源的、有特许经营权的、有专利或版权的垄断企业往往不是政府特意管制的对象，因为这些垄断都是通过政府行为形成的，政府已经在授予垄断权利的同时进行了一定程度的管控（比如，自来水的价格本身就是管控过的），或者说这些类型的垄断并不是垄断厂商通过降低自己平均总成本的手段获得的，而是政府给予的。但自然垄断是垄断厂商自己在形成规模经济时获得的垄断身份，是市场行为的结果，不是政府授予的特权。但大家不要忘记，一个厂商在规模经济状态的平均总成本是下降的，或者说一个自然垄断厂商是在平均总成本下降的区域进行生产的。这样的话，边际成本 MC 一定在平均总成本 ATC 的下面（平均量被边际量拽下去），见图9-12。

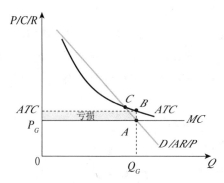

图 9-12　自然垄断的边际成本定价

图9-12中，为了分析方便，再一次假设边际成本 MC 是个常

数，于是边际成本曲线 MC 成为一条水平直线。因为边际成本 MC 一直低于平均总成本 ATC，所以平均总成本 ATC 才一直向下，垄断厂商才因此进入规模经济状态。如果在这种情况下，政府要求自然垄断企业按照 $P=MC$ 这个产量最大化的条件进行生产（即 A 点处），则由此确定的产量 Q_G 对应的价格 P_G 必定低于平均总成本 ATC。在图中可以看到 Q_G 产量下的 ATC 是 B 点，而 B 点在 A 点上方，于是这个自然垄断厂商必然会亏损。如果政府这样要求垄断企业，那似乎太不近人情了。所以，政府有两个选择：第一个选择是给垄断企业补贴，把亏损补上，让垄断企业只得到会计利润。但补贴来源于财政，财政又主要来源于税收，这不是反过来让消费者去补贴垄断企业吗？如果该垄断企业是国有企业，这样做多少还说得过去，如果是私有垄断企业，政府这样给补贴就不太合适了。所以，政府的第二个选择就是允许该垄断企业收取高于边际成本的价格，比如在 $P=ATC$ 处生产（即 C 点），这样垄断企业没有经济利润而只得到会计利润，不会再亏损，但是产量必定小于最大产量 Q_G（虽然还是会大于垄断产量 Q_M），市场效率多少还是有些损失。鱼和熊掌不可兼得，世间哪有两全之法呢？

3. 公有制

这种方式不允许私有企业经营垄断行业，而是政府自己接管过来经营垄断行业。西方国家会将电话、自来水、电力供应、邮政等业务变为国有。我国也多将民生相关的行业归为国有，目的就是让与民生相关的行业可以排除利润优先的干扰而尽可能多地供给商品，让百姓获得充足且廉价的生活必需品。但由于西方社会是选票政治，西方经济学家们面对这类公有制垄断时会考虑选票机制和利润动机哪个会将垄断企业经营得更好，且多认为选票机制不如利润动机可靠[1]。

4. 不作为

学界还有一种声音，那就是放任垄断厂商的垄断行为，只要垄断厂商没有做出对经济特别有害的举措，政府就不要干预。这种观点往往认为政府干预经济的行为只能扰乱市场，而不是规范市场，不仅不能将市场效率提升，反而会导致新问题的出现，最后还不如不干预。这种现象被称为"政府失灵"。在主流经济学教科书中，垄断被认为是市场失灵的一种，但支持政府不作为的学者则认为，政府失灵还不如市场失灵，所以他们提出了政府不要作为的观点。不过，就现实经济而言，政府发现大型企业有扰乱市场竞争的行为时，还是会通过反垄断法予以管制。

（十）对垄断的质疑

关于垄断的内容已经基本介绍完毕，这里对垄断这个话题做一个小讨论。就像前文所述，垄断模型也只是一个用于分析现象的极端模型，它并不存在于真实世界，现实中被判定为垄断的厂商也并不完全符合垄断模型的定义，因此现实中具有垄断性质的厂商也就未必按照模型理论中的描述去行动。换句话说，模型理论中对于垄断的分析，有一些内容与真实情况不符，但这也不奇怪，毕竟模型并不是现实，在模型背景下分析出来的某些结论与现实世界不符也情有可原。

关于垄断最大的疑问就是，垄断真的限制竞争、阻碍创新吗？教科书中一般介绍，垄断厂商通过压低产量来抬高价格，从而获得经济利润。垄断厂商的产品没有近似替代品，且行业存在

---

[1] ［美］曼昆著，梁小民、梁砾译：《经济学原理：微观经济学分册》（第 6 版），北京大学出版社 2012 年版，第 330 页。

进入壁垒，因此垄断厂商不会有继续创新的动力，即使有企图维护垄断地位的行为，也是寻租行为，与创新并不相干。不过，在现实中被批判为垄断企业的微软公司和苹果公司都一直在通过创新行为来维持自己引领行业潮流的垄断地位：微软公司的Windows操作系统与Office办公软件一直都在推陈出新，苹果公司的iPhone系列手机（包括iPad和iWatch系列产品）也一直在更新迭代，它们在美国本土的行业地位一直没有被他人撼动。或者说，它们怕失去行业领先地位而不得不持续创新，垄断身份不仅没有使它们坐享其成，反而成了它们不断创新的动力〔1〕。垄断厂商一直在与潜在的对手进行竞争，正如张五常先生所说，"垄断永远有竞争，只是程度不同"〔2〕。与完全竞争相比，垄断才是鼓励竞争，而完全竞争根本就是没有竞争。

不仅如此，政府对于能够产生技术创新的垄断厂商，还会提供专利或版权去维护其垄断行为的超额利润，在药品行业尤为如此。政府反垄断反的是滥用市场支配地位、坐享其成、不思进取、只想利用垄断力量捞钱的垄断行为，比如2021年4月，我国国家市场监督管理总局依法对阿里巴巴集团控股有限公司在中国境内网络零售平台服务市场实施"二选一"的垄断行为（商户只能在淘宝或天猫经营，不许在其他平台经营）做出行政处罚182.28亿元的决定。对于不断通过创新来维护垄断地位的垄断行为，政府是一直鼓励与维护的（注意此处是垄断行为，不是垄断厂商）。

提到政府，就不得不提及特许经营垄断。自然垄断之类的垄断厂商一直面对着或现实或潜在的行业内竞争威胁而不得不努力

---

〔1〕 张维迎：《经济学原理》，西北大学出版社2015年版，第287页。

〔2〕 张五常：《经济解释》（二〇一四增订版），中信出版社2015年版，第587页。

创新以维持其垄断地位，特许经营型垄断厂商却不用考虑这个问题，如此一来，特许经营垄断就更有可能限制竞争和技术创新。这种观点的确容易被大多数人接受，因为特许经营型垄断厂商是从政府那里获得的特许经营权，有绝对的进入壁垒，只要政府不改主意，它就几乎没有近似替代品竞争，这样的垄断厂商为什么还要费力创新呢？道理的确没错，既然现有的资源已经够了，谁还有动力去开疆拓土？在中国特色社会主义制度下，一些国有企业（典型的特许经营垄断）却未必是这样。在中央政府的领导下，这些国有企业依旧会从提高人民生活质量的角度和提升国际竞争力的角度持续创新，例如，国家铁路系统不断地对动车和高铁进行改造与创新，国家电网的特高压技术在国际上一骑绝尘，中国石油和中国石化一直在提升自己的炼油技术，等等。

从上述内容可以看出，武断地认为垄断会限制竞争、阻碍创新的观点是站不住脚的。或者说，用纯理论模型去硬套现实的做法并不可取。就如前文讨论的那样，垄断模型只是一个边界，告诉我们要研究垄断现象所不能逾越的界限，就像数学中的极限概念似的，无限靠近却永远达不到。也可以说，现实中的"垄断"并非理论模型中的"垄断"，此垄断非彼垄断也。

十、垄断竞争市场与寡头市场

——同中求异与博弈

就像前文描述的那样，完全竞争市场是一个极端，该市场上卖者众多，商品没有任何差异；垄断市场是另一个极端，该市场上只有一个卖者，商品没有近似替代品。极端就是极端，现实世界中几乎不存在，我们经常见到的都是二者的结合，只是有些厂商更偏向于完全竞争，有些厂商更偏向于垄断，就好比完全竞争市场是黄色，垄断市场是蓝色，而现实中的各种市场形式是各式各样的绿色。这个"偏向"的依据就是厂商的数量，如果数量较多，这个市场就是垄断竞争市场；如果数量较少，这个市场就是寡头市场。但是，多少是"较多"，多少是"较少"呢？12个算多吗？5个算少吗？这个问题其实根本无从回答。本章介绍的垄断竞争市场和寡头市场依旧是理论模型，并不能用它们以生搬硬套的方式解释经济现象，但在解释具体的问题上运用这些结论还是合适的。

垄断竞争、寡头与垄断同属于不完全竞争，它们之间有一些相似的地方，而我们已经在垄断的部分花费了不少笔墨，因此本章内容将着重介绍垄断竞争市场和寡头市场的特征，对二者利润最大化的分析不再赘述。

（一）垄断竞争市场

垄断竞争（Monopolistic Competition）市场，"垄断"在前，

"竞争"在后，因此其本质依旧是竞争，而"垄断"是竞争的手段。这次我们以案例分析开局，体会一下什么是垄断竞争。请带着如下两个问题去阅读案例：它们一样吗？它们不一样吗？

1. 案例分析：加拿大的快餐行业

现代快餐是由西方国家发明的，自然在西方国家也比较繁荣。下面介绍一些在加拿大的快餐连锁店。

（1）Tim Hortons。加拿大本土最负盛名的快餐连锁店当属Tim Hortons（国内连锁店的中文名字为"天好"）。Tim Hortons本来是一家咖啡店，但产品种类越做越多，慢慢演变成了具有快餐店功能的咖啡店。咖啡自然是它们不可或缺的产品，就像中国人喝豆浆要配油条一样，Tim Hortons还提供种类繁多的甜甜圈（donut）、饼干（biscuit）、贝果（bagel，圆形中空的面包）、牛角包（croissant）、玛芬（muffin，杯子小蛋糕）等甜品。除此之外，Tim Hortons还提供牛肉三明治、鸡肉三明治、鸡肉汤、墨西哥辣牛肉汤（chilli soup），还可以用贝果或牛角包制作三明治等。在Tim Hortons吃饱是没问题的，仅仅买杯咖啡也是没问题的。

（2）Subway。Subway（国内连锁店的中文名字为"赛百味"）提供的主要产品是各式各样的三明治，主打健康饮食的概念。点餐之前要先选择制作三明治所需的面包，可选择的面包种类少则六种，多则十余种；三明治中间夹的内容有多种蔬菜和肉类可以选择，调味酱料也有六种左右可以选择。除此之外，Subway也提供多种自制饼干，深受年轻人的喜爱。

（3）Dairy Queen。Dairy Queen（中国消费者称之为"DQ"）在中国消费者眼中是一家冷饮店，店内的冰激凌种类繁多，美味可口。但是加拿大的Dairy Queen也出售鸡肉汉堡、薯条、炸鸡块、热狗和可乐，还提供生日蛋糕，不过主打产品还是各种款式的雪糕和冰激凌。如果你打算在Dairy Queen吃顿饭，那没有任何问题，热狗还经常买一送一呢！

（4）Wendy's。Wendy's（温蒂汉堡）的品牌标志是一个脸有雀斑、梳两个红色翘辫的小女孩。Wendy's 提供的也是各种汉堡、薯条、可乐，但主打产品是沙拉。Wendy's 提供多种沙拉，比如多种牛肉沙拉、鸡肉沙拉、水果沙拉、蔬菜沙拉等，味美量足，很多消费者到 Wendy's 仅仅是去购买沙拉，把沙拉当午餐。

（5）Burger King。Burger King（国内连锁店的中文名字为"汉堡王"）是一家具有雄心壮志，要与麦当劳一决高下的快餐连锁店。Burger King 主打各种牛肉汉堡，薯条更粗一些，一样提供各种机打的碳酸饮料。Burger King 让消费者熟知的一款产品是炸洋葱圈，这种食品外酥里嫩，混合着洋葱和油炸淀粉的气味，很受消费者欢迎。

（6）A&W。A&W 的品牌形象是一家人，即爷爷、奶奶、爸爸、妈妈、儿子、女儿的卡通形象，所以 A&W 出品了对应这些家人的汉堡，比如爸爸汉堡、妈妈汉堡等。这些"家人汉堡"中经常放酸黄瓜片，各种汉堡的味道稍有差异。一周当中，每一天都有一个"家人"的汉堡打折，配上薯条和碳酸饮料构成一个套餐。A&W 还提供一种叫作根啤酒（Root Beer）的碳酸饮料，虽然名字里有"啤酒"，但并不含酒精。A&W 经常在一杯根啤酒里放一大块冰激凌出售，深受当地消费者喜爱。

（7）McDonald's。McDonald's 就是大名鼎鼎的麦当劳，其主要产品自然是传统的牛肉汉堡、鸡肉汉堡、薯条和可乐，这里不再过多介绍。

（8）KFC。KFC 就是我们十分熟悉的肯德基，只是肯德基的产品在北美和麦当劳差别不大，都是鸡肉汉堡、薯条和可乐，再加上炸鸡块和炸鸡腿，种类没有在中国的多样，这里不必过多介绍。

2. 垄断竞争市场的特征

案例已经读完，回答一下这两个问题：它们一样吗？它们不一样吗？

要说一样，那显然是不对的，每一个快餐品牌都有自己的"绝活儿"，比如 Burger King 有大薯条和炸洋葱圈，Wendy's 有多种沙拉，A&W 有独到的冰激凌加根啤酒等。要说不一样，这些快餐连锁店又几乎都是以汉堡（三明治）、薯条和可乐为主，本质上也没多大明显的差异，它们相互之间是妥妥的近似替代品。是的，这就是垄断竞争。案例中列出了 8 个快餐连锁品牌，是多还是少？

现在看看传统经济学对垄断竞争市场的表述吧。

（1）很多的买者与卖者。垄断竞争市场是更偏向于完全竞争的市场，所以垄断竞争市场上无论是买者还是卖者，数量都很多。在垄断竞争市场上，每个厂商所占份额都微不足道，都不足以对整个行业产生影响，但它们都在争夺同一市场上的消费者。除了案例中的快餐行业，图书、文具、音乐、电影、家具等很多行业都是垄断竞争市场。从这一点来看，垄断竞争和完全竞争没有区别，列出这一条是在说明垄断竞争市场上的竞争也十分激烈。

（2）商品之间存在差异。虽然卖者的数量众多，但每一个卖者都有独到之处，其产品总是和竞争对手有些许差异，使消费者有选择其产品的理由。这些厂商的产品都是相似的同类产品，相互之间都是近似替代品，但它们能够同中求异，在消费者面前崭露头角，抢占那些青睐其产品独有特征的消费者群体。这便是"垄断"二字的由来，这些厂商"垄断"了各自的"差异"，通过"垄断"自己的特征与其他厂商竞争，所以这个市场才叫垄断竞争市场，"垄断"是它们相互竞争的手段与底气——你想在吃汉堡的时候喝到根啤酒吗？到 A&W 来买吧，别人家没有！

所以，商品之间存在差异是垄断竞争市场最大的特征，也是其和完全竞争市场相区别的根本特征。在现实世界中，绝大部分行业都具有这个特征：食品琳琅满目、衣服多种多样、手机各有特色、汽车功能各异等。

它们一样吗？它们不一样吗？

（3）厂商可以自由进入和退出。与完全竞争市场一样，垄断竞争市场也可以自由进入和退出。因为是一个竞争性的市场，所以必定是可以自由进入和退出的，如果不能自由进入和退出，激烈的竞争又从何而来呢？在这个市场上出售的都是同类商品，商品之间的差异微小，不足以使某一厂商的商品成为"新"产品，所以导致差异的技术并不能构成很高的壁垒，厂商可以自由进入和退出就成了必然。由于我们已经学习过完全竞争市场的内容，看到"可以自由进入和退出"这个条件时，我们就应该知道这句话包含了另一层意思，那就是在长期中垄断竞争厂商的经济利润也必然是 0。

以上就是垄断竞争市场的三个特征。对于垄断竞争市场的研究，最早是由三个经济学家几乎同时且独立提出的（与"边际三杰"类似，他们的研究并不限于垄断竞争，而是完全竞争与完全垄断之间的情形）[1]。首先是罗宾逊，她是剑桥大学经济学教授，师从马歇尔，著有《不完全竞争经济学》，是那个时代世界级经济学家中唯一的女性，她的名言就是那句"学习经济学的主要目的就是不受经济学家的欺骗"。其次是爱德华·黑斯廷斯·张伯伦（Edward Hastings Chamberlin，1899—1967 年），他是哈佛

---

〔1〕 ［美］斯坦利·L. 布鲁、兰迪·R. 格兰特著，邸晓燕等译：《经济思想史》（第 8 版），北京大学出版社 2014 年版，第 289 页。

大学经济学教授，著有《垄断竞争理论》。最后是德国经济学家海因里希·冯·斯塔克尔伯格（Heinrich von Stackelberg，1905—1946年），他的一项重要贡献在于使用产量领导模型分析寡头厂商的生产行为。这三位经济学家的贡献构成了现在微观经济学教材中垄断竞争市场及寡头市场部分的重要内容。

3. 垄断竞争厂商的均衡

垄断竞争厂商的均衡依旧可以分为短期均衡和长期均衡。我们先分析短期均衡，见图10-1：

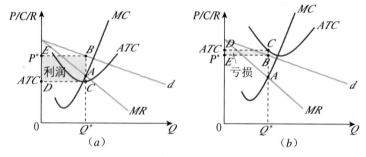

图10-1　垄断竞争厂商的短期均衡

（1）垄断竞争厂商的短期均衡。看起来是不是很熟悉呢？没错，这两幅图和垄断厂商的短期均衡几乎一模一样，唯一的区别在于需求曲线的斜率。垄断厂商面对的是整个市场的需求曲线，所以需求曲线相对陡峭一些；垄断竞争厂商由于有很多竞争者，只能分到市场需求的一部分，我们用 d 来表示垄断竞争厂商所面对的需求曲线，同时众多的竞争者必然使垄断竞争厂商的商品更容易被替代，因此需求价格弹性就会比较大。这样一来，垄断竞争厂商面对的需求曲线 d 就要比垄断厂商面对的整个市场的需求曲线 D 更为平坦（回忆弹性的内容，需求价格弹性越大，需求曲线越平坦）。

接下来讨论垄断厂商的利润最大化问题。条件还是边际收益等于边际成本，即 $MR=MC$。（a）图表示垄断竞争厂商获得经济利润的情况，利润最大化时的产量 Q^* 对应的价格 P^* 大于其对应的平均总成本 ATC；（b）图表示垄断竞争厂商亏损的情况，利润最大化时的产量 Q^* 对应的价格 P^* 小于其对应的平均总成本 ATC，这和对垄断厂商的分析是一样的。这说明，虽然垄断竞争市场上的竞争依旧激烈，但每一个垄断竞争厂商都可以凭借自己的"与众不同"而向受众消费者索要高于边际收益的价格（完全竞争厂商无论如何也办不到这一点）。这就是垄断竞争中"垄断"二字的含义，只是由于垄断竞争厂商面对的需求曲线比垄断厂商的需求曲线更为平坦，垄断竞争厂商索要的价格无法达到垄断厂商的价格。仔细想想，这个结果也是必然的，市场中存在那么多竞争者，单个垄断竞争厂商敢卖太贵吗？有赚钱的，也有赔钱的，（b）图说明，如果一个垄断竞争厂商的成本过高，或受众群体过小（即需求曲线过于靠左下方，比如它的"与众不同"太小众了），它同样会亏损。但不管盈利还是亏损，垄断竞争厂商都不可能长期维持这种状况，因为这个市场是可以自由进入和退出的。

（2）垄断竞争厂商的长期均衡。有了完全竞争的知识做基础，我们自然会知道，在可以自由进入和退出的市场中的厂商，其长期的经济利润必然是零。因为如果它们获得了利润，一定招致更多的竞争者加入其中，如果它们出现了亏损，一定有一些厂商先扛不住而撤出，这种进进出出的现象只有在市场上的经济利润为零时才会停止，见图 10-2：

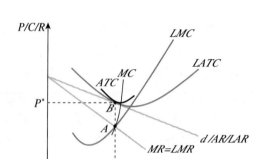

图 10-2　垄断竞争厂商的长期均衡

可以看到，为了实现垄断竞争厂商的利润最大化，长期边际收益 LMR 要等于长期边际成本 LMC，还要在某一个短期中同时满足短期的边际收益 MR 等于短期的边际成本 MC，即 $LMR = LMC = MR = MC$，也就是图 10-2 中的 A 点。但有这个条件还不够，这只是说明了现在该垄断竞争厂商的利润最大，利润为零的条件是长期平均收益 LAR 等于长期平均总成本 LATC，且在某一个短期中满足短期的平均收益 AR 等于短期的平均总成本 ATC（AR 就是 LAR，也是价格 P，道理与上一章是一样的），即 $LAR = LATC = AR = ATC$，也就是图 10-2 中的 B 点。这就是一个垄断竞争厂商的长期均衡，长期平均总成本曲线与某一短期平均总成本曲线同时切于垄断厂商自己面对的需求曲线 d 上的 B 点，这一点也正好对应着该垄断竞争厂商在这一短期中利润最大化时刻的产量 Q^*。

不过，现实中各个垄断竞争厂商的真实经济利润未必是零。一般而言，一些行业会存在平均利润率，大部分垄断竞争厂商都能获得平均利润。某些厂商如果不能获得平均利润，它自己就会离开这个市场，而不是非要等到自己的经济利润低于零的时候才离开。或者说，现实中一些垄断厂商之所以选择退出某行业，并不一定是因为它亏损了，还可能是因为它没有获得这个行业的平均利润，它获取的经济利润没有达到预期。

4. 垄断竞争与完全竞争

下面，我们将垄断竞争厂商和完全竞争厂商放在一起比较，见图 10-3：

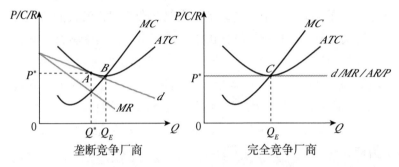

图 10-3 垄断竞争厂商与完全竞争厂商的比较

可以看到，完全竞争厂商是在有效规模处生产的（即 C 点），也就是在平均总成本最低处生产，它的产量是社会合意的最优产量 Q_E。再看垄断竞争厂商，它是在平均总成本下降的部分生产的（即 A 点），其有效规模在 B 点，其产量明显小于完全竞争厂商（但也明显大于垄断厂商），也就是说它没有将自己的生产能力完全释放出来，存在着过剩的生产能力（excess capacity），因此垄断竞争市场存在产量不足的无谓效率损失。这种过剩的生产能力的保留，可以看作是垄断竞争企业为了追求其商品的差异化而不得不付出的代价。面对这样的效率损失，政府一般只能采取放任不管的态度。垄断竞争市场的经济利润已经为零，对其进行管制就会出现大面积亏损现象，如果要对亏损进行补贴，碍于垄断竞争厂商那庞大的数量，政府也拿不出那么多钱来。因此，政府基本没有对垄断竞争的管制措施，这也是真实世界中的常态。

（二）寡头市场

真实世界中存在的另一种市场形式就是寡头市场（Oligopoly）。何为寡？少即为寡，指在这个市场中供给者的数量很少。但是，多少算少呢？如果能够接受两个或三个为少，那四个呢？五个呢？界限在哪里？那个评判数量的魔咒又会响起，没人能给出合适的答案。所以，在具体的分析中，经济学家们通常将这个数量确定为2，即市场上的供给者有两个。这个做法既表示数量多于1（确保不是垄断），又可以构建简明的模型（只分析两个厂商就行），可谓一举两得，因此这种只有两个供给者的情况，我们称之为双元寡头或双头寡头（Duopoly）。下面的内容主要以双元寡头为例。

1. 寡头市场的特征

相比于垄断竞争更偏向于完全竞争，寡头则更偏向于垄断。因此，寡头市场也存在进入壁垒，诸如资源控制、政府特许、专利版权和规模经济等形成垄断的原因同样适用于寡头，寡头的地位也都源于此，只是它们的数量很少却也不止一个。寡头也面临向右下方倾斜的需求曲线（各种成本曲线和其他市场形式一样），只是没有垄断厂商面临的需求曲线那样陡峭（毕竟还是有竞争者），所以寡头也拥有一定强度的市场力量，但没有垄断厂商的力量大。

寡头市场上出售的产品可以完全相同，也可以有些许差异，由于寡头们共同垄断着这个市场，都拥有较强的市场力量，产品存在差异与否并不是它们特别关心的事情，或者说产品的差异化并不能影响它们的决策。在这一点上，寡头更像是垄断，且不同于垄断竞争，垄断竞争是要依靠产品的差异化来维持自己的"小小垄断"，从而使自己更具有竞争力。

寡头本身拥有一定强度的垄断力量，产品不愁卖，它用不着把心思放在产品差异化上，但寡头毕竟还是有竞争者的，这又导致它不能像垄断厂商那样躺着就把钱挣了。寡头关心的到底是什么呢？寡头关心的是另一个寡头在想什么。

2. 寡头厂商的均衡

由于市场中有两个寡头（以双元寡头为例），其中一个寡头在做生产决策的时候会考虑另一个寡头的行为，它们相互依赖，存在一个连续不断的"反应"链条，即寡头的决策行为如何，取决于另一个寡头的反应。这种现象为寡头市场所独有，因为垄断市场中只有一个供给者，它不用看任何人脸色；垄断竞争市场（包括完全竞争）中供给者太多，单个厂商就算想看其他竞争者的决策也看不过来，只有寡头市场上的供给者数量很少，导致它们在做决策时总是要考虑对手的决策是什么。一般而言，双元寡头的决策选择有两个：要么各干各的来竞争，要么联合起来。

（1）各自为战。如果两个势均力敌的寡头（假设如此）的生产决策都不考虑对方的行为，都各干各的，那么多少会存在一些竞争的火药味，毕竟市场由它们两个共享，谁也不能完全躺平了赚钱。在学习了那么多经济学知识之后，我们都知道一个大致的规律，那就是一个市场的竞争越激烈，则价格越低，产量越高，而垄断力量越强，则价格越高，产量越低。从这个角度看，双元寡头的市场有两个供给者，比垄断市场多一个供给者，两个供给者必定存在竞争，因此在两个寡头都按照各自利润最大化的条件进行生产时（两者势均力敌，所以产量相同），该寡头市场上的价格将低于垄断市场，总产量将高于垄断市场，总利润将低于垄断厂商。但是与垄断竞争市场相比，寡头市场的价格更高，总产量也会更少，总利润也会更多。不过，假如供给者的数量可以增加，随着供给者的不断涌入，寡头市场将逐渐向垄断竞争市场转变。当然，这只是假设，因为寡头市场同样存在进入壁垒，市场外竞争者不是那么容易就能进来的。总而言之，如果寡头市场上的各个寡头都按照自己的利润最大化条件（$MR=MC$）进行生产，而不考虑其他寡头的行为，那么寡头市场的价格将低于垄断市场，总产量将高于垄断市场，总利润将低于垄断厂商，且寡头的数量越多，价格低得就越多，总产量也高得越多，总利润也低得越多，寡头也越在意产品的差异化，整体上就越向垄断竞争厂商靠拢。

（2）合谋（collusion）。如果两个寡头并不各自为战，而是合二为一，像一个垄断厂商那样去生产，它们便形成了一个卡特尔（Cartel），其结果就显而易见了，这个寡头市场和垄断市场没有区别，市场价格将较各自为战时更高，总产量也将更低。这种情况对于消费者是不合意的（undesirable），他们要付出更高的价格，且可以购买的产品总量降低了。但卡特尔的形式对于两个寡头来说非常合意（desirable），它们共同降低了产量，抬高了价格，得到了比各自为战时更高的利润。

如此美事，何乐而不为呢？但事实恰恰是，卡特尔很难维持。在反垄断法的威慑下，寡头们不被允许形成卡特尔，即便形成了卡特尔，也都是暗地里的交易，没有任何法律保障，也就是说，如果一方反悔并破坏了合作，另一方也没法拿起法律武器来维护自己的权益。可偏偏寡头们又都有破坏合作的动机，因为在形成卡特尔之后，只要其中一方比另一方抢先生产更多的产品，它就能抢占更大的市场份额，从而在另一方反应过来之前，狠狠大快朵颐一番。你是这么想的，对手也是这么想的，这个卡特尔怎么维持呢？

讨论这种情况最常用的工具是博弈论（Game Theory），几乎每一本微观经济学教材在讲到寡头市场时都会介绍博弈论的内容，并立马开始分析"囚徒困境"（The Prisoners' Dilemma）。不过，本书旨在介绍寡头的特性，就不展开对博弈论的介绍了，毕竟分析寡头可以用博弈论，但博弈论可不只是用来分析寡头的理论，感兴趣的朋友可以找一本博弈论的入门书籍来看（甚至可以翻开一本微观经济学教材）。不过，就像张五常先生说的那样，博弈的行为难以考察，推出的假说无从验证，所以也没多强的解释力[1]，并且这些研究博弈论的人不明白市场的竞争与局限条件，喜欢假设竞争者钩心斗角，要干掉对方，可同行对手是"杀"不尽的，合作才是生意之道[2]，因此不看也罢。我们还是专注分析寡头的几种模型吧。

3. 寡头模型

前文提到，寡头关心的是另一个寡头在想什么。每一个寡头的利润都要受到行业中其他寡头决策行为的影响，所以寡头理论比较复杂，现在还无法建立一个具有一般意义的寡头模型，而是有多少竞争对手的反应方式，就可以构建多少个寡头模型[3]。以双元寡头为例，两者未必一定是势均力敌的状态，还可能一强一弱，这就会导致寡头的生产决策存在多种可能。下面介绍几种具有代表性的寡头模型。

（1）古诺模型（产量竞争模型）。这个模型由法国经济学家古诺于1838年提出。该模型假设有两个寡头出售相同的产品，它们的生产成本为零，面对的需求曲线是线性的，且互相知道对方的产量，这样它们都以自己的产量去适应对方已确定的产量来实现利润最大化。产量的确定要经过多轮尝试，以使其中一个寡

---

〔1〕 张五常：《经济解释》（二〇一四增订版），中信出版社2015年版，第90页。

〔2〕 张五常：《经济解释》（二〇一四增订版），中信出版社2015年版，第392页。

〔3〕 高鸿业主编：《西方经济学》（第五版），中国人民大学出版社2011年版，第193页。

头的产量去适应对方已生产的产量，最终的均衡结果将是每个寡头的产量都为整个市场总容量的 $\frac{1}{3}$，两个寡头的产量之和为整个市场容量的 $\frac{2}{3}$。这个结论可以推广到拥有 m 个寡头的市场[1]：

$$每个寡头厂商的均衡产量 = 市场总容量 \times \frac{1}{m+1}$$

$$行业的均衡总产量 = 市场总容量 \times \frac{m}{m+1}$$

在此模型中，因为寡头们都是在达到均衡之前的每一轮试探中适应对方的产量，所以它是一种产量竞争模型。

（2）斯塔克尔伯格模型（产量领导模型）。古诺模型中的两个寡头其实是势均力敌的，但这只是寡头之间关系的一种情况，二者还可能存在一强一弱的情况。实力较强的寡头（可能它的成本更低）处于支配的领导地位，实力较弱的寡头（可能它的成本较高）处于追随的地位，于是德国经济学家斯塔克尔伯格于1934 年提出了一个"领导者—追随者"模型，即斯塔克尔伯格模型[2]。

在这个模型中，两个寡头生产相同的产品，但其中一个是领导者，另一个是追随者。由于二者依旧要做出产量决策，追随者会存在一个相对于领导者产量的反应函数，即追随者的产量会依据领导者的产量而定。同时，领导者了解这个反应函数，并在此基础上确定自己的利润最大化产量。在这个模型中，领导者具有

---

〔1〕 高鸿业主编：《西方经济学》（第五版），中国人民大学出版社 2011 年版，第 194 页。

〔2〕 高鸿业主编：《西方经济学》（第五版），中国人民大学出版社 2011 年版，第 196 页。

先动优势和支配地位，它仅需要了解追随者的产量反应是什么，并依此确定自己的利润最大化产量，追随者则依据领导者已确定的产量来确定自己的利润最大化产量，因此这个模型也被称为产量领导模型。

（3）价格领导模型。斯塔克尔伯格模型中的领导者先确定产量，追随者再跟进确定自己的产量，其实领导者还可以先定价格，追随者则接受这个价格来生产。解释这种现象的模型叫价格领导模型。在价格领导模型中，寡头们生产相同的产品，由领导者先制定符合自身利润最大化目标的价格，追随者则像完全竞争厂商一样被动接受这个价格，并在这个价格基础上确定产量。追随者一般没有能力满足整个市场的需求，领导者则会用自己的产量填补剩余的市场需求[1]。两者之间也存在一个"反应"：由于两个寡头共同满足市场的需求，领导者了解追随者在给定市场价格下的产量，并以此明确自己的产量，以制定自己利润最大化时的价格[2]。

（4）伯特兰德竞争模型（价格竞争模型）。这个模型是由法国数学家约瑟夫·伯特兰德（Joseph Bertrand，1822—1900 年）于 1883 年提出的。这个模型假定寡头们生产相同的产品，生产能力不受约束（即可以满足市场需求的任意量）。由于产品同质，消费者一定会选择价格更便宜的寡头的产品，如果其中一个寡头先降价，它将可以获得所有的市场份额。基于以上限制，每一个寡头都有降价的动机与倾向，但它们不能将价格降低至边际成本以下（这样会亏损），也不能将价格定得很高（其他寡头再降价

---

〔1〕《西方经济学》编写组编：《西方经济学》（第二版，上册），高等教育出版社、人民出版社 2012 年版，第 255 页。

〔2〕高鸿业主编：《西方经济学》（第五版），中国人民大学出版社 2011 年版，第 198 页。

会抢占全部市场），结果就是相互压价的所有寡头制定的价格都等于边际成本，所有寡头都没有获得经济利润，这个结局和完全竞争的结局一样。按照这样的逻辑，如果两个寡头的成本不同，那么成本较低的寡头将抢占整个市场，且保持价格等于边际成本，只要它想提高价格并做一个垄断者，竞争对手就会出现来拉低价格。因此，伯特兰德模型也被称为价格竞争模型。

（5）斯威齐模型。伯特兰德模型中提到了两个寡头的相互压价行为，美国经济学家保罗·斯威齐（Paul Marlor Sweezy，1910—2004 年）于 1939 年提出的斯威齐模型却讨论了寡头市场的另一种现象——价格刚性现象，也就是说寡头市场的价格轻易不会改变，存在刚性。在斯威齐模型中，如果一个寡头改变价格，其他寡头的反应具有"不对称"性，即如果一个寡头降价，其他寡头也会跟着降价，但如果这个寡头涨价，其他寡头却不会跟着一起涨价，而是维持原价。如此，这个寡头面对的需求曲线将会出现"弯折"，一部分需求曲线较为平坦，而弯折后的部分较为陡峭，其边际收益曲线也会间断。这说明，如果一个寡头想通过降价来抢占更多的市场份额，其他寡头也会跟着降价，该寡头的销售量并不会增加多少，但如果这个寡头提高价格，其他寡头并不会跟着涨价，该寡头的销售量会减少很多[1]。基于这样的现象，没有哪个寡头会轻易改变价格，于是寡头市场的价格便出现了刚性。

现在，关于市场及市场的四种类型就分析完毕了。在分析过程中，我们并没有特殊提及讲的是产品市场还是生产要素市场，而只是泛指所有具备供求关系的市场。不过细心的朋友可以发现，这些内容都是以产品市场为例的，将这些经济规律用在生产

---

〔1〕《西方经济学》编写组编：《西方经济学》（第二版，上册），高等教育出版社、人民出版社 2012 年版，第 256 页。

要素市场的分析中也没有任何问题。因此，本书就不再介绍生产要素市场的内容了，其本质无非就是将"产品"变成了"生产要素"，道理都是大同小异的，并且生产要素本就是产品市场中厂商的投入成本。正如张五常先生说的那样："产品市场也就是生产要素市场，二者分不开，只是不同角度看同一市场。"[1]

---

[1] 张五常：《经济解释》（二〇一四增订版），中信出版社 2015 年版，第 243页。

十一、市场失灵
——政府介入经济的理由

在前文介绍完市场的内容后，我们得出的结论是自由市场可以自行调节，将资源分配到最需要的地方，从而使整个市场的产出达到最有效率的状态，即帕累托最优状态，哪怕市场暂时失衡，市场自己也有能力恢复均衡。重农学派那句经典的"Laissez-faire"以及斯密的所谓"看不见的手"都是对自由市场与生俱来的这种能力的诠释，也正因如此，一些奉行市场原教旨主义的学者认为政府没有必要介入经济，市场可以把问题都解决得很好。

然而，另一些经济学者们并不这样认为，他们虽然也承认市场自我调节的能力能够实现效率，但他们发现在某些情况下市场并不能发挥作用，致使无效率的现象出现，就好像市场那神奇的力量消失了一样，因此他们将这种情况称为"市场失灵"。一般认为，市场失灵包括垄断、外部性、公共物品、信息不对称、收入分配、宏观经济波动等。如果市场不能发挥其应有的作用以实现效率，政府则有必要介入经济，对这种无效率进行纠正。可以说，市场失灵是政府干预经济的理论基础。

（一）垄断

关于垄断导致的效率损失，我们在第九章第七节已经做了比较详细的阐述。那些内容放在这里也很合适，只是为了保证垄断这部分知识的系统性与完整性，就将垄断的效率损失问题一并放在第九章介绍了。本章对此不再重复讲解，只做一般性的表述。

自由市场的高效率源于其竞争的本质属性，在竞争中的厂商很难控制价格，这才保证了竞争属性不受影响。但垄断厂商或寡头通过进入壁垒实现对价格的控制，使得价格大于边际成本而获得经济利润，这必然会以牺牲产量为代价，这是一种阻碍竞争、扭曲市场价格、造成资源配置低效率的行为。这种行为通过市场自身的调节无法避免，因为没有哪个已经获得经济利润的垄断厂商会主动放弃利润，把产量提高到竞争的水平（这样的代价是降价），这也不符合厂商的利润最大化目标。或者说，像资源垄断和自然垄断这样的垄断是市场自然发展的必然结果，市场自身怎么可能把这样的垄断调整出竞争产量呢？因此，这就需要政府介入，对垄断厂商进行管制，以行政力量迫使垄断产量逼近竞争产量，纠正垄断带来的低效率。

（二）外部性

你被迫吸过二手烟吧？隔壁两口子吵架（或者骂孩子）的声音你也忍过吧？这种事就是外部性（Externalities），也叫外在性、外部效应或外部因素。最早提及这类概念的是马歇尔（又提了他一次），他在《经济学原理》中首次提出"外部经济"这一概念，但其思想主要集中于企业外在因素对本企业的影响，并没有拓展到本企业的经济行为对其他企业的收益与成本造成的影响。

1920 年，马歇尔的学生、"福利经济学之父"庇古在著作《福利经济学》中将老师的外部经济的概念进行扩展，运用现代经济学研究方法从福利经济学角度研究外部经济，提出了"外部不经济"的概念，从而将外部性问题的研究转向企业或个人的生产或消费行为对其他企业或个人造成的影响。但是有一点需要注意，庇古从马歇尔那里借用了"外部经济"的用词，却赋予了它不同的意义。庇古的"外部经济"和"外部不经济"是指该企业自身的行为对外界其他主体的影响，是现代经济学界所继承和发展的外部性解释。由此，美国著名公共经济学家哈维·S. 罗森（Harvey S. Rosen，1949—）将外部性的含义总结为："当某一实体（一个人或一个企业）的活动以市场机制之外的某种方式直接影响他人的福利时，这种影响就称为外部性。"[1] "市场机制之外"的意思就是"没法定价，没法给钱"。换句话说，能定价，能给钱解决，就不是外部性了，市场也就不失灵了。

1. 外部性的分类

依据主体对外界其他实体造成的不同性质的影响，外部性可以分为正外部性（positive externality）和负外部性（negative externality），或者称为外部经济和外部不经济、正外部效应和负外部效应。美国经济学家约瑟夫·E. 斯蒂格利茨（Joseph E. Stiglitz，1943—）认为，在某些情况下，个人或企业的行为会给他人带来一种得不到补偿的收益，这被称为正外部性；个人或企业对他人产生的不利影响，称为负外部性[2]。行为主体本身可以是企业或个人，企业从事生产行为，个人实施消费行为，结合正、负外部性的概念，可以组合出以下四种情况[3]：

（1）生产的正外部性。当一个企业在生产过程中的经济行为对其他企业或个人产生了益处，而该企业却不能由此得到回报时，就产生了正外部性。例如，一家花店的商品就是各种艳丽芬

---

〔1〕［美］哈维·罗森、特德·盖亚著，郭庆旺、赵志耘译：《财政学》（第八版），中国人民大学出版社 2009 年版，第 71 页。

〔2〕［美］约瑟夫·E. 斯蒂格利茨著，郭庆旺等译：《公共部门经济学》（第三版，上），中国人民大学出版社 2013 年版，第 181 页。

〔3〕高鸿业主编：《西方经济学》（第五版），中国人民大学出版社 2011 年版，第 327 页。

芳的鲜花，其生产过程就是将这些花组成不同的花束，摆放在店门口招揽客人。但对鲜花没有需求的人也会从花店门口经过，看到各种艳丽的花簇，闻到百花郁香，心情会格外舒畅，即从花店路过，虽没买花，却得到了"收益"——好心情。然而，此时花店却并不能因过客看花产生好心情而向过客收取"好心情"费，生产的正外部性就产生了。

（2）消费的正外部性。一个消费者的行为对其他人产生了益处，而自己却并不能从中得到回报，这就是消费的正外部性。例如，一名音乐爱好者在家里欣赏肖邦的交响曲，隔壁邻居恰巧也是音乐爱好者，那么他不必购买肖邦的交响曲光盘就可免费欣赏肖邦的杰作，然而前者却不能向后者收取"偷听"的费用，消费的正外部性就产生了。

（3）生产的负外部性。当一个企业在生产过程中的生产行为使其他企业或个人付出了代价，"受害者"却无法向该企业索要补偿时，就产生了负外部性。例如，建筑工地在盖楼或铺路的过程中必然会产生噪声，噪声会严重干扰附近居民的正常生活，然而居民却无法到建筑工地索要补偿，这就造成了生产的负外部性。

（4）消费的负外部性。当一个消费者的行为使其他人付出了代价而又未给他人以补偿时，消费的负外部性就产生了。最典型的例子就是吸烟。吸烟者在吸烟的过程中会吐出更加有害的二手烟雾，这是导致肺癌的罪魁祸首，然而周围的被动吸烟者却无法就这种危害自身健康的行为索要补偿，这就是消费的负外部性。

从上面的分析可知，若某一实体的行为对外界其他实体造成影响，且相互之间无法通过收取费用的方式解决，即产生正外部性的实体无法获得收益，产生负外部性的实体不用赔偿，外部性问题就会产生。如果把这种外部影响看作一种商品，那么这种商品是无法买卖的。既然没有这种商品的市场，也就没有这种商品的价格，市场机制也就无法使用那只"看不见的手"。范里安将其总结为，"外部性最主要的特征是存在人们关注但又不在市场上出售的商品"[1]。所以，外部性问题如果交给市场机制解决，就会出现市场失灵。

2. 外部性问题的解决

（1）庇古税。面对这样的难题，庇古给出了自己的看法。他指出外部性实际上是私人边际成本（C_p）与社会边际成本（C_s）、私人边际收益（V_p）与社会边际收益（V_s）的不一致。如果一个人的行为具有正外部性，$V_p < V_s$是必然的，但若是私人边际成本大于私人边际收益而小于社会边际收益，即$V_p < C_p < V_s$，这个人就不会有动力去继续这个有正外部性的行为，即使这个行为对社会有益。从市场的角度看，这种对社会有益的"产品"会供给不足。反过来，如果一个人的行为具有负外部性，则必有$C_p < C_s$，但若是私人边际收益大于私人边际成本而小于社会边际成本，即$C_p < V_p < C_s$，则这个人还是会采取行动，即使这个行为对整个社会是不利的。从市场的角度看，这种对社会不利的"产品"会供给过度。

因此，庇古认为市场机制并不是万能的，当面对外部性问题时，资源配置将偏离帕累托最优效率，此时就需要政府采取行动纠正这种偏离，政府的工具即是补贴和征税。补贴针对正外部性：由于正外部性可能会导致$V_p < C_p < V_s$，对企业给予补贴可以减轻其成本压力，即从社会上其他人所得的益处中抽出一些补偿正外部性的实施者，以提高这种对社会有益的"产品"的供

---

〔1〕［美］哈尔·R. 范里安著，费方域等译：《微观经济学：现代观点》（第七版），格致出版社、上海三联书店、上海人民出版社 2009 年版，第 511 页。

给。征税针对负外部性：由于负外部性可能导致 $C_p < V_p < C_s$，对企业的负外部性行为征税，增加其生产成本，减少 C_p 与 V_p 之间的差额，可以促使企业想尽办法降低成本，比如企业会想办法提高生产技术，因为企业的最终目的就是利润最大化。征税的方式可以减少此类对社会不利的"产品"的供给。

不过，庇古的理论也有局限性。首先，庇古提出社会福利函数，政府是公共利益的天然代表者，但公共决策本身就存在很多局限性，达成一致有诸多难题。其次，庇古税是一种理想状态，现实中政府并不能够准确获得信息以判别哪些行为主体应该补贴、哪些应该征税，以及补贴和征税的最优量是多少，同时制定相应的税制也过于复杂。最后，庇古税可能导致寻租活动，使得资源配置再次扭曲。

庇古支持的政府参与只是解决外部性的一种方式，在一定条件下，私人部门也可以在没有政府参与时解决一些外部性问题。

（2）外部性内部化。通过把各相关利益主体合并成一体而使原来的外部性变成一个整体的内部问题，这就是外部性内部化。比如上游污染企业的污水会影响下游渔业企业的生产，这是典型的负外部性问题。但如果两个企业合并成一个大集团，或由第三方出面同时买下这两个企业，原来的污染问题就变成了一个企业的内部问题，在追求利润最大化的原始动力之下，这个新企业就会通过管理手段对两个部门的利益进行权衡，将污染情况控制在其利润最大化的水平上。但这种形式可遇不可求，两个企业为何要合并呢？仅仅就是为了解决外部性问题而合并吗？思路本身比较合理，但合并理由缺乏说服力。

（3）界定产权。这种思想来源于新制度经济学的代表人物，1991 年诺贝尔经济学奖得主科斯的科斯定理（Coase Theorem）。科斯在 1960 年发表文章《社会成本问题》，对庇古的理论提出了质疑。他认为污染的多少以及造成的经济损失不能简单地用货币来衡量，政府"有污染必征税"的方针也并不严肃，因为还要考虑企业本身是否拥有污染排放权利。于是产权问题浮出水面。科斯本人并没有明确提出过科斯定理的具体内容，当前比较流行的科斯定理都是各家对其理念的总结，大意是："只要财产权是明确的，并且其交易成本为零或者很小，则无论在开始时将财产权赋予谁，市场均衡的最终结果都是有效率的。"[1]从中可以看出，科斯定理提到了两个重要的概念，一个是产权（Property Right），一个是交易成本（Transaction Costs）。产权包括所有权、使用权、收入权和转让权[2]。如果可以在法律上确定某种稀缺资源的唯一所有者，即明确产权，并且产权的所有者，比如获得外在利益的一方与承担外在成本的一方，可以通过市场交易自由转让产权以使整个社会达到资源的最优配置，市场交易行为就可以解决外部性问题，而并非必须政府来解决。

但是，同庇古的理论一样，科斯定理也存在局限性，其局限性的来源就是产权和交易成本。首先，产权必须是可以明确的。但在现实生活中，一些资源的产权是无法明确的，比如空气。无法将空气分割开来分配产权归属（如果能做到，那二手烟问题就可以解决了），科斯定理在这个问题上无效。其次，交易成本必须为零或很小。如果交易成本很高，特别是涉及很多当事人，通过谈判得到众多参与者的一致认可就异常困难，搭便车行为以及参与者之间存在的信息不对称都会导致交易失败。如果产权因这些因素而无法转让，科斯定理就会失效。所以，科斯定理最适合

---

[1] 高鸿业主编：《西方经济学》（第五版），中国人民大学出版社 2011 年版，第 330 页。

[2] 张五常：《经济解释》（二〇一四增订版），中信出版社 2015 年版，第 824 页。

当事人很少且外部性来源很清楚的情况。

如果仅从交易成本角度看，只要交易成本够低，外部性问题由市场还是政府解决，其结果都不会有多大差别，此时只需要比较是政府处理的成本更低还是市场处理的成本更低[1]。

（4）法律与社会道德。当产权没有完全界定时，法律制度可以防止外部性的产生。法律本身就是在保护被侵害一方的利益，这种"侵害"包含诸多方面，也包括外部性导致的受害人的利益损失。由此，法律的判断过程中也是在试图确定一种产权[2]。社会道德也会在一定程度上控制负外部性。道德本身即是除法律之外对社会的一种软约束。人们在采取行动之前，除了要考虑法律问题，还会考虑道德因素。比如，随地乱扔垃圾、随地吐痰、插队、夜间喧哗等不道德的行为都会产生负外部性，实施者碍于道德就会有动机将自己行为的外部性内部化，这些行为在某种程度上就会受到道德约束而减少发生。因此，社会道德在一定程度上具有矫正市场缺位的作用[3]。

上述方式虽然可以在一定程度上通过市场解决外部性问题，但局限性也非常突出。外部性内部化并非总能实现；产权并非总能清晰界定，交易成本也并非总会为零；法律制度并非完美无缺，道德也并非人人都会遵守。因此，政府仍然需要在解决外部性问题中承担责任。首先，很多产权无法明确的物品都与公共物品有关，比如空气。这类物品因被人们共有而无法分割产权，此时政府就是一个公共的代表。其次，需要多人参与的谈判具有很

---

〔1〕 张五常：《经济解释》（二〇一四增订版），中信出版社 2015 年版，第 811—812 页。

〔2〕 ［美］约瑟夫·E. 斯蒂格利茨著，郭庆旺等译：《公共部门经济学》（第三版，上），中国人民大学出版社 2013 年版，第 184 页。

〔3〕 ［美］哈维·罗森、特德·盖亚著，郭庆旺、赵志耘译：《财政学》（第八版），中国人民大学出版社 2009 年版，第 80 页。

高的交易成本，而政府恰巧可以被看作人们共同建立起来的机制，其提供的组织般的服务可减少外部性导致的福利损失，省却了多人谈判导致的高昂的交易成本。最后，法律可以通过司法程序解决一些外部性问题，但交易成本很大，具体体现在时间、诉讼费用和不确定性结果上，穷人可能无法承担这种交易成本。此时，为了社会的公平，政府就起到了公共补救的作用，保障了穷人的利益，弥补了市场带来的缺位。综上所述，目前的外部性问题仍旧需要政府的大力介入才能得到较好的解决。

（三）公共物品

早在 1739 年，苏格兰哲学家、经济学家大卫·休谟（David Hume，1711—1776 年）就提出了公共物品（或译为公共产品，Public Goods）的概念，认为公共物品不会对任何个人产生突出利益，但对整个社会来说却是必不可少的产品，所以应通过联合行动来提供[1]。而后，虽然陆续有经济学家对公共物品进行了深入讨论，但直到 20 世纪 50 年代，公共物品理论才真正建立。著名经济学家萨缪尔森在论文中给出了公共物品的定义：公共物品可以给所有人带来益处，并且每多增加一个人消费并不会减少其他人对该物品的消费。最典型的例子就是国防。国防作为一种由政府提供的公共服务保护着所有国民的安全，但国防只有一个，作为"消费者"的国民的数量却可以很多，即每多出生一个孩子，并不会使国防的预算增加哪怕一分钱，也不会使国防为了保护这个新生儿就放弃保护他人，更不会出现如果这个新生儿不交"国防费"，国防就不保护他的现象。学习了外部性的内容之后，我们很容易就能看出，国防是具有很强的正外部性的一种产品，

---

[1] 杨志安主编：《财政学》，辽宁大学出版社 2007 年版，第 4 页。

因此可以说公共物品问题本身也就是正外部性问题。上文讨论过，具有正外部性的产品如果由私人部门提供，往往会存在供给不足的现象，因此现实中很多公共物品都是由政府提供的。但我们不能错误地认为由政府提供的都是公共物品，或者依据是否由政府提供来判定某产品是否为公共物品。在经济学中，经济学家是依据公共物品的特征来判断的。

1. 公共物品的特征

公共物品一般无法由私人提供，因为公共物品是与私人产品相对应的不同概念，其具备以下区别于私人产品的特征[1]。

（1）消费的非排他性。如果是私人物品（Private Goods），那么消费者不提供费用就不能消费此种商品，也即可以通过收费来"排他"。市场上出售的绝大多数商品都是私人物品，你不花钱买，消费什么？这就是私人物品的排他性（Excludability）。而公共物品的消费无法通过收费的形式"排他"，即不能以收费的形式将某个人从消费群体中排除出去，或者虽然从技术上具备"排他"的可行性，但排他成本极高。换句话说，如果排他不可能，那么就不可能使用价格体系，因为消费者没有支付的激励[2]。治安便是非常典型的例子，无论居民交不交"治安费"，当地民警都同样保护所有人，而不能将某个人排除在"治安保护范围"之外。但是，从严格意义上来说，只要产品供给主体想要"排他"，在理论上都能够实现，只是"排他"的成本可能太高，以至于供给主体没有激励去实施"排他"行为。可以说，几乎所有的"非排他"，并不是真的不能"排他"，而是排他成本太高了，供给主体没兴趣去做。

---

〔1〕 杨志安主编：《财政学》，辽宁大学出版社2007年版，第5页。

〔2〕 ［美］约瑟夫·E. 斯蒂格利茨著，郭庆旺等译：《公共部门经济学》（第三版，上），中国人民大学出版社2013年版，第110页。

（2）取得方式的非竞争性。竞争性（Rivalness）是指一个消费者的消费行为会影响其他消费者消费同一商品，比如一辆共享单车，蕴蕴骑在车上，莘莘就没法骑了。如果想满足莘莘骑车的需要，只有再提供一辆共享单车，这就造成了生产成本的增加（还得多生产一辆共享单车）。非竞争性是指消费者的增加不引起生产成本的增加，即多一个消费者所引起的边际成本为零。如果公共物品以边际成本定价，价格也必然为零，这就无法获得期望利润，导致私人部门不愿提供公共物品。

非竞争性也可以理解为增加一个消费者对公共物品的消费并不影响现有消费者对公共物品的消费，因为新增加消费者所带来的边际成本为零，既然无成本，也就可以多满足一个新增消费者的消费需求，消费者之间对于公共物品的消费是非竞争的，是互不侵占、互不影响的。例如路灯，多一个人在路灯下赶路并不会增加路灯的建造成本，也不会发生因为一个人利用了路灯看路，其他人就只能摸黑的情况。

（3）效用的不可分割性。公共物品为全社会带来的总效用不能被分割成若干部分，分别归若干个人或集团单独消费。比如公共安全、秩序、国防等，都是面向整个社会提供的，无法将其按照人口数均分给个人单独消费。虽然按照受益范围的大小可将公共物品分为全国性或地区性的公共物品，但针对具体某一区域的公共物品带来的社会效用仍旧是不能分割的。与此相对，私人物品的效用却具有分割性，例如一块生日蛋糕，大家分一分就吃没了，每个人都很满足，这个蛋糕的总效用可以拆分给个人。

（4）提供目的的非盈利性。公共物品的提供一般不以盈利为目的，而是追求整个社会的效益与福利的最大化。比如，国防是为了整个国家的国土安全及保障本国公民的人身财产安全，自然不是为了盈利；治安、消防、义务教育也都是如此，其存在都是为了保障整个社会的共有利益，而非为了赚取利润。

2. 公共物品的分类

公共物品可以从特征、形态属性、受益范围等不同的角度进行分类。

（1）按特征分类。公共物品按其特征可以分为纯公共物品和准公共物品（也叫混合公共物品）。纯公共物品即是具有上述特性，特别是具有非排他性与非竞争性的公共物品，国防、司法体系等就是为数不多的纯公共物品的例子。然而，现实生活中很多具有公共性质的产品并不总是能同时满足这些条件，而是仅能满足其中一种，也即非排他性与非竞争性不一定总是同时出现，此时的公共物品称为准公共物品或混合公共物品。

以城市道路为例，非排他性一般是成立的，因为如果交管部门打算排他，就需要在每一条道路上都设置收费口来实施排他行为，这会给交管部门和驾驶员双方带来非常大的成本压力，所以此时的道路是非排他的，或者说，不是不能排他，而是排他的成本极高。同时，在非上下班时间，城市道路也是非竞争性的，蕴蕴开车经过并不会影响苧苧开车。因此，只要不堵车，城市道路就是纯公共物品。

但是一旦堵车，道路的消费就是竞争性的，因为道路的宽度是固定的，比如在上下班的拥堵时间，每一辆车对道路的占位都会影响其他车辆在道路上的行驶。从成本的角度看，不拥挤的道路变得拥挤时，使用成本迅速上升，这不仅仅包括道路的磨损，还包括驾车者在路上浪费的时间。所以，拥挤时段的道路就是一种准公共物品。一条道路堵与不堵的界限叫作拥挤点，在达到拥挤点之前，道路是非竞争性的，但达到拥挤点之后，道路就产生了竞争性。

非排他性是不是也有成立的条件呢？我们做个假设，如果政府可以准确地知道每个人使用道路的情况，政府就可以将道路分段对不同的人收取不同的费用，不缴费就不能上路，这样城市道路的非排他性也就不存在了。所以，公共物品的属性会随着排他技术的进步与具体条件的变化而变化，从理论上讲，公共物品是有可能变成私人物品的。

（2）按形态属性分类。按形态属性，公共物品可以分为物质性公共物品、服务性公共物品、制度性公共物品。物质性公共物品就是实物的、可触碰到的、直接使用消费的公共物品，例如道路、住宅区中的健身器械等。服务性公共物品指政府部门提供的公共性服务，例如公安局刑侦破案、义务教育等。制度性公共物品则是对社会提供一种制度性约束，用以保障社会健康运行与发展，比如经济制度、政治制度等[1]。

（3）按受益范围分类。按受益范围，公共物品可以分为地方性公共物品、全国性公共物品、地区性公共物品、国际性公共物品。地方性公共物品是指消费受地域限制，主要由当地居民受益的公共物品，例如省级公路等。全国性公共物品则是全国公民共同受益的公共物品，例如国防、外交等。地区性公共物品是指跨国界但由一定区域内的国家的公民共同受益，用于区域关系协调的公共物品，例如欧盟规则等。国际性公共物品是指各国人民共同受益的公共物品，例如维和行动、世界贸易组织规则、联合国规章等。

3. 公共物品的提供方式

公共物品的提供方式取决于其特征。

如果为纯公共物品，由私人部门提供则会出现人们熟知的市

---

〔1〕 刘锡田：《制度性公共物品的特征和作用》，载《财政研究》2005 年第 9 期。

场失灵，即出现供给不足现象。纯公共物品因为具备非排他性与非竞争性的特点，所以无法杜绝"搭便车"现象。由前面的分析可知，由于非排他性，私人部门无法从公共物品的供给中获得应得的收益，这将使其失去提供公共物品的经济激励。从市场机制的角度看，无法收费就是无法利用市场的价格体系，而价格机制失效，市场必然失灵，因为价格是市场机制的灵魂。相对于市场机制而言，政府机制的特点足以让政府解决纯公共物品所致的市场失灵问题。首先，政府本身具有满足全社会人员公共需要、追求社会整体利益最大化的社会职能，这也是政府存在的理由之一。其次，政府拥有公共权力，可以向社会成员征税，通过税收或补贴的方式参与到整个经济活动当中。税收使得纯公共物品的供给成本得到保障，也即政府主要通过强制收税来支持提供公共物品的财政支出[1]。由此可知，提供纯公共物品是政府配置资源的首要职责。

如果为准公共物品，当其具有非竞争性，而排他又是可能的时，生产者对这种产品收费就能阻止一些人享受该产品（即进行排他），虽然他们的消费并不会使边际成本增加，但这种"排他"行为会带来因消费不足导致的低效率。然而，如果不对非竞争性产品收费（即不排他），该产品的供给同样缺少收益的激励（此时该产品就变成纯公共物品了），生产者因得不到回报而缺乏供给该产品的动力，低效率此时表现为供给不足。于是，准公共物品若由市场价格体系分配，带来的市场失灵问题就是消费不足或供给不足[2]。比如收费的高速公路，大部分时间是闲置的（"黄

<hr>

〔1〕 陈共编著：《财政学》（第七版），中国人民大学出版社 2012 年版，第 33 页。

〔2〕 ［美］约瑟夫·E. 斯蒂格利茨著，郭庆旺等译：《公共部门经济学》（第三版，上），中国人民大学出版社 2013 年版，第 110 页。

金周"假期的拥堵现象是极少数情况），使用效率并不高，但不收费又没有私人部门愿意供给。因此，由政府提供准公共物品就可以在一定程度上避免上述问题。

不过，毕竟准公共物品具有排他的可能，因此准公共物品的提供者并不只能是政府部门，还可以通过政府授权经营、政府参股、政府补助等方式与私人部门相结合来完成准公共物品的供给，比如一些城市的地铁就是由政府和私人部门共同建设，之后政府授予私人部门一定年限的经营权。这样一方面可以利用政府的公权力对私人部门进行监督与管制，保障准公共物品的提供质量；另一方面也可以利用政府的财政能力为私人部门提供经济补偿，保证私人部门正常的经济收益，如此就能保证私人部门提供准公共物品的动力，收费的高速公路就是以这样的方式提供的。

4. 公共物品、正外部性与教育

通过上述内容我们知道，因为公共物品能够给社会带来巨大利益，所以公共物品具有很大的正外部性，而具有正外部性的产品由私人部门提供的话，往往会出现供给不足的情况。于是，公共物品特别是纯公共物品由政府提供变成了理所当然的事情。也可以说，政府部门提供公共物品是要保证这种具有很大正外部性的产品供给充足，即政府部门提供公共物品是为了使它的正外部性能够惠及大众，而不是因为它的非竞争性与非排他性。由此可以推断，具有正外部性的产品，政府都有供给它的意愿和理由，而不必去判定它是私人物品还是公共物品。因此，一些具有很大正外部性的产品即使不符合公共物品的定义（非排他性和非竞争性），政府也会把它当作公共物品提供给社会，最典型的例子就是教育。

你可能会说，我国的义务教育不就是公共物品吗？你只说对了一半，义务教育（以及其他公办教育）只是政府部门按照公共物品的方式提供的，教育本身并不是公共物品，并且自古以来它都不是公共物品，而是私人物品。在新中国成立之前，教育从来都是奢侈品。别急着反驳，先回答两个问题：教育具备非排他性和非竞争性吗？教育从来都不具备这两个特性。先说非排他性：教育完全可以排他，你不交学费，学校完全可以不让你上学。为什么旧社会成人识字率那么低？因为占人口大多数的普通百姓交不起学费，能读书写字是一件奢侈的事情，学费就是排他的手段，这是个典型的市场经济行为。再说非竞争性：多一个学生上学，是不是学校要多添一副桌椅？老师是不是要多照顾一个学生？老师是不是要多判一份卷子？边际成本显而易见地不为零！所以，教育这种产品既存在排他性，也存在竞争性。我国各个大型城市都有学费不菲的私立中小学，美国常春藤联盟学校（简称藤校，学费很高）也多为私立大学。由此可见，无论中外，私立教育都可以办得很好，既没有出现需求不足，也没有出现供给不足，根本就没有市场失灵的可能，反倒是"看不见的手"在灵活地"飞舞"，这足以说明教育本身就是地地道道的私人物品。

你可能又会问，旧社会那么多人上不起学，不就是因供给不足导致供不应求，价格过高吗？这不是以供给不足为表象的市场失灵吗？错。供不应求的"求"是有效需求的"求"，只有"想要并能够"才是有效的需求，旧社会的大多数百姓只有"想要"，并没有"能够"，所以这根本不是供不应求，而是局部市场均衡。只要百姓的有效需求能够增加，教育的供给随时可以增加，不会带有丝毫的犹豫。所以，请接受教育是私人物品的现实吧。

但是，教育这种产品具有极大的正外部性。越多的人受教育，社会就会越安定，生产力也会越高，科学技术进步的可能性也会越大，即教育带来的国民素质的普遍提高对整个社会而言有百利而无一害。因此，即便是在我国旧社会，除了供富裕家庭子女受教育的私塾，一些地区的地方政府或乡绅也会兴办县学与义学，供一些家庭并不富裕的孩子们学习，其目的都一样，即都看中了教育的正外部性带来的巨大的社会效益，只是因生产力等原因，无法将教育普及化。新中国成立后，我国在 1951 年明确提出力争在 10 年内基本普及小学教育的工作目标，并于 1986 年颁布《中华人民共和国义务教育法》，规定我国实行九年义务教育。可以说，无论是古人还是今人都非常了解教育的重大意义，因此一直都有政府办学的传统，这也造成了很多人认为教育天生是公共物品。我国在义务教育之外的教育阶段也一直投入大量的财政资源，把这部分教育变成了需要学生考试入学且需要支付一定学费的混合公共物品。所以，像教育这样的具有极大正外部性的产品，代表公权力的政府会有主动承担供给责任的动机，并以公共物品的形式向社会提供。医疗卫生的道理类似，这里不再赘述。

（四）信息不对称

用人单位在招聘时为什么要看应聘者的学历呢？到一个陌生的城市出差一晚，你为什么更倾向于选择一家连锁酒店下榻呢？为什么说买家不如卖家精呢？雇用保姆的家庭为什么更倾向于在家中布置一个隐藏的摄像头呢？为什么会有押金、定金这样的东西存在？这样的问题可以列举出千百万，但背后的道理都是一样的：当事人双方至少有一方对另一方存在信息差，即双方总存在"只有我知道而你不知道"的事情，而这种信息差将会影响双方的决策行为。这种现象被称为信息不对称或不对称信息（Asymmetric Information）。经济学中将信息不对称的根源大致归纳为两种，即道德风险和逆向选择。

1. 道德风险

当事人双方的其中一方无法得知另一方的行为，道德风险

（Moral Hazard） 就出现了。从字面意思就能知道，这关乎道德问题，也就是在没人监督的情况下，一个人是否可以遵守规则或约定。因为道德风险往往发生在签约之后，也就是当事人的一方不能得知另一方是否会遵守签约时的规则或约定，所以道德风险问题也被称为事后信息不对称或隐藏行为问题。

在学校教育中，班主任出去开会时，班里的学生们会不会保持良好的纪律呢？这是班主任无从得知的事情，不管这位老师在临走时如何千叮咛万嘱咐，学生们又是如何保证绝对遵守纪律，老师走后依旧不会放心，这背后的原因就是老师无从得知他离开后，学生们的行为到底是怎样的。类似的现象也经常出现在雇佣关系中：工厂的老板无法得知当他不在厂里时，工人们是否会一如既往地认真工作；雇用保姆的家庭也不清楚当主人不在家时，保姆是否会尽心尽力地照顾家中的小孩或老人。从这些例子中可以看出，当事人双方中的一方无法得知另一方在签约之后是否真的去履行约定。你会说你是一个道德感很强的人，在没人监督时你也会尽心尽力去做你该做的事情。但是，这只是你知道而已，陌生人并不知道，不管你如何发誓，陌生人都不会完全相信你，因为陌生人没办法确认你是否真的会如你所说的一样行动。这就是事后信息不对称，即你认为你一定会履行承诺，但陌生人没法证实这件事，所以也没法相信你。其实你自己也没法在事前证明你是否能履行义务。

美国经济学家阿道夫·A. 伯利（Adolf A. Berle，1895—1971年）和加德纳·C. 米恩斯（Gardiner C. Means，1896—1988 年）于 1932 年提出了"委托—代理"理论，这个理论可以部分解决道德风险问题。比如，一个商业集团的董事会往往雇用总经理来经营集团的商业事务，如何保证总经理会尽心尽力呢？那就是以整个集团的收益为基础给总经理确定相应的报酬，而不是给总经理一个比较固定的薪酬。这样一来，总经理更可能把集团的事务当作自己家的事务看待，因为集团赚得越多，他自己就赚得越多，这种正向激励会鼓励总经理尽心尽力地工作，董事会也可以从中获得更多的收益。

随着科技的发展，一些科技产品也可以被用来消除信息不对称以解决道德风险问题，比如一些私立幼儿园的教室内会安装摄像头，家长可以随时随地通过摄像头看到班级里老师的行为和自己家孩子的行为。这样，家长们能够证实幼儿园在签约后的"事后行为"，避免了事后信息不对称，可以放心地让孩子上这个幼儿园，幼儿园也得到了可靠的生源。这个例子告诉我们，科技的进步可以带来更多消除信息差的方法，进而解决信息不对称带来的问题。

2. 逆向选择

当事人双方的其中一方无法得知另一方的"类型"或质量时，逆向选择（Adverse Selection）就会出现。在道德风险的情况下，是当事人双方不知道对方在签约之后的行为，而在逆向选择的情况下却有不同，是当事人双方在签约之前不清楚对方的类型或质量方面的信息，所以逆向选择问题也被称为事前信息不对称或隐藏信息问题。

这种现象经常会出现在二手商品市场上。比如，你打算从蕴蕴手中买一部二手的苹果手机，蕴蕴提供的这部手机是否换过屏幕，电池是不是原厂的，手机是否经常出现卡顿或掉网现象，这些问题你用眼睛无从判断，你只能用眼睛判断手机外观是否存在过大的划痕这种显而易见的问题。可如果你询问蕴蕴上述问题，你信任她的回答吗？很可能的情况是，蕴蕴的回答都会让你满意，但其实她回答什么你都不会真正相信。这就是签约之前的信息不对称问题。

　　逆向选择是什么意思呢？如果这部手机的确存在上述所有问题，蕴蕴心里很清楚，她怕手机不好出手，必然会选择一个相对较低的价格，比如 2000 元。倘若苧苧手里也有一部同款手机，这部手机性能良好且从没更换过部件，那么苧苧肯定希望这部手机在市场卖个好价钱，比如 3000 元。但作为买方的你不知道这些信息，从你的角度看来，两部手机没有区别，苧苧的那部可能划痕更明显一些，在需求定理的作用下，你选择购买 2000 元的那部手机将是一个大概率事件。此时，苧苧是不会降价求全的，因为她知道自己的手机很不错，完全值得卖 3000 元，但蕴蕴就会眉开眼笑地把那部有问题的手机双手奉上给你，毕竟她觉得自己这部有问题的手机卖了 2000 元，她算是很走运了。市场上有千千万万个蕴蕴和苧苧，最终成交最多的都是蕴蕴，或者说能大量卖出去的都是便宜的次品，而昂贵的良品会卖不出去，被市场机制淘汰掉，整个市场上充斥着便宜的次品。一般我们都会购买品质良好的商品，或者说品质良好的商品才能在市场上立足，但这个例子却是次品立足，良品被淘汰，消费者的选择是"逆向"的。因此，这种由事前信息不对称导致的劣胜优汰的现象被称为逆向选择或"劣币驱逐良币"。

　　用人单位在招聘的时候也会遇到类似的问题。来面试的年轻人到底有没有工作能力，人力资源部主管不能完全用经验判断，而面试的时间又有限，很难发现应聘者刻意隐瞒的信息是什么，或者应聘者具备的内在品质是什么。最后的结果很可能是要价低的人获得了工作机会，不愿自降身价的优秀年轻人反而被淘汰。

　　为了避免逆向选择的发生，人们通常用"质量保证书"的方式来填补当事人双方的信息差。在二手苹果手机的例子中，如果蕴蕴和苧苧都能够拿出某一个权威机构出具的质量保证书，上面能够说明该手机的真实情况，你会怎样选择呢？如果你就想要一部质量好的二手手机，你就去买苣苣的那部 3000 元的；如果你觉得换过屏、换过电池也无所谓，卡顿不严重的话你也能将就，2000 元这个价格是合理的，那么你买蕴蕴的那部也无可厚非。"质量保证书"的存在，至少可以保证苣苣们的商品不会被淘汰，而"你"们也不会花了 3000 元反而买到蕴蕴们的次品。同理，在招聘过程中，面试官让求职者们出具学历证书和其他类型的资格证书，是因为这些证书可以证明求职者们此刻具备的一些面试官无法用肉眼观察到的能力（也即信息）。如果年轻人出具了"985 高校"的学位证和毕业证，那表明此人具备很强的学习能力，智商也大概率高于平均水平；如果年轻人出具了法律职业资格证、注册会计师证、特许金融分析师证等含金量很高的资格证书，那表明此人具备相关专业的从业素质。这些证书都是在帮助面试官抹平信息差，使他们能够把更多的时间和精力用在考察应聘者其他能力方面。

一个不言自明的道理是，"质量保证书"需要权威机构的背书才能获得大众的信赖，不是随便盖个章就能证明"质量"的。最具有代表性的权威机构非政府机构莫属，上文的学位证、毕业证、法律职业资格证、注册会计师证、特许金融分析师证等就是典型的政府机构认证。所以，要解决信息不对称带来的问题，政府部门的介入和担当是一种简便且高效的手段。

（五）收入分配

一般的经济理论认为，市场机制本身可以将资源进行最有效率的配置，从而实现帕累托最优。不过上述几种情况已经证明了市场机制的不完美，垄断、外部性、公共物品、信息不对称都会在不同程度上降低市场机制的效率。即使这四种问题都能得到解决，让市场机制百分之百发挥作用，达到了帕累托最优，也还有一个问题是市场机制无法解决的，那就是收入分配的公平问题。

比如，村里有100个人，其构成是1个超级大富翁和99个穷人，如果大富翁财富的增加必以某个或某些穷人的损失为代价，那么这个村子依旧实现了帕累托最优。可见，帕累托最优是也只是描述经济效率的理论，无关收入分配的公平，与人们生活质量相关的指标不仅仅是经济效率高低，还包括收入分配公平与否。可以说，如果仅仅依靠市场机制，任由市场上那只"看不见的手"不受约束地发挥效力，结果必定是社会达尔文主义的结果，是弱肉强食的现代社会进阶版丛林法则。人类之所以能够进化为万物之灵，就是因为人类总是在尝试脱离动物的兽性与野蛮，逐步进入文明状态，而文明状态的一大标志即是对弱者的同情心，即是对命运不公的抗争精神，是对人人生而平等的向往，这一点是只在乎经济效率的市场机制无法实现的。在初始资源禀赋原本就分配不公的背景下，在解决收入分配不公问题时，市场机制不是低效率，而是无效率，市场失灵了。

收入分配的过程一般分为三次，即初次分配、再分配和三次分配。市场机制主要实施初次分配，但由于初始禀赋配置的先天差异，初次分配结果必然有失公允。比如，拥有较多资本品的人即使不劳动也能获得很高的收入，竞争中的失败者、遭遇灾难者、无生产资料者只能获得少量收入，等等。没有分配上的公平，经济的高效率发展也就不可能持久[1]。在这种市场机制无法解决的收入分配公平问题上，政府就需要承担起再分配的责任，比如通过税收和转移支付制度将一部分国民收入从高收入者向低收入者转移，从而达到一定程度的相对公平。政府在财政上

---

〔1〕《公共财政概论》编写组编：《公共财政概论》，高等教育出版社2019年版，第39页。

对教育、文化、医疗卫生等公共民生项目的支出也是一种向普通民众倾斜的再分配方式。三次分配是指动员社会力量，建立社会救助、民间捐赠、慈善事业等制度和机制，保证低收入者的基本生活质量，这些也是需要政府出面引领和鼓励的。2021 年 8 月 17 日，国家主席习近平在中央财经委员会第十次会议上再次提到了在高质量发展中促进共同富裕，正确处理效率和公平的关系，构建初次分配、再分配、三次分配协调配套的基础性制度安排。所以，当市场机制不能解决收入分配的公平问题时，政府就需要出面实施再分配与引领三次分配，以缩小收入差距，实现高质量发展与共同富裕。

（六）对市场失灵的质疑

现在我们来咬文嚼字，说一说"市场失灵"这几个字。市场真的"失灵"吗？失灵的意思就是不起作用，但我们仔细想一想上面的内容，到底是市场机制"不起作用"，还是根本"没使用"？"不管用"和"没使用"在结果上虽然是一样的，在逻辑上却是两回事，因此才说这里是在咬文嚼字。一般经济学教科书中提到的市场失灵，其本质都是市场机制无法进入其中发挥作用，而不是市场机制本身突然失效。这里仅从纯经济学理论角度去探讨这个问题。

垄断最主要的原因其实来自特许垄断，"特许"二字本身就说明了这个制度已经把市场机制排除在外，而不是市场机制失效了；资源型垄断并不绝对存在，人们总会在科技上或空间上寻求其替代品，使得资源型垄断难以长久维持，而这种寻求替代品的行为本身就是市场机制行为，正因为市场机制发挥作用，资源型垄断才没办法一直持续，此时市场机制并未失灵；自然垄断使得垄断厂商获得超额利润，但依旧面临替代品的威胁，这迫使自然垄断厂商不断迭代技术，保证低成本优势，而这依旧是市场行为。

在外部性的问题中，市场失灵的原因就是产权的确定。如科斯定理所言，只要产权是能够确定的，市场机制就会发挥作用，市场本身就可以给这个产权定价，进而将产权买卖，如此，外部性问题将会得到解决。因此，其根本问题在于有些事物不能确定产权以及交易成本过高，而不是市场机制自身失效。不能因为市场无法介入，就判定市场无用，对吗？就好比你需要看胃病，但眼前是个骨科医生，你总不能因为这个骨科医生治不了你的胃病，就断然骂一句"你这个庸医"吧？人家不是庸医，人家只是插不上手嘛！

一般认为，如果价格失真，公共物品就会出现供给不足的现象。但随着技术的进步，越来越多的排他成为可能，只要能够排他，就能确定价格，即消费者会用一定数量的货币来换取自己不被排他的身份，市场机制便会奏效。在这里，市场机制并未失效，只是无法实施市场机制罢了。国防关乎政权，是政治的延续，但若不考虑政治因素，比如一个小镇，可不可以招聘雇佣兵团来保障安全呢？如果小镇上所有人都必须交一笔"国防费"，不交就会立刻被驱逐出小镇（可排他），还有没有人搭便车呢？这只是一个假想的例子，现实中的国防费用均出自财政，而财政又主要来源于税收，国防费其实已经融入税收。国防支出占财政总收入的比例可以算作国防的价格，即消费者每交 1 元税负中（广义税负），有百分之多少是国防费用，用这样粗略的方式也可以简单计算国防费用。如此一看，市场机制并未失灵，只是没有参与其中。

至于信息不对称的问题，市场机制本身也能够解决，问题仅在于填补信息差的费用高低，以及由哪一方来支付。比如，学历证书的费用其实是劳动力卖方支付的，而监控用的摄像头费用是劳动力买方支付的。只要有办法给各种信息或信息差标明价格，"看不见的手"必定会令买卖双方都无话可说。

所以，垄断、外部性、公共物品和信息不对称带来的效率损失都不能算作市场"失灵"的结果，只能算是市场无用武之地而已。市场只要能够参与其中，就可以把效率提高到令人满意的地步，因为市场机制本就是为提高效率而存在的，它只要发挥作用，必定能有成效。因此，在垄断、外部性、公共物品和信息不对称中提到的"失灵"并不是真失灵，市场机制在提高效率方面不会也不可能失灵。

但是，在收入分配的问题上，市场的确是失灵的：它真的参与了，但结果是丛林法则和弱肉强食，且永远也达不成共同富裕，还会进一步造成宏观经济波动，导致经济危机。这也没有什么好苛责市场机制的，因为市场机制的本质就是在激烈的竞争中优胜劣汰。在丛林法则里，适者生存，不适者淘汰，成王败寇，只要能成功就可以不择手段，弱者不值得被同情，也没有任何考虑保证公平的必要。但人之所以为人，就是因为人懂得帮助弱者，因此，不择手段、不讲道义之人才会被冠以"禽兽"之名。在收入分配的问题上，市场就是失灵的，所以需要政府干预市场，参与收入的分配，虽然这一方式并不能从根本上解决问题，但至少对弱者是一种托底的保护。

后　记

用了整整一年的时间，这本书的撰写终于告一段落，也算是给自己十几年的微观经济学教学经历一个交代。在撰写的过程中发现自己还有若干个知识点没有完全掌握，这次写作也成了自己查缺补漏的历程，算是意外之收获。为了内容的充实性，我又将1128页的《经济解释》逐页翻了一遍，把适合的内容加进书里，不为别的，只为对得起自己。

遗憾还是有的。首先，我本想面面俱到地写一部综合各家之长的作品，但真正做起来却发现，那需要大量的时间和精力，所以只能有所取舍，专挑干货来写。其次，我原本的想法是微观和宏观部分都写，然而条件不允许我这样做，至于原因，每一个在高校工作的"青椒"教师都懂。如果有机会，我会再专门编写宏观经济学部分，当然，这种事要靠缘分了。

我不想对这本书有太多的期许，因为自己心知肚明它是用来干什么的。还是真心希望，这本书能够有机会帮助到那些并非经济学专业出身，不满足于市面上那些科普类的经济学作品，却又对专业教材望而却步，一心想一窥经济学真面目的朋友们。虽然本书也布满了90余张经济学专业图表，但好在我自认为我把那些晦涩难懂的知识用大白话讲清楚了。这本书毕竟是教人知识的，因此活跃气氛的语言不可能贯穿始终，尽管这是我的初衷。我真心希望所有爱学习的朋友都能最终掌握自己想学习的知识，并能够创造出新的知识！

最后，祝愿我那两个可爱的女儿——蕴蕴和苧苧，求学之路一片坦途！

吴洋

2024 年 3 月于沈阳